Patrones
de
Bienestar

ANDAMIAJE DE INTERVENCIONES
TERAPÉUTICAS SISTÉMICAS EN
SOLUCIONES, PSICOLOGÍA POSITIVA E
HIPNOSIS

Dra. Ma. Elena Fernández M.

A Dios,
a la Vida,
a Fernando, Elena y Luis,
por regalarme la oportunidad
de aprender, disfrutar y compartir.

Índice general

Prólogo

Todo ser humano tiende por naturaleza al bienestar, la felicidad, la plenitud y la trascendencia. Cada uno de nosotros, de acuerdo con la idea que tengamos de felicidad, buscamos, a nuestro modo, la forma de estar y sentirnos bien, anhelamos el perfecto funcionamiento de nuestro organismo biológico, el mejor estado emocional, así como la mayor armonía posible con los otros seres humanos y con las demás realidades significativas.

El bienestar es un estado interno, subjetivo y único para cada uno, pero a la vez se manifiesta y es percibido por quienes nos rodean. Las personas con quienes interactuamos pueden darse cuenta de la expresión de nuestro rostro, nuestra complexión, nuestra postura corporal, nuestros comportamientos y nuestros estados emocionales, y con frecuencia, nos dan retroalimentación con preguntas y comentarios acerca de la impresión que causamos.

Si utilizamos una metáfora para describir el proceso del bienestar podríamos visualizarlo como una pirámide en la que, lo más evidente al exterior, es nuestro estado de salud física y nuestras emociones, y en una siguiente capa de la pirámide se encuentran nuestros hábitos y estilo de vida, los cuales, ordinariamente, son menos percibidos por los demás, sin embargo, son la razón de ser de nuestro estado que manifestamos. De este modo, bajo una secuencia lógica, no puede haber el fruto de un buen estado físico y emocional si no está sustentado por un conjunto de hábitos que, a su vez, contemplan un aspecto intrapersonal en el que participa la propia persona, y un aspecto interpersonal, que involucra a las personas significativas de nuestra vida.

El bienestar es un proceso integral e integrado. Al ser integral exige que se encuentren en balance y funcionamiento saludable todas las áreas de nuestra vida: los aspectos físicos, emocionales, sociales, intelectuales, ocupacionales y espirituales. El estado de cada uno de estos aspectos repercute, inevitablemente, en los demás y, de igual forma, el estado de bienestar individual está esencialmente integrado al bienestar de los que nos rodean, ya que el ser humano es, por naturaleza, relacional. Por lo tanto, solo podremos hablar de estar bien en forma individual, si estamos bien, al mismo tiempo, en nuestras interacciones.

En un nivel más profundo de esta pirámide del bienestar, hay dos factores más que son menos perceptibles a la vista, pero son determinantes: la toma de consciencia y nuestros valores. El darnos cuenta cómo cada área de nuestra vida repercute en las demás nos lleva a cuidar, por igual, cada uno de esos aspectos con la convicción de que todo lo que pensamos, creemos, sentimos y hacemos, repercute en nuestro estado total de bienestar.

En la base de todos estos niveles se encuentra el conjunto de valores. Estos se refieren a las convicciones firmemente arraigadas en nuestro ser sobre lo que consideramos importante en la vida y de lo que no siempre estamos conscientes, pero que reverberan en los demás niveles. Los valores son la raíz de todo el árbol del bienestar, por lo que el estado de este, sustentado por nuestros hábitos y estilo de vida, finalmente dará cuenta, directa o indirectamente, acerca de en qué creemos y con qué filosofía de vida estamos comprometidos.

Esta visión de la vida contempla, por otro lado, nuestra filosofía del ser en el mundo y nuestra perspectiva acerca de la muerte, así como el final de nuestro viaje por él. Y es en este aspecto en el que los elementos espirituales y metafísicos impactan en la construcción del bienestar, de tal forma que la idea de para qué vivir, junto a la perspectiva de lo que creemos sobre la muerte, determinan las decisiones que tomemos acerca de cómo y para qué vivir.

La máxima aspiración del ser humano es trascender de alguna forma. Ante la irremediable convicción de la realidad del morir, todos deseamos trascender, ya sea creyendo en la existencia de otra forma de vida o dejando huella en nuestro caminar por este mundo. Este hecho, aunque parezca tétrico, ha sido el tema de filósofos, teólogos, poetas y pensadores profundos, y se manifiesta en la forma cotidiana de vivir. Pudiera ser que creamos o no en otra forma de vida, lo cierto es que todos queremos vivir de la mejor forma posible, vivir en bienestar.

Nuestro desempeño como terapeutas, *coaches*, consultores u orientadores tiene, por esencia, la finalidad de facultar con herramientas a nuestros clientes para facilitarles la adquisición de este estado de bienestar integral. Siendo nuestro trabajo, fundamentalmente, un proceso conversacional, es nuestra responsabilidad elegir qué temas fomentamos con las personas que solicitan nuestra intervención.

Lo ordinario es que nuestros clientes solicitan ayuda con una sensación de malestar que, con frecuencia, ni ellos mismos saben determinar. Por ello, nuestra conversación consultora, lo primero que deberá realizar, es ayudar a que definan con claridad el estado ideal deseado y los ejemplos de las situaciones que no quieren repetir más en su vida. La mayoría de las metas de cambios deseados pueden encajar en alguna de estas áreas previamente descritas.

Con esta visión de un bienestar integral e integrado, y bajo una visión ecosistémica, incluiremos en nuestro campo de indagación al individuo y su contexto. Ya sea que citemos a otros miembros del sistema humano social del que participa nuestro cliente, o que trabajemos en forma individual, nunca perderemos de vista que es un ser social contemplando el conglomerado de interacciones significativas de las que participa.

Al definir el objetivo en el que nos concentraremos en nuestro trabajo terapéutico o consultor, nos daremos cuenta de que la mejor forma de impactar en el todo del bienestar es elegir un aspecto o área prioritaria a través de la cual podamos transformar, gradualmente, a la persona como un todo y en sus relaciones significativas. Al modificar, enriquecer y potencializar un aspecto de la vida de la persona, terminarán por ser beneficiados los demás aspectos de la salud integral.

Este texto ofrece, precisamente, una amplia gama de estrategias conversacionales para guiar a las personas y sus sistemas humanos a encontrar o reencontrar el estado de balance integral, y no solo a disminuir sus síntomas. Al fin y al cabo, no pueden coexistir dos aspectos incompatibles: la mejor forma de luchar contra los síntomas es empoderando a las personas y a los sistemas humanos de los que forman parte, a desarrollar su máximo potencial para estar y sentirse bien.

Conforme la persona y sus sistemas van transformando sus creencias y sus hábitos de interacción, lo van asimilando a su propia forma de pensar y de vivir, impactando, consecuentemente, no solo en su *bien-estar*, sino en su *bien-ser*, pasando del nivel de conducta y pensamiento específico, a un estado de plenitud del ser como personas, como familia, como pareja, como equipo de trabajo o de estudio.

Si el bienestar es por esencia integral, el proceso consultor, para facilitarlo, conviene que sea también integrador, en vez de purista y excluyente, construyendo, al mismo tiempo, una integración de ideas que se complementen entre sí para no caer en un eclecticismo errático y caótico.

Es justamente la intención de este texto el ofrecer un buen número de estrategias integradoras para facilitar patrones de bienestar. El material aquí presentado es producto de muchos años de práctica profesional comprometida, reflexiva, fundamentada y generosa de la Dra. María Elena Fernández, quien se caracteriza por un trabajo de excelencia profesional como terapeuta, consultora y docente.

Este material es útil en forma directa para terapeutas, consultores y *coaches* que trabajen con una visión sistémica, pero también para profesionales que, adscribiéndose a otros enfoques teóricos, son suficientemente abiertos como para integrar a su práctica profesional, ideas ya probadas en efectividad con muchísimos consultantes y que dan resultados en muy pocas sesiones.

Dr. Ruperto Charles Torres, M. Ps.

Director del Centro de Crecimiento Personal y Familiar,

Instituto Milton H. Erickson de Monterrey.

Junio, 2021.

Prefacio

La realidad que estamos viviendo en la actualidad presenta una serie de retos y complejidades que han precipitado la presencia de serias afectaciones en las personas. Como terapeutas, consultores, *coaches* u orientadores, nos obliga a mantenernos preparados para apoyar en el reacomodo funcional de sus vidas y la construcción de estados de mayor bienestar, sentido, satisfacción y felicidad.

Si bien adecuaremos el perfil de ayuda adaptando el abanico de estrategias terapéuticas a la condición y necesidad particular del cliente, comparto algunas consideraciones a nivel macrosocial, que pudieran ser puntos de reflexión acerca de distintos factores predisponentes que el contexto sociocultural y familiar actual nos presenta y que pudieran ofrecernos vías de explicación sobre su influencia en la alta prevalencia de las problemáticas bioemocionales, mentales, espirituales y relacionales que enfrentamos hoy en día.

Las condiciones de cambio vertiginoso de la sociedad postmoderna, que han ocurrido en el terreno tecnológico, científico y económico, así como en el social, cultural y familiar, han generado aportaciones benéficas para el ser humano, favoreciendo avances en la ciencia y en la medicina y amplificando nuestros límites con la prolongación de la esperanza de vida, de las comunicaciones y el acceso a la información. Sin embargo, estos aportes han traído consigo riesgos que han impuesto, como prioridad, la cultura del *tener*, el *saber* y el *hacer*, desplazando al del *ser* a planos menos relevantes.

Si bien como humanidad hemos tendido a buscar medios para lograr ser felices, pareciera que, paradójicamente, en esas búsquedas nos hemos distanciado de cumplir con ese anhelo. El estilo de vida cotidiano caracterizado por la competitividad, la eficiencia bajo el menor esfuerzo y una visión inmediatista nos ha llevado a vivir bajo ambientes cargados de actividad, estrés y bajos niveles de reflexividad, y contrariamente a lo deseado, han generado repercusiones emocionales caracterizadas por la sensación de insatisfacción sostenida, frustración e infelicidad.

A nivel sociocultural la realidad nos ha presentado una serie de aspiraciones difíciles de alcanzar, en torno a la alta posición económica, el prestigio social, el éxito y los satisfactores materiales, así como la apariencia, la belleza física y la juventud, prometiéndonos maravillosos estados de felicidad al lograr adquirirlos. Sin embargo, distintas investigaciones han probado que ninguna de estas condiciones nos asegura ser felices de forma duradera, ya que el deleite y el placer que provocan resulta ser efímero y pasajero, y una vez diluido, nos dejan en el mismo estado en el que nos encontrábamos, dando lugar a una condición sostenida de frustración e insatisfacción, y con ello, a posibles cuadros que pueden derivar en la ansiedad y la depresión. Aun ganadores del billete de lotería han demostrado ser felices durante los siguientes meses de haber obtenido su fortuna, pero posteriormente, regresan a su condición emocional habitual, fenómeno al que se le ha denominado adaptación hedónica.

A nivel familiar este escenario social también ha logrado permearse, afectando tanto su estructura, como su funcionamiento, la convivencia entre sus miembros y los estilos de educación, dando lugar a la aparición de condiciones en las que los niños pudieran irse desarrollando con un déficit en la formación de habilidades de afrontamiento saludable, esfuerzo sostenido, perseverancia y fortaleza para el adecuado manejo de dificultades.

En cuanto a la estructura familiar, nos enfrentamos con una amplia gama de estilos que han cimbrado el paradigma tradicional de familia nuclear biparental, para dar paso a las familias uniparentales (por separación, divorcio o padre-madre solteros), familias homoparentales, familias extensas con inclusión de parientes de la familia de origen en el núcleo, familias adoptivas, además de las reconstituidas, en las que uno o ambos padres se unen después de haber terminado relaciones previas y con opción a integrar a sus hijos fruto de las otras relaciones, así como los que lleguen a procrear dentro de la nueva unión conyugal. Estos cambios han generado movimientos en los roles ejercidos entre sus miembros y en las formas de interacción.

Desde décadas atrás, la inserción de la mujer en el mercado laboral ha promovido que el cuidado de los hijos sea delegado a otras personas del grupo familiar o a instituciones especializadas. Por ello, los tiempos de convivencia familiar y la calidad de los encuentros se han sacrificado ante los compromisos laborales y sociales de los padres, de forma que, mientras estos están focalizados en sus actividades, el hijo puede gastar muchas horas de su día ante un dispositivo electrónico, permaneciendo absorto en esa realidad digital y distante del intercambio real, lo que pudiera generar un déficit en las habilidades de conexión relacional.

Asimismo, los padres pueden desarrollar sentimientos de culpa ante su ausencia o presencia intermitente, que buscan compensar con bienes materiales que le ofrecen al hijo sin que este realice esfuerzo alguno, lo que puede acostumbrarle a contar con un alto estándar de satisfactores recibidos de forma inmediata y gratuita, con la consecuente incapacidad para tolerar la postergación de gratificaciones y la imposibilidad de habilitarse en el afrontamiento de situaciones cotidianas difíciles. De esta forma, observamos actitudes sobreprotectoras de los padres que privan al hijo de la experiencia de reto para evitar exponerle a condiciones de posible error o fracaso, nulificando tanto el aprendizaje necesario para alcanzar sus logros, como el desarrollo de habilidades indispensables para maniobrar con la aparición de dificultades. Ante este déficit en la formación de la perseverancia, el esfuerzo y la fortaleza, es común que la persona desista rápidamente ante alguna dificultad, se sienta fracasada y con mayor tendencia a experimentar impotencia, pesimismo y depresión, además de que paralice su proceso maduracional, y en su edad adulta (cronológica) pueda tender a la evasión de decisiones retadoras que impliquen compromisos a largo plazo, así como a la postergación del proceso de independencia del núcleo familiar.

Otra postura común que he observado en los padres es que asumen actitudes con alta exigencia y tintes rigurosamente perfeccionistas hacia el hijo. En estos casos es frecuente le sobrecarguen de actividades extraescolares y retos altamente competitivos, para ir introduciéndolo, desde muy pequeño, en la carrera para ser el más sobresaliente, aun a costa de atropellar a otros en el camino, generándole un fuerte desgaste físico, mental y emocional, junto con un bajo nivel de tolerancia al fracaso, ante el eventual incumplimiento de esas altas expectativas y la afectación de sus habilidades sociales y empáticas.

La Organización Mundial de la Salud nos confirma estas condiciones, al constatar que, hoy en día, 350 millones de personas en el mundo padecen depresión, alcanzando estándares epidémicos que han afectado no solo a la población adulta, sino a los jóvenes, adolescentes y hasta los niños. La prevalencia de la depresión es diez veces más alta en la población actual que aquella nacida antes de 1970 (Seligman, 1999), y desafortunadamente, se ha asociado tanto a una mayor tendencia a las recaídas, después de padecer una depresión severa, como a riesgos suicidas, agravando el perfil de la salud de nuestra sociedad.

Reconstruir el bienestar integral bajo estas condiciones, parece una tarea impostergable que nos exige estar equipados como profesionales de la salud. El andamiaje de herramientas terapéuticas propuesto en esta obra pretende colaborar a este objetivo sanador ofreciendo abordajes

breves y efectivos que podremos aplicar con nuestros consultantes, ya sea de forma correctiva, o igual bajo propuestas
preventivas. En espera este recorrido sea un camino enriquecedor y disfrutable.

Dra. Ma. Elena Fernández Martínez.
Junio, 2021.

Introducción

— *"Ha sido espantosa la tensión, el miedo, el dolor por tantas muertes... Esta pandemia me ha sofocado... siento un dolor insoportable... un enorme vacío... siento que ya no puedo más"*... Fueron las desgarradoras palabras de un consultante de 30 años, después de haber perdido a dos de sus abuelos y a dos amigos cercanos por causa de la pandemia, en un periodo de seis meses...

— *"Sentimos que íbamos a morir"*... Fue la angustiante expresión cargada de miedo y horror que el padre y la madre de una familia, complementada por tres hijas pequeñas, me compartieron en consulta, después de haber sobrevivido a la dolorosa experiencia de un secuestro...

— *"Aun y cuando tengo una buena posición económica y laboral, me siento desmotivado... no le encuentro sentido a mi vida"* ... Afirmación de un empresario de 38 años, sobrecargado de responsabilidades laborales, que fue a consulta después de haber pasado por un segundo divorcio...

— *"No puedo con el nivel de estrés y ansiedad que estoy viviendo. Me fugo en el alcohol, en la comida, en el sexo"*... Confesión de un estudiante de 23 años que ha padecido episodios ansiosos utilizando fórmulas compensatorias durante los últimos meses...

— *"Nuestro matrimonio es un infierno... no hemos logrado dialogar sin que la situación acabe convirtiéndose en una guerra de gritos e insultos"*... Pareja con doce años de casados que ha intentado, sin éxito, lidiar con su estrés y sus diferencias...

— *"Siento que ya no puedo más... agotada, impotente, desesperanzada"*... Afirmación de una mujer de 43 años con síntomas de depresión, sobrellevando dolorosamente su vida conyugal y familiar: su pareja padeciendo VIH y una adicción al alcohol, además de arrastrar un historial de dos intentos suicidas. Y junto a ello, lidiando con las actitudes desafiantes de su hijo adolescente...

— *"Por ahora me siento mejor, pero tengo miedo a no poder sostenerme en esta actitud"*... Afirmación de una mujer de 54 años que, después de haber padecido fuertes altibajos emocionales con cuadros depresivos, buscaba medios para sostener sus avances y estabilizarse...

Estos casos son solo una muestra del tipo de dificultades individuales, familiares y de pareja que atiendo en consulta con frecuencia, y que parecieran ser recurrentes en los distintos espacios terapéuticos de hoy en día. Por un lado, personas con problemas de ansiedad, depresión y mal manejo del estrés, casos con cuadros de tristeza, de baja autoestima y autocontrol deficiente; y personas con episodios de duelo y pérdida de sentido a la vida, agravadas por experiencias traumáticas sin procesar. Por otro lado, casos que presentan conflictos relacionales ante la recurrencia de estados de alta tensión en los ambientes interaccionales, tanto en los encuentros de pareja, como en la conexión entre los miembros de la familia, manifestados en alteraciones en ambos integrantes de la pareja, en síntomas que presenta algún miembro de la familia, o en episodios de crisis familiar generalizada.

Para cada una de estas realidades, como terapeutas, *coaches* o profesionales que buscamos promover condiciones de salud integral en las personas, habremos de estar preparados y entrenados para ofrecer herramientas de ayuda terapéutica que contribuyan, primero, a disminuir los síntomas del cliente, y después a favorecer la instalación de nuevos patrones saludables en su vida, facilitando la recuperación de su bienestar y felicidad. Esta obra tiene como objetivo justamente eso, ofrecer andamiajes terapéuticos probados como efectivos, que han sido fruto de la reflexión, la investigación, la docencia y los años de experiencia clínica y formación profesional.

Mi pasión por entender al ser humano y ofrecer medios de ayuda humanitaria fue delineándose desde mi adolescencia, al estar en contacto con experiencias misioneras dentro de comunidades marginadas en la sierra de Oaxaca, México. Observar cómo sus pobladores reflejaban actitudes alegres, cordiales y generosas, aun en medio de sus carencias y difíciles condiciones socioeconómicas, fue intrigante para mí. Indagar qué claves tenían en su estilo de vida y su manera de percibir la realidad para sobrellevar sus dificultades manteniendo una actitud positiva, fue el punto principal que abrió mi curiosidad. Más que ir a ayudar, acabé recogiendo profundas experiencias que incidieron, fuertemente, en mi vocación y trayectoria profesional.

Durante años concentré mi esfuerzo profesional en diseñar, elaborar y coordinar programas en empresas y organizaciones para promover el desarrollo humano, la integración de las familias y las mejores formas de convivir en pareja, así como en proyectos comunitarios en donde las personas pudieran ser más conscientes de los problemas colectivos que enfrentaban, a fin de facilitar procesos grupales que les condujeran a solucionar y alcanzar condiciones más dignas y saludables.

Posteriormente, con mi formación en consultoría y psicoterapia con enfoque breve sistémico, he tenido la oportunidad de atender a más personas, parejas, familias, grupos e instituciones con diversas problemáticas, tanto internas como relacionales, con quienes he aplicado distintos caminos terapéuticos eficaces en la solución de problemas y en la construcción de condiciones óptimas que aportan mayor bienestar y sensación de felicidad.

Particularmente, algunas investigaciones que he realizado han sido inspiradoras. Una, centrada en evaluar la efectividad de un modelo de intervención familiar al que denominé *Modelo Terapéutico Educativo Sistémico* (Fernández, 2006) para modificar la actitud pesimista de niños de siete a doce años, y contribuir en la prevención de estados de depresión en su vida futura. Y otra, en la que evalué un modelo de intervención sistémica al que titulé *Modelo Terapéutico Sistémico para el Bienestar Postraumático* (Fernández, 2013), a fin de contribuir en la reparación de los procesos de afectación de jóvenes afectados por estrés postraumático que estuvieron expuestos a episodios de violencia social.

Asimismo, el trabajo de docencia en la formación de profesionales de la salud con este enfoque sistémico, al igual del realizado con líderes religiosos y organizacionales por muchos años, me ha confirmado que intervenciones clínicas certeras bajo procesos breves, generan estados de reactivación de recursos y capacidades de las personas y facilitan construir, en conjunto cliente y terapeuta, escenarios de recuperación más saludables.

Con la integración de todos estos elementos, fue posible elaborar andamiajes terapéuticos basados en estrategias extraídas de la Psicología Positiva y de la Terapia Breve Sistémica, específicamente, de la Terapia Breve Enfocada en Soluciones, del Modelo Integrativo de Enfoques Sistémicos en torno a Soluciones (Charles, 2005, 2018), de la Terapia Narrativa y de la Hipnosis Clínica.

El proceso interventivo que cubre las áreas del sistema intrapersonal e interaccional del cliente: física, cognitiva, emocional, comportamental, espiritual y relacional, contempla una visión sistémica en la que considera la estrecha interconexión e influencia retroalimentante que guardan entre sí, de tal forma que, al afectar alguna de ellas, observaremos cambios en las demás, provocando espirales favorables que podrán permear todo el sistema de la persona, así como sus encuentros relacionales.

Cualquiera de las áreas del sistema personal servirá como puerta de acceso para iniciar el proceso de cambio, sin embargo, será recomendable adoptar flexiblemente la secuencia sugerida, para configurar los nuevos patrones saludables. Aun así, enfatizo la necesidad de entender al cliente con su situación particular, su visión del mundo y su perspectiva, para diseñar y ofrecer el perfil de ayuda a su medida, adaptando las estrategias terapéuticas a su condición y necesidad específicas.

Para iniciar, presento los fundamentos teórico-epistemológicos, base de esta obra, explicando los modelos de soporte para el diseño, elaboración y selección de estrategias terapéuticas y algunas de sus premisas, para luego, abordar las rutas de reconstrucción hacia el bienestar con la reconexión a los recursos positivos del cliente, su sensorialidad encauzada y su posible reactivación, lo que permitirá establecer la plataforma para introducir el cambio y una toma de conciencia sobre las condiciones de desbalance que hubiera estado experimentando. Asimismo, explico la reconexión psicobiológica implicada en el proceso terapéutico, para recuperar y mantener, de forma óptima, sus niveles de funcionamiento biocorporal y energético.

Del mismo modo, abordo el campo de los constructos cognitivos y estrategias efectivas para modificar el lente interior con el que el cliente se explica la realidad, logrando deconstruir la rigidización de sus marcos mentales alrededor del problema, y configurar, en su lugar, hábitos de pensamiento optimista ante los retos y dificultades; así como nuevos patrones de comportamiento que constituyen otra de las puertas para acceder al sistema y provocar el cambio en su vida. Incluyo también, fórmulas para identificar, experimentar, liberar y regular las emociones, logrando la instalación de hábitos emocionales inteligentes y saludables.

Otras estrategias que abordo buscan metamorfosear el problema y trabajar en su deconstrucción, haciéndolo manejable, solucionable y superable, mediante la aplicación de un modelo de intervención que permitirá la resignificación y desactivación de cuadros dolorosos o traumáticos, en aras de facilitar el desarrollo y el fortalecimiento de su capacidad resiliente.

De igual forma, presento opciones terapéuticas que ayudan con la reparación de la autoestima y, con ello, el establecimiento de conexiones relacionales positivas. En el mismo apartado, presento los tipos de patrones de relación interpersonal que pueden identificarse, según el perfil comportamental predominante, así como la fórmula de cambio que puede ayudar a mantenerlos saludables.

Posteriormente, resalto la importancia de contar con un significado y un propósito que le ofrezca sentido a la vida, así como estrategias que podrán ayudar al cliente a descubrir y perseguir el suyo. Incluyo también el desarrollo del área espiritual, religiosa o laica, mediante ejercicios que le faciliten la redimensión trascendente a su vida, a través del cultivo de valores como la conexión, la compasión y la contribución.

Finalmente, comparto intervenciones para ayudar al cliente en el sostenimiento de sus condiciones de bienestar y su sano balance, a través de la instalación de patrones saludables que le ayuden a adaptarse a los requerimientos que su contexto le llegara a presentar, cuidando su afrontamiento óptimo con actitud abierta y flexible. Del mismo modo, explico caminos para prepararle ante la eventual aparición de desajustes o recaídas, y cómo podría recuperar de nuevo el control para retomar la ruta hacia el bienestar. Y, para terminar, concentro recomendaciones dirigidas al propio terapeuta, consultor o *coach* para mantenerse en condiciones óptimas de autocuidado saludable y, con ello, logre mantenerse congruente con el modelo de bienestar que ofrece a sus clientes, tanto en su vida personal como en su praxis clínica o profesional. Esto le evitará caer en cuadros de afectación acordes a la fatiga por compasión o al *burnout* (Rothschild, 2006).

Con este recorrido reflexivo-sanador, el terapeuta, consultor o *coach* podrá cocrear con el cliente el proceso de reconstrucción de su bienestar, facilitando el tránsito hacia su reacomodo funcional y su sostenimiento en estados de mayor bienestar, satisfacción y felicidad. Al fortalecer este objetivo, estaremos contribuyendo en la construcción de sistemas familiares y sociales más sanos, más balanceados y felices.

Notas al Lector:

· Todos los casos ejemplificados son reales, sin embargo, han sido alterados los nombres y algunos elementos identificatorios, a fin de mantener el respeto total a su anonimato.

· En el texto utilizo, de forma intercambiable, términos como "cliente" o "consultante", así como "terapeuta", "consultor", "*coach*", "orientador", "líder" o "acompañante". Por razones prácticas, aunque la redacción aparece en términos masculinos, la interpretación deberá aplicar sin distinción de género.

CAPÍTULO I

Fundamentos teóricos del andamiaje terapéutico hacia el bienestar

Con el objetivo de compartir algunas premisas teóricas en las que está fundamentado el andamiaje terapéutico desglosado a través de esta obra, menciono teorías y modelos que han sido parte importante en mi formación profesional y fuente de inspiración para mi labor terapéutica y de consultoría, así como para mi trabajo en la docencia y en la formación de terapeutas.

El estilo de abordaje contempla un enfoque sistémico y construccionista, centrado en la narrativa y en la solución, además de ser positivo y breve. La clave central de la propuesta es que busca rescatar, resaltar y amplificar los recursos, los talentos, las capacidades y las fortalezas del cliente, para desarrollar y potenciar, desde ahí, el trabajo de su recuperación. Esto no significa que las condiciones de dificultad o dolor no sean consideradas en el proceso, naturalmente sí se abordan, cuidando el énfasis, el momento y la forma en que la situación problema es deconstruida, para ir conduciendo el proceso, gradualmente, hacia estadios de cambio, de resignificación y sanación, lo que genera una valiosa diferencia en la pronta recuperación hacia el bienestar.

Esta manera de encauzar el trabajo terapéutico implica romper con los paradigmas tradicionales cuyos principios rigieron en la era modernista marcando una única manera de entender la realidad (Hoffman, 1988) y, por tanto, una sola forma de ofrecer apoyos terapéuticos.

Uno de ellos se refiere a la visión objetivista y determinista de la realidad, a través de la cual se elaboraban explicaciones basadas en verdades universales, comprobadas empíricamente, descartando cualquier otro tipo de interpretación (Neimeyer, 1998). De igual modo, las perspectivas lineales y unidireccionales suponían que la existencia histórica de eventos en la infancia serían las causales únicas que determinaban los problemas del presente, sin integrar el impacto de las interrelaciones y las variables del contexto. Además, al referirnos a la praxis clínica, el estilo de la relación terapéutica era vertical y jerárquico, junto al foco de atención del proceso terapéutico centralizado en la patología, en el déficit y en el problema.

Gracias al camino evolutivo y a la configuración de nuevos paradigmas basados en una visión posmoderna, desde hace algunas décadas se empezó a gestar una nueva epistemología que iría rompiendo con las perspectivas anteriores, para dar paso a diversas formas de explicar la realidad, y consecuentemente, de trabajar en procesos de ayuda psicoterapéutica acordes a una visión más plural, abriéndose a distintas construcciones bajo fórmulas de relación terapéutica más lateral y horizontal (Watzlawick, 1991; Limón, 2005). Desde su surgimiento, estas nuevas perspectivas han recibido influencias diversas que les han permitido irse adaptando a las circunstancias del momento. Explicaré ahora, algunos de los planteamientos en los que he basado esta obra.

1. Perspectiva Sistémica

A partir de mediados del siglo XX se abrieron espacio las perspectivas sistémicas y circulares en las que era posible considerar la influencia de la interacción y de los elementos del sistema circundante, en aras de contar con una explicación más amplia y completa de la realidad.

El antropólogo y científico social, Gregory Bateson, y su equipo de investigadores, por la década de 1950, empezaron a aplicar el enfoque de la Teoría de Sistemas y la Cibernética a las Ciencias Sociales, buscando entender los procesos comportamentales con base en las relaciones, la interacción y la comunicación que guardaban los individuos entre sí y con su entorno. A esos esfuerzos se incorporaron los de otros investigadores, como Heinz von Foerster y Norbert Wiener en el área del constructivismo y la cibernética (Nardone y Watzlawick, 1992), y el de Ludwing von Bertalanffy (Steinglass, 1982) en el campo de los sistemas, que permitió expandir su área de aplicación no solo en la ingeniería, la química y los procesos económicos, sino también en la biología, la sociología y la psicología.

A la par con estos aportes y el de otros estudiosos, se sumó el trabajo en hipnosis clínica realizado por el Dr. Milton Erickson, logrando armar un revuelo innovador en el campo de la psiquiatría, la psicología y, en particular, de la psicoterapia.

A partir de la aplicación de estas teorías a la praxis clínica, el énfasis de las intervenciones terapéuticas empezó a dirigirse, ya no solo a los procesos internos y retrospectivos, sino a la observación y rompimiento de los patrones de comportamiento relacional patologizados que podrían mantener atrapado el problema en el presente, para dar lugar a la construcción de nuevas fórmulas de comportamiento retroalimentante más saludables.

1.1 Bases Epistemológicas de la Terapia Breve Sistémica

Algunos supuestos básicos en los que se sostiene la terapia sistémica y que servirán de apoyo dentro del trabajo terapéutico (Sterlin y Weber, 1994 y Nardone y Watzlawick, 1992), son los siguientes:

a) Todo sistema está conformado por elementos que guardan una relación interconectada e interdependiente.

b) Gracias a esa relación interdependiente de los elementos del sistema personal y relacional del cliente, al empezar el movimiento en una de las partes, se generarán cambios consecuentes en el resto del sistema, tanto a nivel intrapersonal como interpersonal.

c) Bajo esta perspectiva sistémica, los problemas se entienden a partir de las relaciones entre sus propios elementos y su entorno, descartando la causalidad lineal y unidireccional, para dar paso a una visión circular, considerando que las pautas de comportamiento son retroactivas y recíprocamente provocadas. De este modo, un problema que haya surgido por factores históricos podría estar atrapado en el presente, bajo la afectación de patrones intrapersonales viciados, en donde las áreas cognitivas, emocionales, conductuales y físicas están entrelazadas de forma retroactiva; además de patrones interpersonales patologizados, en donde los comportamientos de los miembros del sistema terminan enredados en un circuito retroalimentante, en el que ambos, son causa y efecto de forma simultánea y secuencial. En otras palabras, ante una conducta problema en un miembro de la familia, el sistema circundante tenderá a aplicar una solución de forma repetitiva buscando su corrección, y al no lograrlo, el propio intento de solución fallido se convierte en parte del problema, provocando que este se intensifique, se agrave y perdure en el tiempo.

d) Esta conciencia de circularidad de los patrones de conducta invita a asumir que las personas no son solo receptoras, víctimas de sus situaciones, sino que son capaces de tomar responsabilidad y decisiones para determinar si se mantienen dentro de los circuitos emproblemados, o si trabajan en la construcción de patrones más saludables.

e) Se busca que la terapia sea breve para que se diferencie de la vida cotidiana de la persona y la familia, evitando que se convierta en parte del sistema.

1.2 *Aplicación de la Perspectiva Sistémica a los Patrones de Bienestar*

La influencia del enfoque sistémico en el andamiaje de intervenciones hacia el bienestar, lo remarco a través de la aplicación de dos de sus premisas centrales. La primera, considera la interconexión e interdependencia que guardan todos los elementos que configuran el sistema del cliente, tanto a nivel intrapersonal (biocorporalidad, cognición, emoción, conducta y espiritualidad), como interpersonal (relación del cliente con otras personas), de forma que, al provocar el cambio en una de sus variables, observaremos cambios consecuentes en otras de las áreas interconectadas.

Y la segunda premisa, se refiere a la identificación del tipo de patrones intrapersonales e interpersonales que el cliente, en conexión con su entorno, haya configurado alrededor del problema, a fin de facilitar su posible rompimiento, con la consecuente coconstrucción de nuevos circuitos retroactivos más saludables y la adopción de nuevas actitudes y formas de conexión relacional que favorezcan estados de mayor bienestar.

2. Perspectiva socioconstruccionista / narrativa

Esta perspectiva denominada construccionismo social o socioconstruccionista, fue delineándose, conceptualmente, en la década de 1980, y después emigró al campo terapéutico. Sus propulsores, entre quienes se ubica Kenneth Gergen, proponen que la realidad, las ideas, los conceptos y los recuerdos, son construcciones que surgen del intercambio social a través del lenguaje y sus significados. La realidad puede entenderse desde diferentes perspectivas y posibilidades construidas a partir del intercambio relacional (Hoffman, 1992, McName y Gergen, 1996). Su planteamiento epistemológico se fundamenta en que el conocimiento no es la realidad, sino que es una construcción que la persona elabora sobre la realidad en interacción con su entorno social. Utiliza el lenguaje como un sistema colectivo de signos con el que se construye la realidad elaborando significados, y estos serán los que les otorgarán valores a los hechos de la realidad (Derrida, 1984, 1989).

De este modo, a través de un lenguaje dialógico y recursivo, las personas cocrean historias, relatos o narrativas sobre su vida y sobre el mundo, en conexión con personas de su entorno, y le otorgan significados a nivel individual y colectivo, configurando así, su identidad personal y social (Lax, 1996). A partir de estos discursos relacionales, los problemas pueden quedar entretejidos y atrapados en esa narrativa de la persona, provocando que su identidad quede impregnada del problema.

Las opciones terapéuticas que trabajan con base en esta perspectiva son la terapia narrativa, colaborativa y reflexiva. Algunos de sus fundadores son Michael White y David Epson en la narrativa, Harlene Anderson y Harold Goolishian en la colaborativa, Karl Tomm en el interrogatorio reflexivo y Tom Andersen en los equipos reflexivos.

2.1 Premisas Básicas de la Terapia Narrativa

a) Ante la narrativa saturada de problemas que el cliente presenta, el terapeuta indaga, escucha e interviene con una visión dialogal (no jerárquica).

b) La historia alrededor del problema se deconstruye de forma colaborativa y dialogal en la relación terapeuta-cliente, para ir desplazándola hacia otra más fluida y con posibilidad al cambio.

c) El terapeuta externaliza el problema (White, 2004) buscando separarlo de la identidad del cliente e identificarlo como un ente distanciado a su ser. Esta nueva rotulación debe utilizar un lenguaje despatologizador y coloquial para abrir al cliente la percepción de que puede dominar o controlar el problema (Charles, 2005).

d) Mediante el diálogo y el uso cuidadoso del lenguaje, el terapeuta va cocreando con el cliente, nuevos significados a su historia, a través de preguntas, metáforas, comentarios y reflexiones.

e) La conversación terapéutica se sostiene hasta que logre coconstruirse una nueva narrativa libre del problema y enfocada hacia la solución y el bienestar.

f) Así como se externaliza el problema de la identidad del cliente, el proceso acentúa la internalización de sus recursos y capacidades facilitando una nueva autodescripción de su identidad (White, 2004).

g) El cliente tiene la decisión de actuar, o no, según la nueva narrativa de su vida.

2.2 Aplicación de la Perspectiva Construccionista / Narrativa a los Patrones de Bienestar

Dentro del andamiaje hacia el bienestar será muy valiosa la perspectiva construccionista que permita indagar y considerar la narrativa que el cliente presente sobre el problema, sus creencias y su visión del mundo. A partir de ello, deconstruiremos esa narrativa dolorosa, utilizando un lenguaje externalizador del problema que le separe de su identidad, internalizando sus recursos positivos y sembrando nuevos significados que ayuden a ir cocreando el nuevo relato que le permita visualizarse bajo perspectivas más fortalecedoras y saludables. El proceso incluye el manejo de preguntas, reencuadres, metáforas, rituales y tareas.

3. Psicología positiva

Es una nueva corriente en la psicología que surge, como tal, en 1998, y centra su estudio científico en el bienestar, los factores que contribuyen al funcionamiento óptimo de las personas y la felicidad. El Dr. Martin Seligman, fundador de este enfoque, la define como *"la ciencia cuyo objetivo es entender la emoción positiva, aumentar las fortalezas y las virtudes, y ofrecer pautas para encontrar las claves de lo que Aristóteles denominó la 'buena vida'"* (2003, p.11).

A diferencia de la psicología tradicional, centrada en la enfermedad y en los problemas, esta ciencia ha investigado y estudiado científicamente las condiciones que favorecen el florecimiento de las personas, las organizaciones y las comunidades. Y aunque nació con el objetivo de buscar aumentar los índices de felicidad en la vida, el propio Seligman (2011) fue ajustando el enfoque, desplazando el énfasis de la felicidad, para centrarlo, más bien, en la búsqueda del bienestar y el florecimiento humano.

Ante la diversidad de criterios para definir lo que significa el florecimiento, según las diferentes culturas, Seligman, junto a otros investigadores (2011), coincidieron en que, para florecer, la persona habría de cultivar las siguientes tres características: emociones positivas, compromiso y sentido o propósito; y agregar al menos otras tres de las seis siguientes: autoestima, optimismo, resiliencia, vitalidad, autodeterminación y relaciones positivas.

La combinación de estas habilidades brinda a la persona mayor bienestar, satisfacción con la vida, más alta percepción de felicidad, salud física y longevidad; además de incrementar la flexibilidad, la creatividad, el rendimiento, la productividad, la habilidad para construir relaciones interpersonales significativas y el desarrollo de la capacidad resiliente (Seligman, 2003; Shahar, 2017-2018). En resumen, estos beneficios ofrecen un estilo de vida que potencia el desarrollo de la persona en todas sus dimensiones, ayudándole a generar una espiral expansiva positiva hacia sus sistemas circundantes (Fredrickson, 2009).

Si bien desde la segunda mitad del siglo XX se han emprendido esfuerzos en el diseño de modelos que ayudan a la construcción del bienestar, ha sido gracias a interesantes estudios e investigaciones recientes, que se ha ampliado el conocimiento de la influencia que pueden ejercer factores como las fortalezas personales, la gratitud, la creatividad, el humor, la persecución de metas y logros, la espiritualidad, la actitud altruista y el cultivo de experiencias óptimas o de flujo (*flow*) (Tarragona, 2014). Todos estos han sido temas de interés para la psicología positiva.

Los modelos de bienestar que he considerado relevantes y de donde he extraído elementos que he integrado al proceso terapéutico y de consultoría, son el modelo *PERMA* de Martin Seligman y el modelo *SPIRE* de Tal Ben-Shahar, con los que ha sido posible contribuir, tanto para disminuir las condiciones sintomáticas o de sufrimiento, como para favorecer las condiciones de bienestar, satisfacción y felicidad. Ambos modelos aportan conceptos muy valiosos para el desarrollo integral del ser humano.

3.1 PERMA: Modelo del Bienestar (Martin Seligman)

Para la medición del bienestar, el Dr. Seligman (2011) propuso una teoría a la que denominó modelo *PERMA*, como acrónimo de los cinco factores que lo conforman:

Positive Emotions	/ *Emociones positivas*
Engagement	/ *Compromiso*
Relationships	/ *Relaciones*
Meaning	/ *Propósito*
Accomplishment	/ *Logro*

Emociones Positivas. Se refiere a promover el desarrollo de todos aquellos estados agradables que invaden, simultáneamente, la mente y el cuerpo de la persona: placer, alegría, amor, diversión, gratitud, esperanza, entusiasmo, tranquilidad, serenidad, inspiración y asombro, entre otros.

Se evalúan a partir de una medición subjetiva en la que la persona establece su percepción de satisfacción con la vida y de felicidad.

Compromiso. Seligman asocia el compromiso con la experiencia de flujo propuesta por el Dr. Mihály Csikszentmihalyi (2008) en la que la persona se conecta en una actividad tan gratificante que logra dejarse absorber por ella, activando sus talentos, perdiendo la noción del tiempo y la consciencia sobre lo que piensa y siente al momento de realizarla. El estado subjetivo de placer, de interés, de entrega y de satisfacción experimentados, la persona lo reporta en forma retrospectiva *(¡estuvo genial!, ¡me encantó!).*

Relaciones. Las relaciones positivas y significativas son uno de los factores más importantes que contribuyen al bienestar y al nivel de felicidad y satisfacción con la vida, además de que ofrecen un sentido y propósito a la existencia al conectar con otros seres significativos, experimentando, de forma recíproca, el sentirse cuidado, aceptado y amado.

Propósito y significado. Cuando el individuo se conecta con la búsqueda de pertenecer y servir a algo más elevado a sí mismo y más trascendente, integra un sentido o significado a su ser, que le otorga mayor estado de bienestar, felicidad y resiliencia ante las adversidades.

Logro. Implica construir experiencias de éxito estableciendo metas que, al ser alcanzadas, fortalecen los talentos, aumentando la autoestima, la satisfacción con la vida y el sentido de competencia.

Seligman (2011) afirma que cada elemento del modelo podrá ser elegido y desarrollado de forma independiente por el aporte benéfico que ofrece en sí mismo, y no por su coincidencia con las demás variables. Por ejemplo, podrá elegir una actividad altruista con profundo sentido trascendente, aunque no resulte placentera o divertida; o a la inversa, podrá elegir una actividad placentera (saborear un chocolate, por ejemplo) y no aportar al significado o propósito de la vida. Considera que cada uno de los elementos no define por sí mismo el bienestar, pero en su conjunto, contribuyen a alcanzarlo.

3.2 *SPIRE: Modelo del Bienestar (Tal Ben-Shahar)*

Por su parte, el Dr. Tal Ben-Shahar (2017-2018), consultor y profesor de la Universidad de Harvard, especializado en psicología positiva y liderazgo, reacomodó algunos de los elementos propuestos por Seligman y propuso su propio modelo de bienestar y felicidad, *SPIRE*, unificando en un acrónimo las cinco áreas que considera que la persona habrá de cultivar para alcanzar estados de bienestar y plenitud perdurable:

Spiritual:	/Espiritual
Physical	/Física
Intellectual	/Intelectual
Relational	/Relacional
Emotional	/Emocional

Área Espiritual. Implica descubrir un sentido de propósito y significado a la vida, así como elevar las experiencias ordinarias a experiencias extraordinarias a través de una consciencia plena. La espiritualidad puede ser cultivada bajo una experiencia religiosa o sin ella. Incluye también la capacidad de saborear el presente desarrollando la atención plena o *mindfulness*.

Área Física. Busca ofrecer una atención cuidadosa a la conexión mente-cuerpo y a su armonización. Plantea las condiciones de salud física implicadas en el balance adecuado entre trabajo y descanso, así como en la recuperación saludable del desgaste provocado por el estrés.

Área Intelectual. Se refiere al involucramiento de aprendizajes significativos y la apertura a crear experiencias transformadoras, a través de la capacidad de apreciar las habilidades y fortalezas con las que cuenta la persona, así como los elementos favorables que le rodean, incluyendo la naturaleza y el arte.

Área Relacional. Alimenta las relaciones constructivas con los demás y consigo mismo. Es el predictor de felicidad por excelencia, implica la inversión de tiempo con las personas importantes mediante encuentros saludables que enriquezcan la vida de forma completa y satisfactoria.

Área Emocional. Se refiere a desarrollar la habilidad para experimentar el rango de emociones como el gozo, la excitación, la serenidad, el optimismo y la gratitud, incluyendo también las dolorosas, considerándolas como legítimas y necesarias en la vida de todo ser humano. Implica también desarrollar la capacidad resiliente con la que la persona pueda hacer frente a las dificultades.

Según Shahar (2017-2018), las distintas áreas del bienestar pueden trabajarse por separado para proponer un seguimiento progresivo más claro, considerando que pueden complementarse o afectarse recíprocamente.

3.3 Aplicación de la Psicología Positiva a los Patrones de Bienestar

El andamiaje para recuperar el bienestar propuesto en esta obra contempla la perspectiva de la psicología positiva en virtud de que indaga, resalta y enfatiza los recursos, las fortalezas y las experiencias saludables que el cliente ya mantiene en su vida, buscando amplificarlas y utilizarlas como soporte para maniobrar con las dificultades.

La coconstrucción a través del diálogo terapéutico de una nueva descripción de sí mismo, más consciente y responsable, será una clave que ayudará al cliente a posicionarse como agente de cambio favorable en su vida. El proceso terapéutico considera evaluar e intervenir con elogios, preguntas, reencuadres, rituales y tareas para favorecer el bienestar tanto interno como relacional.

4. Perspectiva en la solución

El Modelo de Terapia Breve Enfocada en Soluciones fue creado por Steve de Shazer e Insoo Kim-Berg del Centro de Terapia Familiar Breve de Milwaukee en la década de 1980.

Recibió fuerte influencia del trabajo clínico de Milton Erickson, de las ideas teóricas de Gregory Bateson y de los planteamientos del modelo interaccional de Palo Alto (MRI). Se centra en los recursos de la persona, más que en su déficit; en sus fuerzas, más que en sus debilidades, y en sus posibilidades, más que en sus limitaciones. Es una tendencia que se aparta de las explicaciones de los problemas y la patología, y dirige su atención hacia las soluciones, las competencias y las capacidades de la persona. Explora las excepciones al problema para facilitar la construcción del proceso de su resolución. Para ello enfatiza el esfuerzo terapéutico en el presente y en el futuro sin el problema.

4.1 Premisas básicas del Modelo de Terapia Breve Enfocada en Soluciones

A continuación, enlisto algunas de las premisas características del Modelo (O´Hanlon y Weiner-David, 1990; De Shazer, 1992):

a) Considera que el cliente es el experto en su vida, por ello el terapeuta asume una postura respetuosa y lateral en la relación terapéutica.

b) El énfasis del proceso se centra en la solución, más que en el problema.

c) Tiene la firme convicción de que el cliente cuenta con los recursos para resolver su situación, aunque bajo la influencia del problema los perciba temporalmente fuera de su alcance.

d) Todo cliente quiere cambiar, solo que no sabe cómo lograrlo, o no puede hacerlo sin ayuda.

e) No hay resistencias al cambio, solo hay distintos tipos de actitud y cooperación en el cliente.

f) El modelo propone tres fórmulas básicas para generar los cambios terapéuticos:

- Cambiar la forma de *actuar* de la persona sobre el problema, permitiendo que experimente acciones alternas que le acerquen a la solución. Esto implica hacer cambios en el patrón del problema y del contexto que le rodea, a fin de provocar alteraciones en la secuencia de comportamientos problemáticos, y así destrabar el círculo vicioso y generar nuevos patrones de conducta más saludable.

- Cambiar la forma de *ver* la situación problemática. Esto se promueve alterando los marcos de referencia de la persona, para facilitarle el cambio cognitivo visualizando la situación desde otras perspectivas que le abran a considerar nuevas rutas de solución. Desde que el terapeuta rastrea las excepciones al problema, implícitamente, está fracturando el marco mental de la persona. Sin embargo, de forma secuencial, podrá cubrir los siguientes pasos para facilitar el proceso de deconstrucción y el cambio de perspectiva:

  ➢ Aceptar el marco mental en el que el cliente se rige.

➢ Introducir una duda en ese tipo de marco de referencia con el que se inicie el quiebre de la lógica del pensamiento problemático.

➢ Estimular lo que el cliente realice de forma útil, eficaz y positiva.

➢ Partir de algunas ideas del marco mental del cliente, para sembrar y crear un nuevo constructo saludable.

• Evocar los recursos, las soluciones y las capacidades del cliente, que puedan ser aplicadas a la situación problema, y con ello, generar los cambios saludables, tanto en las acciones emprendidas por la persona, como en sus percepciones o marcos mentales.

Con la aplicación de estas tres rutas del cambio, el modelo en soluciones va rescatando y construyendo la solución al problema, acercando al cliente a estados de mayor sanación y bienestar.

4.2 Aplicación de la Perspectiva en la Solución a los Patrones de Bienestar

Los elementos de la Terapia Breve Enfocada en Soluciones son centrales dentro del andamiaje hacia el bienestar propuesto a través de esta obra. En particular, estrategias importantes que podremos aplicar dentro del proceso terapéutico, serán el recuperar y resaltar los recursos y las fortalezas del cliente, la exploración y amplificación de las excepciones al problema, con énfasis en el futuro óptimo y deseado, y la aplicación de reencuadres cognitivos que ayuden a modificar la perspectiva de la realidad.

5. Modelo Integrativo de Enfoques Sistémicos en Torno a Soluciones (MIESES)

El Dr. Ruperto Charles, pionero de la terapia breve sistémica en México, creó el Modelo Integrativo de Enfoques Sistémicos en torno a Soluciones (MIESES), bajo un marco epistemológico basado en la Teoría General de los Sistemas, en la cibernética, en la lógica matemática, en el constructivismo y en el construccionismo social. Incluye estrategias valiosas y efectivas de distintos modelos terapéuticos modernos y posmodernos acordes a esta epistemología, manteniendo como eje central, el enfoque en las soluciones (Charles, 2018). El modelo ofrece la guía, el diseño y la implementación de esquemas de intervención clínica que facilitan el manejo terapéutico, y favorecen el cambio positivo en el cliente y en su sistema, después de algunas sesiones.

De forma general, propone dos *vías regias* para generar el cambio (Charles, 2018):

a) Disminuir o transformar los intentos de solución fallidos, modificando el patrón del problema, idea central propuesta por el Modelo del MRI *(Mental Research Institute)*.

b) Incrementar el patrón de las excepciones, generalizando los recursos y experiencias positivas análogas hacia el estado óptimo e ideal concretado en una meta, lo que resulta idea central de la Terapia Breve Enfocada en Soluciones.

Con el manejo de estas dos vías que provocan el cambio, la utilización y la adaptación de estrategias extraídas de distintos modelos sistémicos, el proceso del MIESES utiliza una guía semiestructurada de aspectos que dirigen el diálogo terapéutico hacia la construcción de la solución al problema.

5.1 Premisas básicas del Modelo Integrativo de Enfoques Sistémicos en torno a Soluciones (MIESES)

Dentro de las premisas básicas con las que dirige el modelo, menciono las siguientes (Charles, 2005, 2018):

a) Observar, respetar y utilizar el lenguaje del cliente y su sistema de creencias.
b) Trabajar con un solo miembro del sistema, generando cambios en los demás.
c) Recuperar los recursos valiosos y positivos del cliente y de su sistema relacional.
d) Identificar y responder a las prioridades del cliente.

e) Pensar sistémicamente identificando los patrones intrapersonales e interpersonales que rodean al problema para buscar romperlos.

f) Definir el problema en términos específicos y en un lenguaje despatologizante, coloquial y soluble, utilizando la técnica de externalización del problema de la terapia narrativa (White, 2004).

g) Enfatizar las soluciones, más que el problema, la patología diagnóstica o los estilos culpabilizadores.

h) Definir una meta terapéutica hacia el estado deseado del cliente en términos interiorizados del ser (por ejemplo, *ser tranquilamente activo*), utilizando preguntas a futuro sin el problema, o a través de la *pregunta milagro* propuesta por el Modelo Enfocado en Soluciones (De Shazer, 1992; Charles, 2005).

i) Identificar y utilizar el sistema significativo de apoyo a las soluciones: personas, mascotas, cosas, personajes inventados o reales.

j) Detectar la actitud del cliente y su consecuente adecuación interventiva, según la clasificación propuesta por el Modelo Centrado en Soluciones:

- Actitud de *visitante*. Acude a terapia involuntariamente por lo que el terapeuta habrá de limitarse a elaborar elogios.
- Actitud de *demandante*. Presenta la queja sobre otra persona esperando el cambio en los demás. No se visualiza como parte de la solu-

ción. El terapeuta podrá adherirlo al proceso utilizando su propio lenguaje: *cambiar para ayudar al otro al cambio.*

- Actitud de *comprador.* Dispuesto al cambio y a actuar en la solución.

k) Aplicación del proceso de la estructura hipnoamnésica en las sesiones que explicaré a continuación.

5.2 *Estructura Hipnoamnésica de la Sesión Terapéutica*

Como aportación fundamental del modelo, Charles (2018, 2005) propone que, para alcanzar resultados más efectivos con el cliente, las sesiones terapéuticas habrán de manejarse bajo una estructura hipnoamnésica, considerando que a nivel psiconeurológico, el funcionamiento de la memoria tiende a recordar, con mayor facilidad, la información recogida al inicio y al final de un encuentro. Por esa razón, la estructura de la sesión habrá de cuidar su seguimiento en tres fases:

Primera Fase: Recursos. La sesión se inicia con la revisión de los recursos positivos y funcionales del cliente y de su sistema familiar y social. Esto facilitará la adherencia y cooperación del cliente al proceso, además de sembrarle la idea de que no todo en su vida está tan emproblemado, con lo que podrá empezar a cambiar el tono apesadumbrado, por una visión más esperanzadora sobre la posible solución de su situación.

Segunda Fase: Problema. En un segundo momento, el modelo propone hablar del problema y sus consecuencias, lo que permite que el estrés y la incomodidad provocada al abordarlo, queden encapsulados en ese lapso del trabajo terapéutico, gracias a la capacidad amnésica de la mente. Cuando el terapeuta dirige el encuentro hacia la tercera etapa, los efectos del problema se diluyen al enfocar la atención del cliente hacia la siguiente fase del proceso.

Tercera Fase: Cambio y planes. En esta última parte de la sesión se busca rescatar, nuevamente, el tono esperanzador hacia el camino de recuperación. Después de revisar el problema, se exploran estrategias de cambio, se reutilizan soluciones útiles que la persona haya aplicado a anteriores problemas y se reaplican nuevas habilidades a su bagaje de aprendizajes. El cliente consolida su avance, define planes a futuro y cierra el encuentro con una visión favorable que le permitirá enfrentar la vida y las dificultades futuras con actitud más positiva y fortalecida. Se incluyen elogios, rituales, reencuadres y tareas.

5.3 Aplicación del Modelo MIESES a los Patrones de Bienestar

La aplicación de las premisas del modelo MIESES, las intervenciones y las recomendaciones que propone para aplicar en sesión, son caminos terapéuticos seguros que podremos utilizar para trabajar eficientemente con el cliente en el desarrollo del andamiaje hacia el bienestar. El enfoque hacia el cambio cocreado a través del diálogo terapéutico y el respeto a la estructura hipnoamnésica del encuentro, será posible a partir de la aplicación de las estrategias clave que propone: preguntas inteligentes, reflexivas, estratégicas y enfocadas en la solución; elogios sobre los aportes y recursos favorables del cliente; rituales que promuevan el cambio y la resignificación; reencuadres que permitan entender la realidad desde diversas perspectivas; y tareas que ayuden a configurar y sostener el cambio.

6. Hipnosis clínica

Es una alternativa excelente para ser empleada en el trabajo terapéutico. El modelaje ofrecido por el Dr. Milton H. Erickson (1901-1980) renombrado psiquiatra e hipnoterapeuta estadounidense, imprimió un estilo evolucionado de la hipnosis que rompió con sus formas clásicas, ofreciendo importantes aportaciones tanto al campo de la hipnoterapia, como al de la terapia breve y terapia familiar.

La hipnosis se considera como un estado natural, aunque especial de conciencia, producido por un foco concentrado de atención (Erickson y Rossi, 1976). Se trata de un amplificador de las funciones neurológicas normales, que incrementan la creatividad y el manejo de las funciones autónomas que no requieren del estado de consciencia. Estudios recientes indican que la persona puede entrar en un estado de trance, en forma natural, varias veces al día, logrando que su actividad consciente disminuya, mientras que la inconsciente aumenta y se activa, potenciando sus recursos internos.

Erickson afirmaba (1976) que la mayoría de las personas utilizaba, solamente, un diez por ciento de su capacidad mental en su vida diaria, permaneciendo con limitaciones en su nivel de conciencia, en tanto que una gran capacidad inconsciente podría mantenerse reservada. En función de esto, la hipnosis podría ayudar a conectar con ese inconsciente inexplorado y rico en sabiduría, a través de *"aflujos externos positivos"* (Rosen, 2002), y extraer con ellos, recursos, soluciones e información valiosa que pudiera ser utilizada, tanto consciente como inconscientemente, a favor de la salud y el bienestar de la persona.

De este modo, aprovechando la tendencia natural y ordinaria hacia el cambio, las técnicas hipnoterapéuticas pueden ser dirigidas hacia la desactivación de las limitaciones rigidizadas aprendidas e instaladas en la consciencia del cliente, y ayudar a liberar su potencial de solución que estuviese reservado en su inconsciente. De las sugestiones hipnóticas sugeridas en un trance, el cliente podrá recoger aquellas que su mente interna identifique como valiosas y útiles permitiendo su disponibilidad y acomodo saludable, en tanto que dejará ir otras que no le evoquen mensajes significativos.

6.1 *Características de la Hipnosis Clínica* (Erickson, 2005; Erickson, Rossi, 1976)

a) La hipnosis es un estado natural y especial de consciencia.

b) La terapia se adecua al cliente, y no este a la terapia. El terapeuta habrá de respetar y emplear el lenguaje, las expresiones, las entonaciones y las creencias del cliente para evocar sus mecanismos mentales y procesos conductuales, logrando una mejor conexión comunicacional con la que se promueva el cambio.

c) Las sugestiones hipnóticas se utilizan como medios para facilitar la conexión del cliente con sus recursos internos.

d) Es importante identificar el sistema de aprendizaje predominante del cliente, ya sea visual, auditivo o kinestésico, para utilizar términos acordes a ese lenguaje.

e) El manejo del tono, el ritmo y la modalidad de voz adecuados, respetando el ritmo lento y la voz suave y pausada, serán claves para lograr una mayor conexión con el cliente.

f) El enfoque hipnoterapéutico se orienta en el presente con apertura hacia el futuro, y en la búsqueda de soluciones, más que en los problemas.

g) La intervención tiende a ser permisiva, flexible y abierta, de tal forma que el consultante pueda responder como prefiera, al ser invitado a vivir el trance, mientras que el terapeuta podrá utilizar todo lo que ofrezca en respuesta, encauzándolo como recurso valioso hacia la sanación.

h) La comunicación en el proceso terapéutico podrá realizarse a niveles múltiples, empleando distintos

estilos y formas de intervención directas, indirectas
o paradojales, de acuerdo con los síntomas específicos del cliente y sus características particulares.

6.2 Sugestiones Hipnóticas

Son construcciones cognitivas empleadas dentro de un
trance hipnótico formal o bajo estilos informales dentro del
diálogo terapéutico, con fines de evocar y activar potenciali-
dades en el cliente, alterar constructos o asociaciones limi-
tadoras, o bien, bloquear elementos dañinos que pudiesen
mantener atrapado el problema. Las sugestiones pueden ser
de tres tipos: directas, indirectas o paradojales. Las primeras
dos fueron consideradas dentro de los trances hipnóticos
sugeridos en el andamiaje de intervenciones al bienestar y
la tercera fue incluida en algunas preguntas y reencuadres.

Sugestión Hipnótica Directa. Es aquella cuyo mensaje se
comunica de forma abierta y clara. Aplica en los casos en
que el cliente muestra actitudes de apertura, disposición y
adherencia al proceso.

Sugestión Hipnótica Indirecta. Es un constructo elaborado con lenguaje indirecto, ambiguo, simbólico o metafórico que puede ser inducido bajo trance hipnótico formal,
o en trances naturales e informales, para conectar con más
apertura con los recursos de la mente interna. El mensaje
va dirigido al hemisferio cerebral derecho, que es el que
primordialmente se ocupa de los procesos primarios, del
lenguaje arcaico, de las emociones, las imágenes, las formas

y el espacio (Rosen, 2002). El cliente podrá ir acomodando el mensaje a su propia realidad, abriéndose con mayor disposición a nuevas experiencias internas útiles. Este lenguaje indirecto puede ser aplicado eficientemente, para diferentes tipos de clientes y, en particular, para aquellos que estuvieran con menor disposición al cambio.

Algunos tipos de sugestiones indirectas que pueden manejarse en la hipnosis son las siguientes:

- *Historias.* Una vez que el consultante logra identificarse con algún aspecto del relato o historia, podrá verse invitado a buscar y encontrar en su interior distintas aplicaciones y respuestas a sus dificultades. Esto sin necesidad de que el terapeuta tuviese que explicar el mensaje de forma abierta.
- *Metáforas y Alegorías.* Para contar con un fin terapéutico, habrán de contener una narrativa en términos positivos (el inconsciente no registra las negaciones) en la que pueda ofrecerse un eventual conflicto, y ante él, logren descifrarse alternativas de solución. Pueden ser de dos tipos: metáforas reales, como los relatos, las anécdotas y las experiencias; y metáforas ficticias, como las parábolas, los chistes, las fábulas y los cuentos. Y pueden ser cerradas o abiertas, según el tipo de final que contengan. Las cerradas están completas en sí mismas, en tanto que las abiertas terminan con una pregunta que deja al escuchante la responsabilidad de indagar y resolver el problema.

Sugestión Paradojal. Aplica cuando el cliente no está preparado, abierto o dispuesto al cambio, y cuando percibe que el problema está fuera de su control. La sugestión implica prescribir el mismo comportamiento sintomático alterando algunos de sus elementos en tiempo, lugar, frecuencia, duración o secuencia del problema, pidiéndole al cliente que realice voluntariamente aquello que ha intentado evitar y le ha parecido incontrolable. En respuesta a la prescripción, cuando el consultante logra ejecutar deliberadamente el síntoma, termina por aumentar su dominio sobre él, desactivando y anulando su poder opresor.

Sugestión Posthipnótica. Se refiere a las instrucciones dadas al cliente durante el trance con distintos fines. Algunas aplican para que evoque o ejecute algunas tareas después de terminada la sesión; y otras buscan provocar olvidos o lapsos amnésicos de alguna información específica en un momento o circunstancia, después de salir del trance (Téllez, 2003). Puede estar dirigida a provocar comportamientos precisos, actitudes o sentimientos saludables que desearan cultivarse en su vida, pudiendo asociarlos también con alguna situación concreta que el cliente percibiera como el inicio del síntoma, para que, consecuentemente, logre aparecer, de forma automática, el estado saludable inducido en la sugestión.

Según estudios recientes, la sugestión posthipnótica dada en la profundidad del trance es la que resulta más exitosa, y el efecto de respuesta puede variar desde unas semanas, hasta dos años después de realizar el trabajo terapéutico.

Algunos principios importantes para formular sugestiones posthipnóticas son:

- Dar la sugestión varias veces durante la experiencia
  hipnótica, cuidando que se inicie una vez que se
  encuentre en los niveles profundos en donde el
  funcionamiento de la consciencia está por lo
  general suspendido.
- Dar la sugestión posthipnótica en diferentes
  formas, utilizando variedad de lenguaje y significados.
- La sugestión saludable deberá estar asociada a
  signos observables y notorios de forma que se tenga
  la certeza de que ocurrirán. Por ejemplo: *"cuando
  atardezca podrás sentirte satisfecho por todo lo que has
  ido logrando en el día"* ... o *"cuando sientas el primer
  signo de preocupación, podrás acceder a esta sensación
  de seguridad y confianza"*.
- Buscar el sistema de aprendizaje predominante del
  consultante, ya sea visual, auditivo o kinestésico, a
  fin de anclar la sugestión posthipnótica utilizando
  ese estilo de lenguaje.

Con el seguimiento de estos elementos será posible
prolongar el efecto hipnótico favorecedor al cambio, así
como ayudar al cliente a que se descubra con el control y el
dominio sobre sí mismo y sobre su proyecto de sanación.

6.3 Aplicación de la Hipnosis Clínica a los Patrones de Bienestar

El andamiaje terapéutico propone la aplicación de intervenciones que evoquen los recursos internos, las soluciones creativas y esperanzadoras y las respuestas valiosas requeridas por el cliente, utilizando la aplicación de trances hipnóticos formales, así como un lenguaje informal inducido dentro del diálogo en la sesión.

Para las intervenciones de trance formal, se sigue la estructura acorde a los elementos que la componen: la inducción al trance, la preparación a la profundización y la profundización, a través de sugestiones directas o indirectas, la inclusión de anclajes y metáforas, la sugestión posthipnótica y el cierre. En todo momento será importante cuidar las formas y el tono de voz pausado, suave y respetuoso, buscando sincronizarlo con el ritmo respiratorio del consultante, para lograr una mejor conexión al proceso. Si bien los trances hipnóticos se aplican en sesión, podremos sugerir su réplica en casa buscando una mayor consolidación del cambio.

7. Neurociencias: Apertura al Cambio Constante

"La terapia conversacional actúa hablando a las neuronas... El terapeuta efectivo se convierte en un microcirujano del cerebro que ayuda a sus pacientes a realizar las alteraciones necesarias en sus redes neuronales". — Susan Vaughan.

7.1 Neuroplasticidad y Neurogénesis

Rompiendo con las visiones deterministas acerca de que los aprendizajes podrían quedar establecidos en los primeros años de vida, las investigaciones más recientes en neurociencias (Doidge, 2008; Burnett, 2018) confirman la capacidad plástica de nuestro cerebro, por lo que es posible afirmar que el cambio y su transformación ocurren de forma constante a lo largo de toda la vida. Al mismo tiempo, se ha probado la capacidad neurogenética con la que existe el potencial para crear y regenerar neuronas configurando nuevos circuitos de conexión.

Estas cualidades, la neuroplasticidad y la neurogénesis, corroboran la capacidad que el cerebro tiene para cambiar, regenerarse y adaptarse a través del tiempo, mediante la activación de estímulos, como el ejercicio mental o el entrenamiento neurocognitivo y emocional, la activación física, la interacción social y el aprendizaje constante, novedoso y diferente que integre nuevos retos.

Norman Doidge, psiquiatra y escritor del libro "El Cerebro se Cambia a sí Mismo", sostiene que "el ejercicio físico y el aprendizaje acaban siendo complementarios: el primero crea nuevas células y el segundo prolonga la vida de las existentes" (2008, p. 254). De este modo, el cerebro es capaz de ser esculpido mediante la experiencia y las prácticas repetitivas que lo reconfiguran, abriendo nuevos canales neuronales que instalan formas y estilos más saludables en la persona.

Estos cambios de pensamiento y comportamiento, incluyendo actividades como pensar, imaginar y aprender, junto a la activación física y sensorial, pueden incidir, tanto en la mente como en el cerebro, logrando alterar hasta los caracteres genéticos, provocando cambios en la anatomía y la estructura cerebral (Doidge, 2018). De igual manera, la investigación neuroplástica ha demostrado que actividades de tipo cultural como la lectura, el estudio musical, la meditación o el aprendizaje de otro idioma, modifican la configuración del cerebro. Este proceso se explica con la fórmula bidireccional de influencia recíproca en la que el cerebro y la genética producen la cultura y, simultáneamente, la cultura produce la configuración cerebral.

La capacidad flexible y adaptativa del cerebro nos permite el reaprendizaje y la reeducación que podemos realizar en nuestro ser y quehacer, así como en nuestras construcciones cognitivas, emocionales y comportamentales, aun en las etapas adultas de la vida. Un ejemplo que evidencia este tipo de procesos es cuando se pierde alguno de los sentidos (la vista o el oído). En este caso, el cerebro se reajusta de tal forma que los otros sentidos se vuelven más activos y agudos, compensando la pérdida y recogiendo no solo la misma cantidad de información, sino también su calidad.

Los cambios neuroplásticos que buscan alterar hábitos instalados, aunque no ocurren de forma inmediata, son posibles a partir de la consistencia de las nuevas prácticas que se desean incorporar. Generalmente, el cerebro irá respondiendo a los estímulos diferentes generando la formación de nuevos circuitos y redes neuronales, al mismo tiempo que las conexiones anteriores se irán debilitando bajo un proceso de desaprendizaje por desuso. Los estudios plantean que, como la plasticidad es competitiva, desaprender resulta ser un proceso necesario para evitar una cuota de saturación interna, además de liberar el espacio y disponer de la energía para la adquisición de los nuevos aprendizajes.

7.2 Neurotransmisores del Bienestar

Aun cuando hay múltiples factores que están implicados en la persona para detonar estados de bienestar y felicidad, pudiera observarse que, ante ciertos estímulos, el cerebro tiende a liberar señales neuroquímicas mediante neurotransmisores que generan distintas sensaciones, algunas relacionadas al placer, al amor y a la satisfacción, en tanto que otras al estrés, al miedo, a la angustia y al dolor.

Para impulsar estados de mayor tranquilidad y bienestar es importante identificar el tipo de estímulos cognitivos, emocionales y comportamentales con los que la persona tiende a alimentarse, para promover aquellos que favorezcan la producción de neurotransmisores que detonen sensaciones agradables. Burnett (2018) cita los siguientes:

- *La dopamina* es un neurotransmisor que se ha asociado a la generación de placer, gratificación o recompensa. Cuando la persona realiza alguna acción acorde a la satisfacción de un deseo o una necesidad, el cerebro segrega dopamina a manera de recompensa, provocando una sensación placentera de satisfacción. Generalmente cuando se trata de una recompensa esperada, la dosis es menor y la sensación placentera tiende a ser breve, en tanto que, si se trata de una recompensa inesperada, aumenta la segregación de dopamina y la persona experimenta placer durante un periodo más prolongado. Del mismo modo, ante la ausencia de una recompensa esperada (decepción), puede ocurrir una caída importante en los niveles de dopamina, lo que provoca una sensación de estrés o disgusto. La producción de dopamina puede activarse al comer y dormir satisfactoriamente, celebrar logros diarios, hacer ejercicio y tener relaciones sexuales placenteras.

· *Las endorfinas* constituyen el centro de los neurotransmisores que provocan altas e intensas dosis de placer y gozo y, al mismo tiempo, actúan como analgésicos naturales ante condiciones de dolor, disminuyendo el estrés y evitando el malestar. Burnett (2018) afirma que, gracias a las endorfinas, el cerebro produce sustancias cinco veces más potentes que el más intenso de los estupefacientes conocidos. Hay estimaciones acerca de que la potencia de la heroína, por ejemplo, constituye solo un veinte por ciento de la que se produce con las endorfinas naturales. La práctica del ejercicio físico, las relaciones sexuales, las actividades agradables y divertidas, el reír, bailar y cantar, activan la producción de endorfinas.

- *La oxitocina* es un neurotransmisor que se activa ante la formación y la potenciación de los vínculos sociales, afectivos e íntimos. Se libera, igualmente, durante los encuentros sexuales despertando no solo el placer, sino favoreciendo el desarrollo de la conexión afectiva. Es la que permite experimentar sensaciones de amor, intimidad, confianza y amistad. Se activa al expresar afecto, abrazar, conectar con la familia y los amigos, así como al experimentar la empatía, el perdón, la compasión, la ayuda altruista y la adopción de una mascota.
- *La serotonina* tiene diversas funciones neurológicas como facilitar el sueño, controlar el apetito y la digestión, activar el deseo y la función sexual, y principalmente, regular el estado de ánimo y el humor. Si bien la depresión está asociada a una reducción de los niveles de serotonina, hay actividades que permiten elevar su estimulación en el cerebro de forma natural, como la práctica de ejercicio físico, la exposición habitual al sol y a áreas iluminadas (por la captación de vitamina D), el disfrute de la naturaleza, la ingesta de alimentos, considerando que en el área intestinal hay una gran dosis de neuronas, así como el recordar momentos significativos y agradables.

Si bien el estado de bienestar y felicidad a nivel neurofisiológico es complejo y requeriría de un estudio más amplio y profundo que está fuera del alcance de esta obra, será importante resaltar, que ninguno de los neuro-transmisores es responsable de provocar, de forma aislada, el bienestar o la felicidad en la persona. Estas sustancias químicas no son causales, sino solo partícipes de procesos más complejos en los que intervienen un mayor número de factores. Por ello, es necesario que, junto a los patrones biocorporales saludables, integremos patrones de pensamiento, comportamiento y relación, para que estimulen, en su conjunto, la segregación bioquímica que favorezca estados sensoriales y emocionales que reporten mayor placer, bienestar y felicidad.

7.3 Aplicación de las Neurociencias a los Patrones de Bienestar

La consideración de las capacidades neuroplásticas y neuro-genéticas con las que cuenta nuestro cerebro, son características fundamentales consideradas en el andamiaje de intervenciones hacia el bienestar. A partir de ellas es posible contemplar la posibilidad de cambiar, de reaprender y de reconstruir patrones de pensamiento, de comportamiento, de emoción y de relación más saludables en el consultante. La activación y el estímulo constante a través de nuevos retos mentales, físicos y sociales, podrá alterar la carga genética, la estructura del cerebro, así como su funcionalidad, previniendo estados de deterioro y enfermedad, además de fortalecer condiciones de mayor bienestar y felicidad.

Asimismo, el cuidado de las condiciones de salud física, con la práctica de nuevas rutas de pensamiento y comportamiento saludables, serán herramientas centrales contempladas en esta obra, que favorecerán la segregación neurobioquímica que permita gozar de estados sensoriales y emocionales positivos y deseables.

"...Existe en cada uno de nosotros una superinteligencia infinitamente más sagaz y dotada de mayor sapiencia de lo que nuestras actuales intelecciones nos hacen suponer".

L. Thomas

CAPÍTULO II

Reconexión con los recursos

"...No soporto más, estoy muy estresado y ansioso... El miedo es abrumador... Me siento como revolcado por las olas... y ante el primer esfuerzo por intentar levantarme, viene la siguiente sacudida que me vuelve a tumbar..."

Estas son las palabras con las que Juan, de 29 años, describió su sentir en consulta. Las condiciones de crisis experimentadas parecían responder al acumulado de situaciones que estaba enfrentando. El nivel de estrés y la alta competencia de su estilo de trabajo dejó de ser motivante, para convertirse en una carga que le hacía padecer episodios de angustia, miedo y ansiedad.

Juan anhelaba ascender en su trabajo y lograr una mejor posición organizacional y económica, pero la autoexigencia y el estrés le abrumaban de tal forma que había disminuido su rendimiento y creatividad. Se sentía incapaz y frustrado. Dejó de practicar sus pasatiempos preferidos, además de estar teniendo afectaciones en su vida relacional con constantes discusiones y conflictos con su familia, y sin poder sostenerse en un compromiso formal de pareja. El desgaste emocional también le había provocado síntomas físicos, como migrañas y dolores de espalda, agravando su estado general. Con esta realidad, Juan tendía a aislarse y a "despejarse" con alcohol, lo que le había generado peores condiciones, atrapándolo en estados constantes de insatisfacción, vacío y mayor deterioro.

1. Condiciones de Desconexión

Como en el caso de Juan, el alto estrés, la ansiedad y la depresión parecen ser un escenario común que enfrentamos hoy en día. Es frecuente que la persona se desconecte de su esencia ante las exigencias que la sociedad pondera como vitales para ser felices, como la juventud, la belleza, la alta posición económica y el prestigio, y desplaza otras áreas de su vida para autoimponerse el reto de tener que obtener elevadas gratificaciones económicas, profesionales, sociales y personales, a fin de "lograr ser feliz". Si bien este último objetivo pareciera muy loable, los mismos medios que emplea para lograrlo, terminan por frustrar su cumplimiento. A menudo los retos resultan ser demasiado ambiciosos para ser alcanzables o sostenibles y, con el paso del tiempo, la persona acumula frustraciones desencadenando estados de insatisfacción constante.

Si desglosamos los elementos que van configurando estas condiciones de deterioro, observamos un circuito secuencial (Figura 1) que inicia con el aumento de la carga de actividad estresadora y alta competitividad en el entorno. Esto genera una visión de sobreexigencia en la persona que le lleva a descuidar la cobertura de sus necesidades corporales básicas (alimentación en desbalance, descanso insuficiente, baja calidad de sueño, abandono del ejercicio físico, descuido de las condiciones de salud y agotamiento acumulado). Por falta de tiempo y de energía, desplaza actividades placenteras y de esparcimiento sano que le ayudarían a reparar el desgaste, lo que aumenta la acumulación de estrés, y a nivel emocional, empieza a manifestar enojo, frustración, intolerancia y tristeza con más facilidad. En el terreno conductual estas condiciones se reflejan en una disminución del rendimiento al cumplir los retos, con lo que la persona tiende a sobreexigirse aún más, agravando la secuencia con ideas de incapacidad y pesimismo, y experimentando sensaciones de impotencia, miedo y ansiedad. El deterioro comportamental que esta espiral refleja se traduce en actitudes de dispersión y apatía que pueden llegar a la pérdida de sentido.

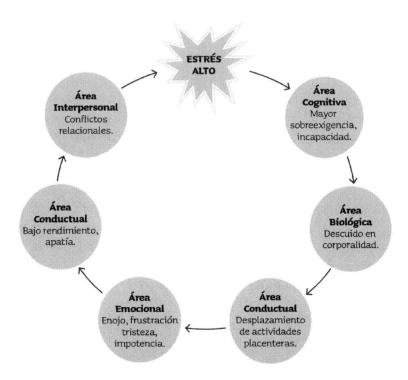

Figura 1. Circuito secuencial viciado del estrés.

Por la disposición interconectada de las áreas de la persona, esta cadena sucesiva de pautas repetitivas termina atrapada en circuitos intrapersonales que se retroalimentan a nivel físico, cognitivo, emocional y comportamental, haciendo que el problema se intensifique y se perpetúe en el tiempo. Además, si la persona mantiene encuentros relacionales difíciles, el estrés inicial acaba magnificado y enredado en una espiral descendente generando una mayor sensación de deterioro.

En otras palabras, los patrones de pensamiento sobre-exigente y/o incapacitante aumentan la sensación de impotencia, frustración y enojo, lo que conduce a la persona a aislarse pasivamente o conflictuarse reactivamente, disminuyendo su rendimiento. El reflejo en la salud física se registra con un desgaste energético, alto agotamiento y una mayor tendencia a sufrir síntomas o enfermedades, como resultado del debilitamiento de su sistema inmunológico (Figura 2).

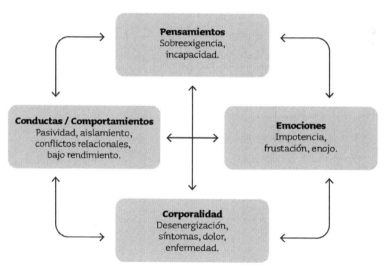

Figura 2. Perspectiva intrasistémica del problema.

Es común observar las repercusiones que estas condiciones cobran al consultante sin que logre percibir el circuito en el que se encuentra atrapado. Muchas veces maniobra con esta alta dosis de estrés refugiándose en vías compensatorias, como el consumo de alcohol, drogas u otras sustancias, el juego, el sexo casual, la ingesta compulsiva de comida, las redes sociales o algún otro medio que le provee de estímulos gratificantes y distractores a su situación agobiante (Figura 3). Y si la respuesta inmediata le detona estados de placer, relajación, desinhibición o distracción transitoria, una vez que se esfuma su efecto, pudiera experimentar un choque con la nueva realidad, en consecuencia al episodio compensatorio, como el gasto excesivo, los conflictos relacionales, alteraciones al orden, o decisiones y acciones imprudentes. Esto pudiera derivar en sentimientos de culpa, impotencia, sensación de vacío y, por tanto, mayor acumulación de estrés.

Asimismo, cuando estos medios compensatorios que intentan resolver el problema inicial se instalan de forma habitual en patrones de afrontamiento evitativo, quedan atrapados en cuadros de adicción y dependencia física y/o psicológica, lo que agrava sus condiciones, y en casos más graves llega a la ideación, planeación y conducta suicida.

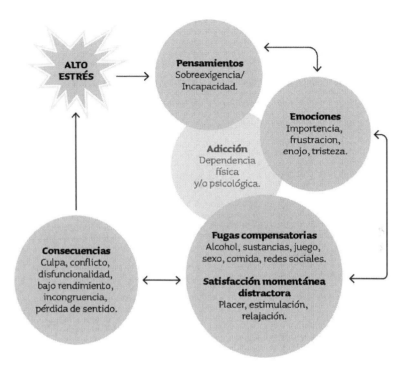

Figura 3. Circuito retroactivo viciado con fugas compensatorias.

Tal Ben-Shahar (2017-2018) ofrece una interesante combinación de variables en relación con el sentido de vida, la visión en la temporalidad y el nivel de placer y gozo que, en una fórmula conjunta, ofrecen cuatro posibles escenarios con los que comúnmente pudiéramos enfrascarnos en la búsqueda del bienestar y la felicidad. Uno de ellos presenta la manera óptima para lograrlo, en tanto que, paradójicamente, los otros tres nos llevan a estados dolorosamente contrarios a ese objetivo.

La Figura 4 muestra los cuatro perfiles con los que estaríamos respondiendo a la encomienda de cómo ser felices: el eje vertical representa la progresiva presencia-ausencia de propósito y sentido de vida, junto a la temporalidad futura-presente-pasada; y el eje horizontal la presencia-ausencia de placer y gozo en la vida.

¿Cómo busco ser feliz?...

Futuro/ con propósito, sentido

Carrera extrema.
"Si no duele, no sirve..."
- Visión del futuro sin gozo, sin disfrute.
- Alta competitividad y exigencia.
- Se desprecia el presente esperando el éxito adelante a cualquier precio.
- Insatisfacción permanente.
- Desconexión emocional.
- Tendencia a la frustración. Se confunde el alivio con la felicidad.

Felicidad duradera.
"Es posible ser feliz..."
- Aprender a reconciliar el futuro con propósito, con sentido profundo y el presente gozoso y placentero.
- Buscar el alcance de metas que den sentido y significado a la vida, disfrutando los medios para alcanzarlas.
- Disfrutar el placer del presente manteniendo su congruencia con las metas a las que se aspira.

Sufrimiento, dolor

Placer, gozo

Nihilismo.
"No importa lo que haga, nada sirve... Nunca lograré ser feliz..."
- Visión en el pasado, desesperanza, resignación.
- Los logros alcanzados no son suficientes.
- No hay planes ni visión a futuro.
- Se pierde el sentido de vida.
- No logra disfrutar ni ver beneficios.
- Tendencia a la depresión y hasta el suicidio.

Hedonismo.
"Vive el momento, la vida es corta..."
- Beneficio en el presente, aunque en perjuicio del futuro.
- Búsqueda de la gratificación inmediata y el goce placentero.
- Se olvida el futuro y el propósito... "Estar felices inmediatamente, pero infelices rápidamente": alcohol, drogas, sexo, etc.
- El placer sostenido anestesia, desensibiliza.
- Ante la adaptación hedónica se eleva el umbral y se requiere de dosis más intensas y fuertes del estímulo.
- Lleva a estados de impotencia, insatisfacción e infelicidad.

Pasado / Presente sin propósito, sin sentido

Figura 4. Cómo busco ser feliz. (Adaptación de Fernández, 2019 a Shahar, 2017-2018).

Analizando cada uno de los cuadrantes, identificamos sus características distintivas:

Carrera extrema. La persona se rige por alcanzar en el futuro un propósito en su vida, a costa de sacrificar momentos de placer o de gozo en su presente. Forcejea en trabajar intensamente bajo altos niveles de exigencia, fuerte competitividad y visiones perfeccionistas y de alta rigidez, descuidando sus necesidades básicas (alimentación, sueño, ejercicio y salud física) y desplazando los momentos de relajación y diversión. Los logros que va alcanzando los minimiza ubicándolos bajo la lista de deberes cumplidos, sin permitirse celebrarlos o sentir satisfacción por ellos. Es común que se centre en desacreditar los logros obtenidos, amplificando y resaltando, de forma desajustada, tanto sus propios fallos o errores, como los de los demás. Percibe, de forma sostenida, una alta sensación de insatisfacción, sufrimiento y dolor. Y cuando, circunstancialmente, tiene momentos menos densos, experimenta la sensación de alivio, confundiéndola con estados de felicidad.

Hedonismo. Cuando la persona pierde de vista el propósito por el que se esfuerza en la vida o no ha alcanzado a descubrirlo, la sensación de vacío pudiera llevarle a búsquedas de placer compensatorio con lo que prioriza el deleite inmediato, sin importar las consecuencias que esto acarrea. No contempla una visión a futuro y mantiene su vida en el momento presente. En palabras de Shahar (2017-2018), valora el *"estar feliz inmediatamente, aunque infeliz rápidamente"*, por lo que se refugia en el consumo de alcohol, drogas, sexo, juego o comida compulsiva, buscando emociones intensas que le permitan sentirse relajada, estimulada o contenta, aunque de forma transitoria. Es importante considerar el efecto anestésico y desensibilizador que se genera cuando el placer es inducido de forma sostenida. La capacidad de adaptación hedónica con la que la persona se va acomodando a esos estados placenteros, aumenta la tolerancia al estímulo, elevando el umbral de deseo/satisfacción y requiriendo, cada vez, una dosis mayor para aumentar la intensidad del efecto. Esta espiral propicia condiciones de alto riesgo, así como estados de dependencia física y emocional con una alta sensación de insatisfacción.

Nihilismo. La persona está atrapada en una visión sin sentido y sin esperanza en su vida, carece de planes y proyectos, percibe que los logros que ha tenido son escasos e insuficientes y no tiene la energía ni la confianza para emprender un nuevo esfuerzo. Experimenta una alta sensación de miedos, impotencia, frustración e insatisfacción. Percibe que ser feliz es una condición ilusoria e inalcanzable. No logra disfrutar ni ver beneficios en su vida, y su atención la dirige hacia el pasado, resaltando sus fallos, sus carencias y los momentos dolorosos de su historia. Bajo esta condición existe una fuerte tendencia a caer en estados de ansiedad, depresión y hasta de suicidio.

Felicidad duradera. Este cuadrante corresponde al escenario en el que la persona combina la visión de un futuro con propósito y un presente placentero. Se propone metas que le dan sentido y significado a su vida, mantiene alta su motivación y energía, y logra integrar, en su día a día, momentos de placer y gozo, haciéndolos compatibles con sus objetivos a futuro. Estos momentos se convierten en nichos de reparación personal que le permiten descargar saludablemente los efectos del estrés en su vida, así como gozar de espacios relajantes que le facilitan la recarga energética, la estimulación de emociones positivas y el mantenimiento de la motivación para sostenerse en el esfuerzo.

Esta última combinación es la óptima para generar estados de mayor satisfacción, felicidad y bienestar en la vida, con lo que la clave será encontrar el mejor entretejido entre los proyectos personales, familiares, profesionales, sociales y espirituales que le ofrezcan un propósito para concentrar su dedicación, esfuerzo y trabajo, así como la presencia de momentos de placer que estimulen agradablemente sus sentidos, como saborear una taza de café, escuchar música, disfrutar el aroma de un perfume o contemplar un paisaje.

Asimismo, bajo este cuadrante con un propósito de vida significativo intercalado con momentos placenteros, podrán insertarse experiencias gratificantes más profundas, que, aunque inicialmente no resulten disfrutables por implicar una inversión de mayor esfuerzo sostenido con la ejercitación de virtudes y talentos personales (Seligman, 2003), al ser alcanzadas, provean una sensación de gozo y satisfacción. Algunos ejemplos son el cumplimiento de un reto académico, deportivo, artístico o laboral, la superación de un miedo específico, la generación de espacios de convivencia familiar, el apoyo a un amigo en problemas o el acto de amabilidad ofrecido a un desconocido.

De este modo, la mejor ecuación (Figura 5) para alcanzar el cuadrante de *felicidad duradera* es el resultado de la combinación de metas significativas más experiencias placenteras y gratificantes.

Figura 5. Ecuación de la Felicidad.

Por otro lado, gracias a la experiencia clínica, he observado que cualquiera de estos perfiles con los que la persona busca ser feliz, puede presentarse de forma pura o, con más frecuencia, en rasgos comportamentales combinados, pudiendo marcar una predominancia hacia alguno de ellos. Por ejemplo, es posible encontrar personas con la faceta más fuerte de carrera extrema que, simultánea y clandestinamente, incorporan opciones del bloque hedonista, a manera de catarsis compensatoria a la rigidez y alto estrés con el que enfrentan la vida, pero bajo el riesgo de que esos escapes les conflictúen con sus valores y metas a futuro. Bajo este estilo combinado, se ubican personas con alta exigencia laboral que tienen relaciones casuales extra-conyugales, o quienes muestran, en su ser y quehacer, una fachada moralista, rígida y exigente, y a la par acuden al consumo de sustancias para reducir el efecto del estrés que experimentan con su estilo de vida.

Esta situación de incongruencia entre el pensar y el actuar, lleva a la persona a estados de mayor estrés y distanciamiento a su ser feliz, por lo que, para reducir esa disonancia y desasosiego interior, opta por una de las siguientes rutas: o cambia sus acciones para hacerlas compatibles con sus creencias, o cambia sus creencias para ajustarlas a sus acciones.

En la mayoría de los casos, la persona tiende a ajustar sus creencias a sus acciones elaborando constructos de justificación como los siguientes: *"no es tan grave..."*, *"todos lo hacen..."*, *"¿por qué yo no? ..."*, *"trabajo durísimo y necesito relajarme..."*, *"puedo echarme una 'cana al aire'..."*, *"no pasa nada..."*. Esto le permite reducir la disonancia cognitiva, la culpa y la tensión interna consecuente, manteniendo las mismas rutas comportamentales por algún tiempo.

Sin embargo, es común que ese estado se llegue a alterar al aparecer otras variables que pueden ser internas, como algún episodio de reflexión profunda que le cuestione su situación con la presencia de fuertes sentimientos de culpa; o externas, como el descuido en las formas clandestinas de actuar, la denuncia de terceros implicados, la disminución del rendimiento, los desajustes económicos o posibles violaciones a la ley. En estos casos, la persona pudiera verse obligada a modificar su comportamiento al sentirse expuesta y sufrir el rompimiento del equilibrio disfuncional en el que se había instalado. Este escenario tiende a ser caótico, y es común que aparezcan dos posibles reacciones: una actitud de negación, defensa y/o culpabilización ante los demás de su proceder (para disminuir los sentimientos culposos presentando justificaciones a su actuar), o una respuesta de reconocimiento del error, vergüenza, culpa, arrepentimiento y corrección.

La secuela consecuente a estas actitudes de respuesta de la persona dependerá, en gran parte, de la reacción de su entorno cercano, ya sea que le perdonen y busquen la reconciliación, o bien, que marquen distancia y promuevan el rompimiento del vínculo.

Con el trabajo terapéutico y considerando posibles variaciones en la temporalidad de la ocurrencia de los hechos, muchos casos logran aprovechar el estado de crisis para facilitar un proceso reflexivo, en donde la persona reacomoda de forma más congruente su vida, cuestiona la estructura rígida en la que estaba inmersa, y empieza a introducir cambios más armonizados y balanceados a su vida.

Por otro lado, en casos con la mezcla de un perfil *hedónico* combinado con el *nihilista*, la persona busca aumentar, infructuosamente, sus estados de placer, cayendo en condiciones de mayor consumo del elemento estimulante por la alta tolerancia desarrollada, física y/o psicológica, lo que le lleva a experimentar sensaciones de ansiedad, insatisfacción y decepción. Cuando esto se vuelve una secuencia repetitiva, produce una visión negativa generalizada en la que la persona no identifica rutas de solución, y la desesperanza, la sensación de impotencia y el vacío interno se agudizan, llevándole a perder el sentido de su vida y sometiéndolo a estados de alto riesgo y desesperación que pueden llegar al suicidio.

Por lo anterior, la clave será hacerle consciente de la fórmula idónea para lograr ser feliz, construyendo, a través de un trabajo colaborativo terapeuta-cliente, la oportunidad de acomodar una nueva jerarquización de sus valores, en la que encuentre la valiosa entremezcla de metas que le ofrezcan motivadores significativos a su ser y quehacer. Al mismo tiempo, podrá integrar, en el día a día, espacios de reparación saludable que le restablezcan la energía y el bienestar, así como también le provean momentos disfrutables, placenteros y gratificantes con los que pueda seguir enfrentando las dificultades y lograr los retos que se proponga.

2. Reconexión con Áreas Disfrutables: Despertar de los Sentidos

Se ha demostrado desde la visión del Dr. Milton Erickson, del Modelo de Terapia Breve Enfocada en Soluciones y de la Psicología Positiva, que el rescate de los recursos del cliente es un camino eficaz que permite ir reconstruyendo su proceso de sanación y el acceso a estados de mayor bienestar y felicidad.

Por ello, basando mi trabajo terapéutico en estos enfoques, la ruta de reconexión al estado sano de la persona inicia con estrategias de abordaje sencillas que van sumando gradualmente complejidad al proceso, de tal manera que empieza con el acceso a situaciones agradables y placenteras que ayuden al cliente a disminuir la carga de estrés acumulado, para ir generando una mayor autoconfianza con la recuperación de sus capacidades, habilidades y logros. El énfasis en lo positivo de su vida, en lo que le ha sido útil para solucionar dificultades y en el rescate de sus talentos y capacidades, serán claves para arrancar el camino hacia la recuperación.

A partir de ello, buscaremos la identificación de las áreas de disfrute que el consultante haya valorado como importantes, en distintos momentos de su vida, para que cuente con espacios de relajación, diversión y goce y pueda ir reinsertándolas en su actividad cotidiana.

Es común que, ante el estrés acumulado, la dosis de eventos positivos y reparadores, frente a los negativos o adversos del día, pudiera verse en desbalance. A través del interesante trabajo sobre emociones positivas realizado por la Dra. Barbara Fredrickson, reconocida investigadora (2009, 2015), se confirma que las personas que reportan mayor bienestar y felicidad gozan de una mayor cantidad de experiencias y emociones positivas en su vida.

Fredrickson aportó el concepto de tasa de positividad (www.positivityradio.com) con el que indica que, para llevar una vida con mayores condiciones de bienestar, la proporción deseable es contar con una razón de tres eventos positivos, por uno negativo. El peso emocional y físico con el que se mide cada evento del día es diferente si se trata de un episodio agradable o adverso. Generalmente, la sobrecarga de cada evento difícil requiere un mayor consumo de energía y esfuerzo, lo que presupone haber acumulado dosis suficiente de eventos favorables para lograr la maniobra adecuada y mantener el sano balance. Otras investigaciones realizadas por John Gottman (1999) con parejas felices, plantean que la proporción saludable de interacciones positivas contra las difíciles habrá de ser de cinco a una para alcanzar una fórmula que permita subsanar las condiciones adversas, así como gozar de relaciones positivas, saludables y estables.

Si bien se ha cuestionado la precisión numérica de las proporciones, lo que parece innegable es la importancia de mantener una mayor dosis de nutrición de experiencias positivas en el día que ayude a maniobrar con las eventuales situaciones estresadoras. Esto implica que la persona logre tener la oportunidad de restaurarse, saludablemente, después de experimentar periodos de tensión, desgaste y estrés.

Del mismo modo que la cantidad de eventos agradables es importante, igual será el cuidar de su calidad, seleccionando aquellos que aporten relajación, goce, diversión o entretención, además de que abonen energía y bienestar, sin generar secuelas negativas. Podría incorporarse a la agenda del día, cualquier actividad deportiva, artístico-cultural, intelectual, social, altruista, recreativa, contemplativa o meditativa.

Investigaciones realizadas por Kaplan, Berman y Jonides (2008) han probado que momentos de inserción y/o contemplación en áreas verdes y naturales, aportan importantes beneficios en la reparación de la atención, la concentración y la relajación. En este tipo de entorno, *"nuestro cerebro puede hacer una pausa a su constante activación y estrés cotidiano, para generar una actitud de reposo, reposición de recursos, fortalecimiento de conexiones, potenciación de sus facultades cognitivas y mejora en el ánimo"* (Burnett, 2018, p. 82). Por ello, recomendaremos al cliente que se ofrezca momentos diarios de activación, ejercitación y/o contemplación en áreas verdes, para favorecer su reparación saludable.

Por otro lado, la apertura y la educación de nuestros sentidos para recoger, a través de ellos, experiencias sensoriales agradables, es otro medio que permite a la persona aumentar la dosis de placer, gozo y carga positiva a la vida.

La actitud de Helen Keller (1880–1968), escritora y poeta estadounidense, es un excelente ejemplo de cómo se puede reeducar la sensibilidad para aumentar la cuota diaria de bienestar a través de los sentidos. Ella, aún bajo las condiciones de limitación física que sufrió (ceguera, sordera e incapacidad para hablar), lograba conectarse con el medio y ofrecerse experiencias positivas. Un extracto de su poema *"Tres Días para Ver"* es inspirador para alcanzar este fin.

"A menudo he pensado que sería una bendición si, al comienzo de su juventud, todo ser humano se quedara ciego y sordo por unos cuantos días. La oscuridad lo haría apreciar más el don de la vista, y el silencio le enseñaría los deleites del sonido.

Algunas veces he interrogado a mis amigos qué pueden ver sobre esa experiencia. Hace poco, cuando una amiga acababa de regresar de un largo paseo por el bosque, le pregunté qué había visto, y su respuesta me sorprendió: 'nada en especial'.

¿Cómo es posible caminar durante una hora por el bosque, sin ver nada digno de ser contado?, pensé. Yo, que no puedo ver, descubro cientos de cosas interesantes mediante el simple tacto... Siento la delicada simetría de una hoja. Recorro con las manos el liso tronco de un abedul, o la áspera corteza de un pino.

En primavera, exploro las ramas de los árboles con la esperanza de tocar un brote, el primer signo de que la naturaleza ha despertado de su letargo invernal. En ocasiones, si corro con mucha suerte, poso suavemente la mano sobre un retoño de árbol y percibo la jubilosa vibración del canto de un pájaro.

A veces deseo, con toda el alma, poder ver estas cosas. Si el mero tacto me produce tanto placer, ¿cuánta belleza más podría revelarme el sentido de la vista?... He imaginado, incluso, lo que más me gustaría ver si se me concediera poder usar los ojos al menos durante tres días. Dividiría ese tiempo en tres partes. El primer día querría ver a la gente, cuya amabilidad y compañía me han hecho apreciar el valor de vivir la vida. Yo no sé lo que es mirar al corazón de un amigo a través de 'las ventanas del alma': los ojos. Aunque solo puedo tocar con las yemas de los dedos el contorno de una cara, soy capaz de percibir la alegría, la tristeza y muchas otras emociones humanas. Conozco a mis amigos por la sensación de sus rostros entre mis manos..."

La importancia de la respiración profunda y pausada, junto a la actitud de bajar el ritmo e ir más despacio por la vida, serán elementos importantes que faciliten a la persona su entrenamiento en el manejo consciente de su capacidad sensorial, a fin de que logre abrir sus sentidos y se permita empezar a disfrutar, saborear, observar, escuchar, contemplar, sentir y apreciar los pequeños detalles de la vida. Este movimiento es el opuesto al que ordinariamente rige nuestro estilo de vida en las sociedades occidentalizadas, por lo que será una propuesta, que aun en contra de la tendencia socio-cultural actual, el cliente se permita probarla. Si bien este ejercicio aporta, desde los primeros momentos, sensaciones de mayor tranquilidad, relajación y serenidad, al reducir la sobreactivación del sistema nervioso central, optimizará el funcionamiento físico-biológico del organismo, fortaleciendo el sistema inmunológico y la salud, promoviendo mayores condiciones de bienestar.

El Ejercicio 1, propuesto por Burns y Street (2006), es una guía para ejercitar este entrenamiento sensorial, con la recolección de pequeños detalles agradables que, insertados durante el día, logren nutrir a la persona de estados más relajantes y con una mayor cuota de experiencias placenteras.

Ejercicio 1. **"Inventario de Áreas Disfrutables"**
(Burns, Street, 2006)

Identificar y registrar de diez a veinte actividades o experiencias que estimulen saludablemente los sentimientos de felicidad, satisfacción y bienestar.

Escuchar	Ver	Oler	Tocar	Saborear	Actividad (varios sentidos)

Figura 6. Inventario de Áreas Disfrutables.

Asimismo, puede realizarse en sesión el Ejercicio 2 con un trance hipnótico que facilite el entrenamiento en la respiración pausada y profunda, para abastecer el interior de sensaciones agradables, tranquilas y placenteras, utilizando, como puerta de acceso, el despertar de cada uno de los sentidos. Puede generarse la apertura consciente a recoger los estímulos del entorno presente, así como también, podrá crear visualizaciones y alucinaciones sensoriales, acordes a las preferencias de su mente interna sabia y creativa.

Ejercicio 2. **"Puertas Sensoriales"**
Trance hipnótico
(Fernández, ME.)

INDUCCIÓN / CONTROL RESPIRATORIO.

Date la oportunidad de adoptar una postura cómoda... Puedes cerrar tus ojos o ver un punto fijo, como prefieras... y permitir el dejarte guiar por mi voz...

...No tienes que hacer nada en especial, solo darte la oportunidad de respirar profunda y completamente y sentir cómo el aire fresco que inhalas entra por tu nariz y recorre tu cuerpo dejando a su paso oxígeno, vitalidad, energía... Al mismo tiempo, al exhalar, permítete expulsar, desechar o despedir toda sensación de tensión, de estrés... Cualquier idea que pase por tu mente, solo déjala pasar como si fueras un cómodo espectador que observa con atención, sin necesidad de hacer más...

...Y mientras tu mente consciente va siguiendo mi voz, tu mente interna puede empezar a hacer algo favorable para ti... y a

cada respiración profunda, completa, podrás irte sintiendo con un mayor estado de relajación...

ANCLAJE EN LUGAR PRESENTE.

...Permite que tu mente interna se conecte en este sitio en donde ahora te encuentras, dejándote abrir tus sentidos a esta experiencia presente que tienes frente a ti... Y mientras te acomodas, sigues inhalando profunda y completamente, expandiendo tu pecho, a la vez que te permites ir exhalando suave y lentamente, mientras vas sintiéndote cada vez más relajado...

DESPERTAR LOS SENTIDOS | ANCLAJE POSITIVO CON METÁFORA INTEGRADA.

...Date la oportunidad de hacerte consciente de que tienes una serie de grandes puertas sensoriales en tu cuerpo que hacen contacto con el medio exterior y permiten recoger lo mejor de él, lo más bello, lo más sano... Cada una de estas puertas tiene características especiales que permiten abastecer tu interior de todo lo que le resulte útil, valioso y necesario, para hacerte sentir pleno, feliz, tranquilo, en paz... Puedes iniciar el recorrido por los pasillos de tu interior, despacio, disponiéndote a detenerte en cada puerta e introducirte en su interior, cómoda y tranquilamente...

...Estás primero frente a la puerta de los sonidos... la abres y te introduces en su espacio **escuchando** cada uno de los distintos sonidos que captas a tu alrededor. Los escuchas por separado, deteniéndote unos momentos en cada uno de ellos. Los recibes, los acoges y te permites integrarlos dándoles un sentido de armonía en tu interior... Disfruta de esa melodía que puedes crear acorde a tus ritmos y preferencias...

...Continuas tu recorrido y te detienes en la puerta de la visión... Permítete **observar** con todo detalle el paisaje que tienes frente a ti... Aprecia las figuras, las formas, los colores, la intensidad de los tonos, las siluetas... Puedes apreciar los pequeños elementos, así como la visión global... Tómate el tiempo que sea necesario para deleitarte y grabarlo en tu interior como una bella fotografía que puedas conservar y seguir apreciando detenidamente... Recuerda que tú también tienes la capacidad para utilizar tus pinceles interiores y crear trazos, figuras, combinaciones que te permitan gozar de este bello paisaje...

... Date permiso ahora de abrir la siguiente puerta... la del **olfato**... e introduciéndote en ese espacio, te permites recoger todos los aromas que hay a tu alrededor... Algunos serán suaves, hasta imperceptibles, y otros podrán ser más fuertes o intensos... Puedes elegir los que más te gusten y apreciarlos identificando las sensaciones que se despiertan en tu interior a través de ellos... Disfruta relajadamente esta experiencia...

...Sigues el recorrido y te detienes ahora en la puerta del **gusto**... Ingresas a su interior y te das la oportunidad ahora de **saborear** un jugoso bocado de tu alimento favorito... En tanto lo vas acercando a tu boca, sientes cómo tus glándulas salivales se preparan para recibirlo... Te deleitas detenidamente con los distintos sabores que se desprenden en cada mordida, lo desplazas de un lugar a otro dentro de tu boca y, despacio, muy despacio, le regalas un bocado de placer y de nutrición a tu paladar, a tu cuerpo... quedándote con la agradable sensación de sabor...

...La última puerta en tu recorrido es la del **tacto**... Te introduces en su espacio especial abriéndote a sentir en tu piel, en tu cuerpo, todas las sensaciones que logres recoger... A través del contacto podrás percibir sensaciones suaves, tersas, lisas, suaves... o quizás, duras, ásperas o rugosas... percibes su temperatura, tal vez tibia, caliente o fría... Permítete sentir la sensación de las prendas de tu ropa que hace contacto con tu piel... la del mueble donde estás sentado y recoge el peso de tu cuerpo..., e igual el contacto con objetos que tu cuerpo logre alcanzar... Mantente atento, despierto a las sensaciones que este espacio te ofrece... Y disfruta de la experiencia...

...Al final de tu recorrido interior vas teniendo la oportunidad de gozarte con la rica variedad de sensaciones y experiencias que pudiste recoger a través de cada puerta y espacio sensorial... Te sientes nutrido, satisfecho, disfrutando de la mejor imagen, con sus colores, tonos y formas... abriéndote a la amplia gama de sonidos y eligiendo la mejor melodía..., así como contento al gozarte con los diversos aromas y sabores, preservando aquellos que te reconforten y evoquen sensaciones y recuerdos agradables... podrás guardar todo este bagaje de experiencias agradables asociándolas a sensaciones en tu piel, en tu cuerpo, que te harán sentir relajado, tranquilo y contento... respira profunda y completamente...

SUGESTIÓN POSTHIPNÓTICA.

Y cuando lo desees y lo necesites, con solo seguir respirando dos... tres... cuatro... hasta cinco veces... podrás nuevamente realizar este recorrido sabiendo que siempre estará abierto y disponible para ser disfrutado, regalándote la tranquila sensación de estar cómodo, relajado y satisfecho...

CIERRE DE TRANCE.

Tómate el tiempo necesario para asimilar lo que has descubierto y cuando estés listo, podrás ir regresando a este lugar y a

este momento, empezando a mover poco a poco tus miembros...
despejándote y sintiéndote muy bien, muy tranquilo, muy en paz.

3. Identificación de Fortalezas y Logros

"La fe en mí mismo no me asegura el éxito... pero la duda acerca de
mí mismo, sí me garantiza el fracaso". - Marujo, Neto, Perloiro
(2003).

Es común que, bajo el efecto abrumador de los problemas, el consultante se sienta incapaz de salir adelante y con una sensación de impotencia y frustración, además de creer, de forma generalizada, que nada le ha resultado bien en la vida.

El trabajo terapéutico habremos de centrarlo en destrabar los bloqueos transitorios que el problema le ha generado, para reconectarle con sus recursos internos. El Dr. Milton Erickson afirmaba que toda persona tiene el deseo natural hacia la salud y los recursos necesarios para conducirle hacia estados de crecimiento y bienestar. Resaltarle sus fortalezas y lo positivo de la vida, constituye un medio excelente para alimentar la sensación de esperanza en la solución de las dificultades, además de expandir los beneficios a otras áreas de su sistema personal y familiar, reestableciendo la plataforma para empezar a recuperar la sensación de confianza y dominio en su vida.

La investigación también ha comprobado que el enfoque en lo sano y positivo de la vida aporta cambios significativos en otras áreas del sistema de la persona: la motivación, la autoestima, la capacidad de resolución de problemas y el alto rendimiento en las tareas que emprende; además de fortalecer su sistema inmunológico, favoreciendo su salud física y hasta su longevidad.

El rescate de las fortalezas y las experiencias exitosas desarrolladas a través de la vida es una intervención clave, que le permite al consultante reactivar sus áreas sanas y positivas desplazadas por el problema, logrando recuperar la consciencia de sus capacidades, cualidades y virtudes, así como sus habilidades, destrezas y logros. Con ellas, restablecerá su autoconfianza e identificará las posibles soluciones que emprendió favorablemente en otros momentos difíciles de su vida, apoyándole a trasladarlas a su condición presente con fines de replicarlas a favor de su recuperación. No se trata de revisar si la persona es capaz o no de salir adelante, sino de presuponerlo, identificando en cuáles situaciones de su historia ha afrontado dificultades y revisar cómo lo ha logrado. Estas estrategias constituyen la base para identificar la fórmula efectiva de afrontamiento en la solución de adversidades que ya ha probado en su vida, con lo que le resultará familiar replicarlas en su situación actual, preparándole para eventualidades futuras.

Es importante considerar que la confianza en sí mismo no se alcanza solo con mensajes motivacionales ni animadores, dado que eso tiene el riesgo de generar una pseudo-autoestima, sino con la puesta en práctica de las fortalezas y virtudes, que son la fórmula para alcanzar retos y éxitos en la vida. Por ello, el camino será ayudar a identificar los logros acumulados a través de su vida, y por medio de ellos, rastrear las capacidades, las cualidades y las destrezas que fueron utilizadas para alcanzarlos.

Según Tal Ben Shahar, *"lo que no se aprecia se desprecia"* (2017-2018), por lo que el énfasis del trabajo terapéutico en estas áreas positivas de la vida será clave para que el cliente se redescubra y logre consolidar una nueva visión sobre sí mismo. Será necesario invitarle a que, con mayor consciencia, reconozca y practique esas fortalezas de forma constante y bajo esfuerzo sostenido en su vida personal, familiar, laboral, ocupacional y social, para lograr acrecentarlas, consolidarlas e integrarlas en la mejor versión de sí mismo, aumentando sus niveles de satisfacción en su vida y en la solución de dificultades.

Los medios terapéuticos para recuperar las fortalezas pueden generarse a partir de preguntas inteligentes aplicadas de forma directa en sesión, tanto al propio cliente sobre la visión de sí mismo, como de forma circular bajo la perspectiva de su familia, amigos y grupo social de influencia. Algunos ejemplos de este tipo de preguntas son las siguientes.

Preguntas para rescatar fortalezas y logros
Interrogatorio reflexivo

a) *¿Qué logros o experiencias significativas descubres en tu vida por las que te sientes orgulloso y satisfecho?*

b) *¿Qué tipo de cualidades, fortalezas, destrezas y habilidades descubres tener, y con las que has podido generar estos logros?*

c) *¿Qué otros rasgos de tu persona consideras que son positivos, favorables?*

d) *¿Cuáles retos difíciles de tu vida has enfrentado y solucionado favorablemente?*

e) *¿Cómo lo lograste?*

f) *¿Qué habilidades, actitudes y destrezas utilizaste para manejarlos y resolverlos?*

g) *¿Qué tipo de ideas te ayudaron en esos momentos difíciles para salir adelante?*

h) *¿Cuáles fortalezas y cualidades identifican tu familia en ti?*

i) *¿Cuáles descubren tus compañeros y/o aquellas personas con quienes tienes relación?*

j) *¿Qué dirían tus amigos de lo bueno que ven en ti?*

k) *Cuando te haces consciente de todo esto favorable que tienes en tu vida, ¿cómo te hace sentir?*

Al estar presentes en sesión otros miembros del sistema cercano, dirigiremos el interrogatorio de forma cruzada, revisando la versión que ellos guardan acerca de las capacidades, las cualidades y los logros del cliente, así como la de él sobre los demás miembros de su sistema familiar y social.

Otra forma terapéutica de trabajar con el área saludable fortalecida es rescatar las excepciones al problema, como lo propone el Modelo Terapéutico Enfocado en Soluciones (De Shazer, 1985). La pregunta central consiste en identificar en qué momentos no se presenta el síntoma, y después, rastrearlos y amplificarlos, precisando los factores internos (pensamientos, decisiones, motivaciones, acciones) que le ayudan a verse en ese estado más "normal"; así como los factores externos (familiares, sociales, ambientales) que están presentes al momento en que la situación sintomática no hace su aparición. Esta descripción constituirá una clave importante que habremos de identificar y resaltar ante el cliente, para que pueda replicarla y facilitar la ruta que conduzca hacia la solución.

Algunos ejemplos sobre este tipo de preguntas que rastrean la excepción al problema son los siguientes:

Preguntas para rescatar excepciones al problema

a) *¿En qué momentos has observado que el problema no se presenta?*

b) *¿Cuándo notas que te has sentido un poco mejor?*

c) *¿Qué haces cuando el problema no se presenta?*

d) *¿Qué ocurre en tu entorno que te ayuda a verte mejor en esta condición?*

e) *¿Qué tipo de ideas cruzan por tu mente que ayudan a sentirte un poco mejor?*

f) *¿Qué te demuestra el hecho de que en momentos el problema no te moleste?*

g) *¿Qué cualidades estás activando para lograr desplazar el problema del centro de tu vida?*

h) *¿Cómo te describes a ti mismo cuando logras tener estos momentos mejores (sin el problema)?*

i) *¿Cómo te sientes de lograr estos mejores momentos?*

Igualmente, al estar presentes en sesión otros miembros del sistema cercano, dirigiremos el interrogatorio a ellos, buscando los momentos en que, según su perspectiva, identificaran esos momentos de excepción al problema, y los factores (comportamentales, cognitivos y emocionales) que pudieran estar influyendo saludablemente para lograrlo:

a) *¿En qué momentos observan que el problema no se presenta?*

b) *¿Qué observan que es diferente en el ambiente cuando el problema no se presenta?*

c) *¿Qué hicieron distinto en los momentos / días previos a esa situación agradable (de excepción)?*

d) *¿Qué cualidades les confirma tener tu hijo/hermano/ amigo/familiar, al presentar esos momentos mejores?*

e) *¿Cómo les hace sentir al tener estos momentos en que observan que la situación mejora?*

Además del rastreo de excepciones al problema, la expresión de elogios legítimos sobre las fortalezas que el cliente vaya demostrando a través de sus esfuerzos, le ayudará a recuperar su autoconfianza, así como reencuadres que normalicen y resignifiquen su condición.

En ocasiones, cuando el cliente se viera tan abrumado por el problema que le resultara muy complicado responder a estas preguntas, podemos agotar otras intervenciones ritualísticas y/o hipnóticas en sesión (como el Ejercicio 3), que le permitan acceder, por otros medios, a sus experiencias exitosas y logre empezar a recuperar sus fortalezas.

Ejercicio 3. **"Búsqueda de Fortalezas"**
Trance Hipnótico
(Fernández, ME.)

INDUCCIÓN AL TRANCE / CONCIENCIA EN LA RESPIRACIÓN.

Date la oportunidad de adoptar una postura cómoda... No tienes que hacer nada en especial, solo respirar profunda y completamente, expandiendo tu pecho, llenándote en cada respiración, de oxígeno... de salud... de energía... de tranquilidad... Y en cada exhalación puedes aprovechar para liberar estrés, preocupación o cualquier estorbo que te impida estar relajado... Y mientras que tu mente consciente escucha mi voz, tu mente interna podrá empezar a hacer todo lo que considere necesario para ir recuperando tu bienestar... Con cada respiración profunda, podrás ir sintiendo mayor tranquilidad...

RESCATE DE EXPERIENCIAS DE VALIDACIÓN CON ANCLAJE DE RECURSOS (visual, auditivo, kinestésico).

...Y en tanto vas profundizando en tu tranquilidad, tu mente interna podrá elegir algún lugar agradable en donde puedas verte a ti mismo poniendo en práctica todas las cualidades que te caracterizan... Puedes elegir alguna experiencia específica de tu historia personal en la que te hayas percibido en la mejor versión de ti mismo... Date permiso de observarte con todo detalle en esa escena... Descubre cómo te ves tranquilo, fuerte, capaz... (pueden mencionarse las cualidades o virtudes que se desean reforzar en el cliente)... Escuchas tu propia voz y los sonidos que hay a tu alrededor... e igualmente revives esta experiencia tan significativa, que

puedes ahora sentir en tu cuerpo las sensaciones de seguridad, de confianza, de capacidad...

...Observa cómo pudiste resolver algunas situaciones, demostrándote con ello que la vida ya te ha presentado oportunidades que te confirman tus capacidades para el manejo y la solución de dificultades... Te ves, te sientes más claro, más seguro, más capaz... Estas cualidades forman parte de ti, y siempre seguirán estando disponibles para afrontar cualquier experiencia que se te presente... Ahora te sabes capaz y consciente de que ese repertorio de fortalezas te acompaña y podrás acrecentarlo en tanto lo sigas utilizando en las distintas situaciones que se te presenten... estas cualidades están adheridas a tu ser...

SUGESTIÓN POSTHIPNÓTICA.

Date permiso de acomodar esta experiencia... y tantas y cuantas veces lo desees o lo necesites. podrás acudir a este momento que te confirma tus cualidades... tu ser fuerte, capaz, seguro... y acceder a él tan solo respirando profunda y completamente hasta tres, cuatro veces... como ahora lo estás haciendo... recordando las grandes capacidades y recursos que te caracterizan...

CIERRE DE TRANCE.

Tómate el tiempo necesario para asimilar lo que has descubierto. Y cuando estés listo, puedes regresar a este lugar y a este momento, empezando a mover poco a poco tus miembros... despejándote y sintiéndote muy bien, muy en paz.

De igual modo, podemos utilizar el inventario de fortalezas de carácter diseñado por Martin Seligman y Christopher

Peterson (2004), conformado por veinticuatro virtudes agrupadas bajo seis categorías universales (Figura 7) como otra guía para facilitar la identificación de las capacidades personales del cliente (www.viacharacter.org). Puede recomendarse como tarea, y una vez realizada, ayudarle a ubicar su perfil particular de áreas fuertes con las que se identifica ante la vida.

En la medida en que el cliente practique estas fortalezas en las distintas áreas de su vida, con mayor conciencia y frecuencia, las consolide, amplifique su beneficio y las utilice en la solución específica de las dificultades que se le presenten, generará mayor sensación de seguridad y confianza.

Clasificación de virtudes y fortalezas de carácter

Sabiduría	Amor	Valor
· Curiosidad · Creatividad · Apertura y juicio crítico · Amor por aprender · Perspectiva	· Intimidad · Bondad · Inteligencia social	· Valentía · Perseverancia · Honestidad · Vitalidad
Templanza	**Justicia**	**Trascendencia**
· Perdón · Humildad · Prudencia · Autocontrol	· Liderazgo · Equidad, imparcialidad Civilidad/trabajo en equipo	· Gratitud · Esperanza /optimismo · Espiritualidad · Humor · Asombro y aprecio de la belleza y excelencia

Figura 7. Clasificación de Fortalezas y Virtudes de Valores en Acción Vía (Peterson y Seligman, 2004).

4. Gratitud

Otra de las estrategias significativas y valiosas probada en diversas investigaciones para generar estados de satisfacción, bienestar y felicidad, es la que se refiere a la expresión de gratitud (Emmons, 2008; Seligman, 2003). Si bien es una intervención cognitivo-espiritual que Peterson y Seligman (2004) la agrupan dentro de la categoría de fortalezas y virtudes de "Trascendencia", al ser aplicada dentro del proceso terapéutico, logra generar en la persona una reconexión muy ágil con sus recursos positivos, favoreciendo estados internos más satisfactorios.

Agradecer es no dar por sentado las cosas que tenemos y de las que disponemos, es apreciar y resaltar lo bueno y lo favorable, reconociendo que lo que tenemos puede ser un regalo recibido, descubriendo lo bondadoso de la vida, del entorno y de los demás.

Hay una amplia serie de beneficios físicos, cognitivos, emocionales y comportamentales que han sido asociados a la experiencia de gratitud: la persona mantiene una actitud más vital, más optimista y con esperanza ante la vida. Al centrarse en lo positivo, favorece la novedad y la variedad de la visión, evitando la rutinización, con lo que se generan nuevas conexiones neuronales, y la persona experimenta la sensación de sentirse afortunada por lo que es, lo que tiene y de lo que dispone. Puede reacomodar su pasado resaltando lo favorable de sí misma, estar más abierta a experimentar emociones positivas y sentir mayor satisfacción y bienestar con su vida, manteniendo mejores intercambios relacionales, además de que se disminuye el riesgo de padecer depresión y ansiedad.

La gratitud es una virtud que hace crecer el área espiritual, y cuando se integra en el proceso terapéutico, dirigiendo la atención a lo favorable de la vida, estaremos provocando un giro cognitivo que ayudará al cliente a abrirse a la construcción de nuevas narrativas.

Los siguientes rituales de agradecimiento (Ejercicios 4) son ejemplos de este tipo de intervenciones, así como tareas para practicar en casa.

Ejercicios 4. **"Rituales de Agradecimiento"**
(Emmons, 2008; Seligman, 2003).

a) *Observación agradecida.* Observar cinco situaciones, momentos, experiencias y cosas durante el día por las que sentiría agradecimiento.

b) *Diario de agradecimiento.* Escribir diariamente cinco situaciones o cosas por las que la persona se sienta agradecida.

c) *Carta de gratitud.* Elaborar una carta a alguna persona significativa expresándole agradecimiento. Puede darse la oportunidad de entregarla, y así el beneficio se ofrece tanto para quien la elabora, como para quien la recibe.

d) *Visita de gratitud.* Realizar una visita presencial a alguna persona a quien desea expresar agradecimiento.

e) *Mensaje/Llamada de agradecimiento.* Utilizar las redes sociales o recursos tecnológicos para conectar con alguna persona a quien desea expresar agradecimiento.

f) *Encuentros de agradecimiento.* Promover encuentros periódicos (diarios, semanales o mensuales) entre los miembros de una familia, pareja, amigos o grupos de trabajo, en los que cada parte dispone de un momento para expresar agradecimiento y reconocimiento mutuo por situaciones o experiencias favorables que desean resaltar del otro. Puede ser manejado solo con la expresión verbal, o reforzado con el mensaje escrito entregado después de haber realizado el intercambio verbal.

CAPÍTULO III

Reconexión psicobiológica

"Me choca la vida, mi cuerpo, mi imagen... soy una odiosa, paté-
tica... Nada me gusta, no soporto a mi familia, no me gusta mi
trabajo, y constantemente me siento frustrada y enojada... Mis
fuertes dolores de espalda me tienen desesperada y agotada"...

Estas fueron las fuertes palabras con las que se
describió Ana, de 27 años, al acudir a consulta después de
enterarse que su exnovio se había comprometido con una
compañera de trabajo luego de unas semanas de terminar su
relación con ella. Su visión sombría y negativa de sí misma
y de los demás, le impedían sentir algo diferente a la tristeza, la frustración y el enojo. Esta situación la generali-
zaba a todas las áreas, afectando, negativamente, tanto su
autoimagen física, como su descripción interna. Sus relaciones familiares y sociales, así como su desempeño laboral,
también se deterioraron. Su salud física estaba desgastada,
cargaba con un historial clínico difícil, caracterizado por
molestias persistentes y dolores de espalda cronificados.

1. Condiciones del Deterioro Físico

Así como el caso de Ana, gran parte de los problemas físicos y emocionales que atiendo en consulta incluyen síntomas acordes a condiciones de rechazo a la imagen corporal y descuido a las condiciones de salud física. Son comunes las alteraciones en la alimentación, ya sea en la ingesta compulsiva y desordenada, como en la restrictiva llegando a límites anoréxicos; también la baja calidad del sueño, con problemas de insomnio y desvelo, o bien, de hipersomnia. De igual forma, son parte de este escenario, los hábitos insanos como el sedentarismo, el tabaquismo, los problemas con el alcohol y el consumo de sustancias.

Otra característica de personas con alto desgaste físico y emocional, reportan sufrir la consecuencia de un desequilibrio entre el trabajo estresante y los reducidos o nulos espacios de descanso reparador. En estos casos, los síntomas de agotamiento, fatiga crónica y desmotivación ante las tareas diarias son parte del cuadro que agrava la situación, por la que buscan ayuda profesional.

Adicionalmente, otros casos que llegan a consulta con cuadros de afectación similares, son los que presentan manifestaciones físicas entremezcladas con altas cargas de emocionalidad, denominados trastornos psicosomáticos, tales como síntomas de dolor físico (cabeza, espalda, cuello, pecho, extremidades); inflamación, infección y alteración en alguna función fisiológica, como problemas gastrointestinales (úlceras, colitis, gastritis, diarrea, estreñimiento), problemas cutáneos (soriasis, herpes), cardiovasculares (hipertensión) o respiratorios (asma). Además de otros síndromes más complejos que, al estar combinados con elementos psicológicos, se agravan al no ser abordados terapéuticamente bajo la doble vía físico-emocional requerida.

Es común que estos desajustes físicos se presenten como el factor principal por el que la persona acude a pedir ayuda terapéutica (frecuentemente después de haber visitado al médico y descartado el origen orgánico del problema), o ser efecto colateral y secundario a otro tipo de problemas afectivo-emocionales o relacionales que estuviera padeciendo.

Ante cualquiera de estas situaciones en las que se presente el deterioro de las características físicas, ya sea como sintomatología primaria, o de forma complementaria o alterna a otros problemas psicológicos, será importante en el proceso terapéutico, revisar los elementos básicos que contribuyen al bienestar físico, y después trabajar los que tengan relación con el área emocional.

La conexión cuerpo-mente-emoción se fusionan de forma natural en una unidad inseparable, por lo que la afectación de una de estas áreas genera implicaciones en las otras de forma circular. Por ejemplo, si las condiciones de sueño o de alimentación están desajustadas, es muy probable que presente una disminución significativa en su capacidad energética, una baja tolerancia ante dificultades, estados de desmotivación, tristeza y altos niveles de irritabilidad. Asimismo, si tiene alguna situación preocupante, podría alterarse su apetito o sus niveles de sueño reparador, presentando insomnio. Estas condiciones físico-emocionales se reflejan en un deterioro en su rendimiento ocupacional y una tendencia invasiva de pensamientos negativos e incapacitantes, que le llevan a un manejo conflictivo en sus relaciones interpersonales. De esta forma, los aspectos intra e interpersonales: físico, emocional, cognitivo, comportamental, espiritual e interaccional, podrían afectarse retroactivamente, generando un alto deterioro generalizado.

El caso de Federico y Laura, una pareja que acudió a consulta por problemas en su forma relacional, es otro ejemplo de este nivel de afectación integral. Ambos cónyuges quedaban atrapados en un patrón retroalimentante, en el que Laura presentaba actitudes de exigencia-reclamo, en tanto que Federico manifestaba conductas defensivo-ofensivas y evasivas. Ese tipo de pauta interaccional les generaba una fuerte dosis de tensión, y al desglosar su secuencia comportamental de forma individual, aparecían alterados también los aspectos de alimentación y de sueño, que complicaban el estado físico y emocional de cada uno. Federico comentaba que después de regresar del trabajo, cenaba lo que encontraba en el refrigerador, incluyendo bebidas alcohólicas, para después gastar la última cuota de energía viendo series de televisión o jugando videojuegos hasta altas horas de la noche. Justificaba que era el único espacio que tenía en el día para "relajarse", y que era su entretenimiento mientras lograba dormirse (¡!).

Por su parte, Laura llegaba a casa después de su jornada laboral, cansada, y teniendo que asear y ordenar los espacios. Para recuperar algo de energía, cenaba algo que encontraba en el refrigerador y bebidas embotelladas con cafeína para reactivarse y cumplir con las tareas pendientes. Los reclamos hacia Federico para que colaborara en las faenas de casa formaban parte del día a día, lo que conflictuaba más los intercambios, generando un mayor distanciamiento entre ellos. Su actividad terminaba a altas horas de la noche y dormían en promedio de cinco a seis horas diarias.

Por la mañana, después de que habían sacrificado horas de sueño reparador, se levantaban con dificultad, agotados e irritables, con lo que sus primeros encuentros se daban entre discusiones y reclamos. Con el apuro de no llegar tarde a sus trabajos, tanto Federico como Laura, no desayunaban y comían "cualquier cosa" en el camino. Este patrón repetitivo lo enfrentaban cotidianamente generándoles condiciones acumuladas de alto desgaste físico, emocional y relacional.

2. Elementos Físicos Básicos al Bienestar

A partir del ejemplo anterior, el siguiente andamio que utilizaremos en el trabajo terapéutico, implica la revisión y el aseguramiento de la cobertura de las necesidades básicas: la sana alimentación, el manejo de hábitos de sueño y descanso en balance con la cuota de actividad y la ejercitación física adecuada. Muchos problemas se resuelven solamente con la atención armonizada de estos elementos, lo que restablece el inicial proceso de salud y su reacomodo energético para lidiar con los retos del día.

Con esta base será importante explorar el estado de estos aspectos primarios, asegurando, en primera instancia su atención y reacomodo saludable, para luego abordar aspectos más complejos implicados con los desajustes emocionales, cognitivos y comportamentales.

2.1 Alimentación y Estilo de Vida Saludable

Aunque recomiendo al lector consultar directamente fuentes autorizadas para profundizar con detalle en el mejor manejo de hábitos de alimentación saludable, menciono una interesante investigación realizada por Dan Buettner (2016), a través de la cual identificó cinco grupos poblacionales, a nivel mundial, con el mayor índice de longevidad, salud y bienestar, a los que denominó *zonas azules*, indagando su estilo de vida característico. Estas comunidades fueron ubicadas en las islas de Okinawa (Japón), Cerdeña (Italia), Icaria (Grecia), la península de Nicoya (Costa Rica) y en el poblado de Loma Linda, California (EUA).

A través de su estudio, Buettner reportó que en estas zonas se registraban altos niveles de salud física, con muy baja prevalencia de cáncer, enfermedades cardio-vasculares y obesidad, además de una esperanza de vida más alta a la media general poblacional, diez años más en promedio, junto con altos niveles de satisfacción, bien-estar y felicidad.

La investigación indagó que solo el veinticinco por ciento de las condiciones respondían a factores genéticos, mientras que el setenta y cinco por ciento restante se refe-rían a factores no genéticos.

La dieta característica de estos pueblos se compone de productos naturales sin procesamiento industrializado, con un noventa y cinco por ciento de alimentos de origen vegetal (frutos, vegetales, leguminosas) con alto consumo de semillas, nueces y almendras. El sesenta por ciento de la dieta se conforma por carbohidratos, un veinte por ciento de proteína y un quince por ciento de grasas. Según Buettner, en las zonas azules es común que los habitantes ingieran los alimentos lentamente y dándose el espacio del disfrute. La cantidad del alimento la regulan consumiendo a un ochenta por ciento de satisfacción, considerando que el cerebro recibe la señal de saturación en la ingesta, veinte minutos después de recibir el último bocado, lo que mantiene a la población sin problemas de obesidad.

La autoafirmación *"ya no tengo hambre"*, en contraste con *"me siento lleno"*, es una programación interna con la que los habitantes de Okinawa mantienen el autocontrol y saben en qué momento detenerse cuando están disfrutando sus alimentos. Esto requiere de la disposición para asumir la actitud de *ir despacio*, saborear cada bocado y estar en conexión con las sensaciones corporales y el nivel de saciedad, lo que activa la capacidad para decidir cuándo frenar la ingesta alimenticia.

En cuanto al estilo de vida y de trabajo de estas comunidades, la activación y el esfuerzo físico forman parte natural de su quehacer cotidiano, con lo que rompen con el problema del sedentarismo. Al parecer no necesitan ejercitarse en un gimnasio, dado que su ocupación diaria y sus desplazamientos implican caminar y mantener cierto ritmo de ejercicio físico. Esto les ayuda a sentir el suficiente cansancio para proveerse de un buen descanso y reparar la energía desgastada, durmiendo entre siete y ocho horas diarias. Adicionalmente al sueño nocturno, disponen de espacios de descanso y meditación durante el día, que les repara, de forma transitoria, lo que les permite ser más productivos en sus tareas.

Por otro lado, los rituales de convivencia familiar y social, con alto nivel de contacto y expresión afectiva, son parte de su estilo de vida saludable. Estos factores mantienen nutrida su área socioemocional, alimentando la sensación de pertenencia, aceptación y protección cercana.

Otros elementos que resalta esta investigación son el contar con creencias fuertes y una visión trascendente basada en un buen propósito en la vida. Según Buettner, esta perspectiva aporta hasta siete años más a la esperanza de vida promedio, con lo que pareciera vital considerarla dentro del bagaje que contribuye al bienestar y a la longevidad.

En resumen, la conjunción de estos elementos: alimentación, buen sueño, ejercicio físico, meditación, conexión afectiva y buen propósito en la vida, constituyen la clave que ha caracterizado al estilo de vida de estas comunidades a las que *"se les ha olvidado morir"*, según palabras de un habitante de Icaria, en Grecia (Buettner, 2016). Y bien podría ser una fórmula para replicar en nuestro medio y diario vivir, compartiéndola con nuestros clientes, colaborando así, en la instalación de nuevos hábitos de vida que aporten mayor felicidad, longevidad y mejores condiciones de salud.

2.2 Hábitos de Descanso y Reparación

a) Ciclos Circadianos

Los ritmos acelerados de nuestro estilo de vida nos llevan a experimentar desequilibrio entre los periodos de trabajo y descanso, además de privación del sueño. Es común que se valore cumplir con compromisos laborales, sociales o de esparcimiento, a costa de sacrificar el tiempo natural de sueño que nuestro organismo requiere para repararse.

En ocasiones se tiende a consumir productos cargados con cafeína u otros estimulantes para sostener el periodo de vigilia de forma artificial, desajustando el equilibrio natural del ciclo circadiano, que responde a la presencia/ausencia de luz y acomoda los lapsos de vigilia y sueño durante el día. Por lo general, nuestro reloj biológico se programa en estado activo y alerta durante periodos de luz, y en la medida que oscurece, tiende a aumentar la producción de melatonina en el cerebro, hormona que provoca la sensación de somnolencia. Sin embargo, cuando se rompe con este balance natural, se generan desacomodos en el patrón del sueño, de forma que luego se tiene que lidiar con el insomnio y su manejo a través del uso de medicamentos. En otras palabras, los excesos afectan el balance de los procesos naturales de activación y descanso saludables, generando estados de deterioro en el rendimiento y en la funcionalidad.

El sueño es una necesidad básica con la que sobrevivimos y mantenemos condiciones de salud óptima en nuestro organismo. Según el Instituto Nacional de Enfermedades Neurológicas y Accidentes Cerebrovasculares (*NINDS*, por sus siglas en inglés, 2007), el sueño ofrece el espacio para que la mente interna se repare y regenere, acomode procesos internos, destrabe la creatividad en la solución de problemas y encuentre estados de mayor armonización.

Es común que los clientes que le dan importancia al buen sueño eliminen síntomas, tales como el bajo nivel de energía y la fatiga crónicas, los desajustes en la coordinación y la concentración en el desempeño de tareas y las alteraciones de juicio, junto a decisiones erradas. Igualmente, aumentan la creatividad y la memoria, así como el rendimiento y la productividad, reduciendo el número de accidentes. Por otro lado, el buen sueño influye en el fortalecimiento del sistema inmunológico, con lo que se disminuye la propensión a padecer enfermedades. Adicionalmente, en el terreno emocional, disminuyen los síntomas de ansiedad, tristeza, depresión e irritabilidad, asociados al deterioro del descanso.

Según el mismo Instituto (2007), la cantidad de sueño que se necesita para lograr un óptimo funcionamiento depende de la edad y de distintos requerimientos individuales. Sin embargo, el consenso marca entre siete y nueve horas diarias en la población adulta, y de ocho a diez horas en adolescentes y jóvenes.

Por estas razones, evaluar y asegurar en el cliente el reacomodo y la instalación de buenos hábitos de sueño, respetando sus ciclos circadianos, constituirá un aspecto importante que facilitará estados de menor estrés y, por tanto, mayor disposición a abordar realidades sintomáticas más complejas.

b) Ciclos Ultradianos

Del mismo modo que es necesario respetar el ritmo natural de vigilia y sueño, es importante considerar los periodos de activación y reparación que nuestra mente y cuerpo requieren durante el día, para lograr estados de mayor eficiencia y productividad. Me refiero a los ritmos ultra-dianos con los que nuestro organismo se rige en periodos variables durante el día, estudiados por Ernest Rossi y David Nimmons (1993). Consisten en alrededor de noventa a ciento veinte minutos de activación, alerta, energía, excitación, creatividad, memoria, apetito y estado de ánimo más esti-mulado, por cada veinte minutos de pausa natural donde ocurre la regeneración neurobiofisiológica. A esta pausa los autores la denominaron Pausa Regenerativa Ultradiana (PRU) en la que nuestra mente y cuerpo necesitan reacomo-darse, restaurarse y regenerarse. Es el momento natural en el que nuestro organismo, biológico y fisiológico, se rejuve-nece, después del desgaste provocado por los periodos de actividad. Estos ciclos ocurren durante el periodo de vein-ticuatro horas, tanto en el estado de vigilia como del sueño, conformando entre doce y dieciséis ciclos rítmicos al día.

Durante alrededor de los primeros noventa minutos de activación en el día, tendemos a aumentar la alerta física y mental alcanzando estándares de alto rendimiento, crea-tividad y desempeño, para luego ir disminuyendo por un periodo de alrededor de quince a veinte minutos. Puede haber señales corporales o mentales que nos invitan a tomar un descanso, por ejemplo, la necesidad de estirar los músculos, cambiar la postura corporal, experimentar la sensación de hambre o de sed, la presencia de bostezos, los movimientos intestinales, la atención dispersa y el embotamiento en la solución de algún problema. Cuando estos signos son atendidos, la persona puede tomarse la pausa para la recuperación de la energía desgastada, asimilando el aprendizaje obtenido hasta ese momento, y reestableciendo sus capacidades, la creatividad y el potencial utilizados, preparándose para asumir, con mayor disposición, el siguiente periodo de actividad.

En el periodo de sueño, estos ritmos de activación se manifiestan durante el sueño profundo en los que se registra un alto nivel de estimulación de la mente interna, con la presencia de movimientos rápidos de los ojos (sueño REM, por sus siglas en inglés *Rapid Eye Movement*), mayor flujo sanguíneo y oxigenación, aumento en la frecuencia cardiaca y actividad gastrointestinal. Posteriormente, pasa a la pausa de menor activación en la que se promueve la regeneración, la autocuración y el rejuvenecimiento del organismo (Charles, 1997).

Como mencioné, es común que, por el alto nivel de exigencia en el que vivimos, la atención a las señales que marcan la necesidad de un descanso sea ignorada o desplazada, y cuando esto se vuelve una constante, genera estados de acumulación de estrés, de fatiga crónica y problemas psicosomáticos. Estos síntomas se asocian, a nivel físico, con hipertensión, úlceras, dolores musculares, de cabeza, de espalda y una mayor tendencia a enfermarse. Igualmente, en el terreno psicológico puede haber mayor propensión a la depresión, la baja autoestima, los cambios de estado de ánimo y los conflictos interrelacionales (Rossi, Nimmons, 1993).

De este modo, en nuestro trabajo terapéutico habremos de entrenar al cliente en la identificación de esos signos corporales y mentales para generar el espacio interno de reparación en el que disponga del proceso de autosanación y crecimiento, intercalando momentos de pausa regenerativa en su día (al menos una o dos), a fin de cuidar, flexiblemente, el sano balance entre sus periodos de trabajo y las oportunidades de descanso, restauración y revitalización.

2.3 Ejercitación Física

La investigación también ha probado que el ejercicio físico tiene múltiples beneficios en la salud. Es un antidepresivo natural que estimula la liberación de endorfinas que disminuyen el estrés y aumentan las sensaciones de placer y bienestar.

Además, activa la neurogénesis o regeneración neuronal, provocando el rejuvenecimiento del cerebro, fortaleciendo las funciones cognitivas (aprendizaje, memoria, creatividad y concentración), y reforzando el sistema inmunológico reduciendo la propensión a contraer enfermedades crónicas, cardiovasculares y degenerativas (Doidge, 2008; Burnett, 2018). Del mismo modo que el ejercicio ofrece ganancias físicas, neurológicas, mentales y emocionales, es un medio catártico para la descarga y la eliminación de tensión, de estrés y de sobrecarga emocional.

Con frecuencia, cuando atiendo en consulta a personas con niveles altos de estrés, ansiedad y depresión, junto a manifestaciones somáticas, descubro que gran parte del cuadro sintomático, obedece a un inadecuado manejo afectivo-emocional asociado a experiencias cuya carga no ha sido procesada, asimilada, ni liberada de forma saludable, por lo que termina acumulándose bajo una presión interna que brota, desordenadamente, a través de síntomas físicos.

En esos casos, el ejercicio físico es una de las primeras tareas que han resultado ser eficientes para colaborar en la liberación sintomática, con lo que la aplicación de reencuadres resignificadores puede ser muy útil para que el cliente se disponga, con mayor apertura, a asumir la prescripción. Es frecuente que alimente la creencia errónea de que, para empezar a activarse, habría de sentir, primero, deseos y motivación, lo que evidentemente podría mantenerlo atrapado en estados de pasividad e inacción. Habremos de aclarar que el gusto y el placer por hacer las cosas es la última parte que aparece en la escena, por lo que insistiremos en que, aunque *por ahora* no se sintiera motivado, es importante que inicie con la introducción de prácticas físicas que empiecen a generar el estado de recuperación.

Un ejemplo de este tipo de reencuadre resignificador que podemos ofrecer al consultante es el siguiente:

...Tu condición pudiera ser reflejo de una alta acumulación de situaciones difíciles con fuerte carga emocional que, al no contar con formas de expresión adecuadas, buscará escapar de manera desordenada (vía ataques de ansiedad,

síntomas físicos, dolores o malestares). *Por ello, será importante ir integrando formas de activación física en tu día, como caminar por al menos de veinte a treinta minutos, para abrir compuertas de expresión energética regulada, vía corporal, que ayuden a restablecer, gradualmente, mejoras en las condiciones hacia tu recuperación.*

En estos casos, además del ejercicio físico, podremos ofrecerle opciones de expresión emocional saludable, ya sea deportivas, artísticas, musicales, literarias, sociales u ocupacionales, según su preferencia y su lenguaje. Una vez que haya elegido alguna, podremos resignificarla como un medio catártico de canalización, eliminación y liberación de su malestar. Después de haber dedicado un espacio en el día para caminar, escribir, dibujar, cantar, platicar, cocinar o tocar un instrumento, la respuesta obtenida, en la generalidad de los casos, es sentirse mejor en su condición sintomática, *"más ligeros"* y con mayor adherencia al proceso terapéutico. Esta intervención nos permite continuar con el proceso de recuperación abriendo la disposición a trabajar con intervenciones más complejas.

3. Aceptación de la Corporalidad

En la práctica clínica es común observar que muchos de los síntomas que el consultante reporta, guardan alguna implicación nociva o castigante hacia su corporalidad. En ocasiones expresan que se han autoinfringido heridas físicas o han permitido que otros lo hagan a través de episodios violentos. Otras veces se presentan mediante el consumo de comida en exceso, o en privación, además de la ingesta de alcohol, drogas, inhalación de nicotina y otras sustancias. Algunos casos utilizan su cuerpo en encuentros sexuales casuales, manteniendo una visión reduccionista genitalizada de su sexualidad, exponiéndose a condiciones de promiscuidad, enfermedad y riesgo. Y en otros más, la actitud corresponde a conductas de descuido, omisión o postergación indefinida en la revisión de los estándares de su salud física.

Hay quienes, aunque no realizan conscientemente prácticas expresas de autodaño, reportan una narrativa de rechazo a su corporalidad, instalando creencias desvalorizantes, tanto a su cuerpo (autoimagen) como a su persona (autoconcepto). El menosprecio a sí mismos les conduce a tomar decisiones erradas respecto a lo que merecen en la vida, por lo que, es común que se involucren en actividades o grupos que realizan prácticas nocivas, o se relacionen con personas con perfil bajo y deteriorado.

El camino terapéutico de reparación de la autoestima es muy amplio, sin embargo, habremos de dirigirlo, primero, hacia despertar la conciencia sobre la importancia que el cuerpo ofrece a la persona. El reconocimiento reflexivo sobre su valor podrá generar una actitud de aceptación y respeto, y a partir de esta autovalidación, podrá ir asumiendo actitudes más cuidadosas y amorosas consigo misma, que le ayudarán a marcar límites más claros hacia el exterior, así como también, podrá tener la capacidad para depurar sus relaciones, rompiendo con estilos nocivos de intercambio.

Este proceso implica realizar intervenciones a nivel de la aceptación de la corporalidad física, involucrando el terreno emocional, afectivo, cognitivo y relacional. Un buen punto de partida es que reconozca sus características corporales frente al espejo, y a través de algunas preguntas reflexivas, reencuadres, rituales y tareas, como los incluidos en los Ejercicios 5, 6 y 7, promovamos en la persona, un diálogo reconciliador y agradecido con cada área, rasgo, órgano y miembro de su cuerpo.

Ejercicio 5. **"Aceptando y Valorando mi Cuerpo"**
Interrogatorio Reflexivo
(Fernández, ME.)

Las siguientes preguntas pueden manejarse como interrogatorio reflexivo en sesión, dentro de un ejercicio meditativo, en trance hipnótico o como cuestionario que el cliente responda en casa.

Generales:
- 💜 *¿Cómo evalúas el cuidado de tu cuerpo en atención a tu salud?... higiene?... nutrición?... buen sueño?... ejercitación?*
- 💜 *¿Cómo percibes que está tu balance entre tu nivel de trabajo-descanso?*

Aceptación de la corporalidad:
- 💜 *¿Cuáles áreas de tu cuerpo te gustan y aceptas de ti?*
- 💜 *¿Qué mensaje de reconocimiento le ofreces a las áreas que sí te gustan de ti?*

♥ ¿Cuáles áreas de tu cuerpo no te gustan y no aceptas?
♥ ¿Qué mensaje de comprensión y aceptación le puedes empezar a ofrecer a las áreas de tu cuerpo que no te gustan?
♥ ¿Qué palabras de agradecimiento y compasión le ofreces a cada parte de tu cuerpo?

Valoración, amor y respeto al cuerpo:

♥ ¿De qué forma le muestras respeto y amor a tu cuerpo?
♥ ¿En qué situaciones te das cuenta de que le has faltado al respeto?
♥ ¿Qué compromiso haces con tu cuerpo para aceptarlo, cuidarlo, amarlo y respetarlo?
♥ ¿Qué palabras de agradecimiento le ofreces a cada una de las áreas de tu cuerpo a partir de lo que hacen por ti y por tu salud?

Ejercicio 6. **"Integración de mis Áreas Personales"**
Reflexión / Meditación
(Adaptación de Fernández, ME. a De Mello, A.)

♥ Recorre cada área de tu cuerpo, como si hubiera un escáner frente a ti, reconócelo, y muy despacio, identifica lo que cada parte de tu cuerpo hace por ti...
♥ Imagina que le pides a la vida... a la madre naturaleza... a Dios... al universo... un tipo de cuerpo... y precisamente recibes como regalo el mismo que ya posees... ¿cómo te sientes de ser el dueño de este cuerpo?... ¿cómo te sientes de contar con estas características?...

💜 *Quizás hubo algunos santos o mártires que odiaban su cuerpo o que eran indiferentes hacia él... Tu cuerpo es el templo donde tú habitas... por tanto, es valioso, es sagrado, ahí habita tu ser, tu yo, la divinidad... ¿qué mensaje quieres ofrecerle a tu cuerpo?...*

💜 *Observa cómo responde tu cuerpo si le das mensajes de amor, de ternura, de aceptación y de respeto...estos son ingredientes nutritivos que lo fortalecen...*

💜 *Tú eres el responsable de cuidarlo, de valorarlo..., tú eres quien lo controla y puede mantener la congruencia entre lo que piensas, sientes, dices y haces... Si hubiera algún hábito dañino, puedes decidir qué acciones podrás emprender para empezar a cambiarlo...*

💜 *Tu esencia es ser un ser humano en plenitud... Estás llamado a dar vida, dar amor, ser fecundo... Tu cuerpo, tu mente, tus emociones, tus acciones y tu espíritu... ¿cómo te ayudan para este fin?... ¿te ayudan o te obstaculizan?...*

💜 *Escucha cada parte, escucha a tu cuerpo... escucha a tu mente... escucha a tus sentimientos... observa tus acciones y escucha a tu espíritu... dialoga con cada uno de ellos... reconcilia tus partes para que se sintonicen, se armonicen en el dar vida, dar amor, en ser fecundo...*

💜 *El amarte y valorarte te capacita para amar y valorar a los demás... El respeto a tu persona te lleva a respetar a los demás... puedes ofrecer mensajes de paz, de armonía, porque son los que inundan en tu interior.*

Ejercicio 7. **"Agradecimiento a mi Cuerpo"**
Trance Hipnótico
(Fernández, ME.)

INDUCCIÓN AL TRANCE / CONTROL RESPIRATORIO.

Date la oportunidad de adoptar una postura cómoda...
Puedes cerrar tus ojos o ver un punto fijo, como prefieras... y
permitir el dejarte guiar por mi voz... Y mientras tu mente cons-
ciente va siguiendo mi voz, tu mente interna puede empezar a
hacer lo que considere favorable para ti...

...No tienes que hacer nada en especial, solo darte la opor-
tunidad de respirar profunda y completamente, y sentir cómo el
aire que inhalas entra por tu nariz... permítete sentir su tempera-
tura... siente la frescura cuando ingresa a tu cuerpo... y percibe su
tibieza en cada exhalación... A cada respiración profunda, podrás
irte sintiendo con un mayor estado de relajación...

RECORRIDO CORPORAL CON VISUALIZACIÓN
DIRIGIDA.

...Y sintiéndote cada vez más tranquilo, podrás observar
cómo en cada inhalación vas recogiendo oxígeno, vitalidad,
energía... Puedes visualizar estas cualidades saludables como una
luz intensa, brillante, limpia, que ingresa a tu cuerpo, energiza tu
flujo sanguíneo y empieza a recorrer todo tu cuerpo dejando una
sensación de higienización, de limpieza, de tranquilidad...

Y mientras sigues inhalando profunda y completamente,
vas observando cómo, desde la punta de tus pies, empiezas a sentir
esa irrigación de luz, de salud, en cada célula de tu cuerpo, promo-
viendo su regeneración saludable...

Permites que esa sensación ascienda hacia tu pantorrilla, hacia tus muslos... invitando a tus músculos a que gocen de ese estado de relajación... Si al paso de esa luz oxigenada, observaras alguna zona con tensión, permítele soltarse, suavizar la contracción, aprovechando la exhalación como vía de liberación... En cada respiración podrás ir agradeciendo a tus piernas, a tus pies, todo el trabajo que generosamente hacen por ti en sostenerte, cargarte, desplazarte...

Igualmente expandes esta sensación sanadora, luminosa, hacia tu pubis... tus glúteos... tu zona abdominal... Regálale un reconocimiento especial a cada uno de tus órganos internos contenidos en este espacio, abrazándolos y agradeciéndoles todo el esfuerzo que dedican a mantenerte sano...

Si en algún momento percibes haberle faltado al respeto a alguno de ellos, podrás pedirle perdón y ofrecerle un mensaje de reconciliación y mayor compromiso cuidadoso...

Recorres ahora tu atención agradecida hacia tu tórax... observas tu corazón, tus pulmones, y con esta luz revitalizante, oxigenada, reconoces las funciones tan importantes que realizan por tu vida, por tu salud, por tu bienestar... Permítete acariciarlos, comprometiéndote a seguirlos cuidando amorosamente...

Agradeces ahora a tu espalda, a tu cuello, sabiendo que en muchos momentos han cargado con situaciones difíciles, y a pesar de los problemas, te han mantenido erguido... Les ofreces la ayuda necesaria para que descansen validando todo el trabajo que hacen para ti...

Con tu luz expansora permites ahora llegar a tus brazos, a tus manos, hasta la punta de tus dedos, y les regalas la agradable sensación de relajación... Te das oportunidad de reconocer todo lo que logras hacer a través de ellos, y les agradeces generosamente por sus obras, por las grandes contribuciones que han regalado a tu vida y a tus logros...

Es el momento ahora de agradecer a los músculos de tu rostro, y a cada uno de tus sentidos, que son ventanas de acceso entre el medio exterior y tu interior, por estar siempre disponibles a servirte, a apoyarte en las distintas necesidades que se te presentan... Agradece a tus ojos, por permitirte apreciar la belleza, las personas, los rostros, los colores y paisajes... A tu nariz y su amplia aptitud olfativa, por recibir y distinguir aromas, fragancias, esencias... Agradece a tu paladar y su gran capacidad para ofrecerte el deleite de los múltiples sabores... A tus oídos, que te introducen al mundo de los sonidos, las voces, la música, las melodías... y a tu piel, que te abre a experimentar, a través del tacto, la rica amplitud de sensaciones...

Finalmente, te permites regalarle a todo tu cuerpo, un abrazo cálido, como bella ofrenda del compromiso que haces a seguirlo cuidando, valorando y respetando amorosamente...

SUGESTIÓN POSTHIPNÓTICA.

...y mientras lo haces y te mantienes abrazado serenamente, podrás mantener esa sensación agradecida a la que podrás acceder todas las ocasiones en que lo desees y lo necesites... podrás respirar tres... cuatro... hasta cinco veces, como ahora lo estás haciendo, y podrás acceder a este espacio de reencuentro y reparación agradecida...

CIERRE DE TRANCE.

Tómate el tiempo que necesites para acomodar esta experiencia, y cuando estés listo, podrás regresar, a este lugar y a este *momento, empezando a mover poco a poco tus miembros... despejándote y sintiéndote muy bien, muy en paz...*

El manejo de estos Ejercicios 5, 6 y 7 es recomendable aplicarlo también con clientes que presenten manifestaciones psicosomáticas, y adicionalmente, puede agregarse el Ejercicio 8 *"Sanando mi cuerpo"* para ser trabajado en sesión.

A través de esta intervención generaremos un diálogo con el síntoma físico a fin de descubrir y liberar las emociones atrapadas, así como descifrar los posibles significados metaforizados a través de él. Esto ayudará a desactivar los aspectos emocionales del problema, lo que producirá una sensación de alivio. Sin embargo, para facilitar la cobertura del proceso completo de sanación, será importante cuidar, simultáneamente, el sostenimiento de las indicaciones médicas sugeridas para integrar la reparación de las áreas afectadas a nivel orgánico.

Ejercicio 8. **"Sanando mi Cuerpo"**
Ritual en sesión

Instrucciones:

a) Inicialmente se solicita al cliente que respire profundamente cerrando sus ojos, para que logre ubicar su dolor físico en el área específica de su cuerpo que manifieste la mayor intensidad de molestias.

b) Puede imaginar una figura gráfica que represente ese dolor, síntoma o molestia.

c) Podrá elaborar un dibujo con esa figura representativa del dolor, síntoma o molestia, buscando con ello externalizar el síntoma distanciándolo de su corporalidad.

d) Negociar con el cliente la forma lingüística con la que el síntoma pueda ser nombrado (uso de lenguaje externalizado).

e) Colocando el dibujo en un espacio frente a él, se le explica que, a manera de juego, podrá ponerle voz al dolor, según la pregunta en turno que se le vaya planteando. El ejercicio cubre varios intercambios:

Terapeuta a síntoma (utilizar lenguaje externalizado):

- *Hola (X) (síntoma)... ¿qué apariencia tienes?... ¿qué tamaño tienes?... ¿de qué color eres?... ¿cómo es tu superficie al tocarte?... ¿cómo es tu forma de ser?... ¿qué situaciones te hacen reaccionar?...*

- *Siendo así, ¿cómo te has hecho presente en el cuerpo de María (cliente)?... ¿en qué parte del cuerpo de María te has instalado?... ¿cómo le has afectado su salud física?... ¿desde cuándo?... ¿cómo crees que ella se siente con tu presencia en su cuerpo, en su vida?... si has estado todo este tiempo, ¿cuál dirías que ha sido la buena razón para estar con ella?... ¿qué motivadores tienes para haberte acomodado en su cuerpo, en su vida?... ¿qué tipo de mensaje es el que quieres transmitirle?... ¿qué enseñanzas quieres ofrecerle?...*

Terapeuta a cliente. Respuesta hacia el síntoma:

- *María, ¿quieres expresarle a X cómo ha sido tu vida a partir de que ha estado presente en tu cuerpo?... en tu vida?... ¿cómo* es que te ha afectado?... ¿en qué te ha limitado?... ¿cómo ha afectado a tu familia?... A partir del mensaje que ha querido transmitirte, ¿qué le contestas?... ¿qué descubres?...

- Si quisieras agradecerle algo, ¿cómo se lo expresas?... si te permitieras recoger algo valioso de este encuentro, de este diálogo, ¿qué sería?...
- ¿Quisieras que estuviera presente más tiempo en tu vida?... ¿en qué forma?... ¿desearías mantenerlo igual... o desplazarlo a algún otro sitio de tu cuerpo para que moleste menos?... o bien, ¿estás dispuesta a despedirte de él?... ¿quieres expresarle a partir de cuándo quieres que se distancie de ti?...

En caso de que se trate de una condición sintomática que no pudiera ser eliminada o desaparecida, pero sí dominada o controlada, puede preguntarse:

- María, ¿estarías dispuesta a expresarle a X cómo reducir su presencia en tu vida?... Si desearas que se sometiera a tus instrucciones, exprésale ¿cómo te gustaría que te obedeciera?... ¿podrías decirle dónde te gustaría se mantuviera resguardado sin que interfiera con tu vida?... descríbele, ¿cómo sería ese nuevo tipo de convivencia?...

Terapeuta a síntoma:

- ¿Escuchaste lo que te dijo María?... ¿estás preparado a acatar sus instrucciones?... ¿tienes algún último mensaje que desearas transmitirle a María?... ¿cómo te despides de ella?...

Una vez que se cierra el ejercicio, se puede preguntar al cliente cómo se siente, qué desea hacer con el dibujo representativo del síntoma, qué descubre y qué acciones le gustaría emprender a partir de ese momento.

4. La Postura Corporal

"A veces tu alegría es la fuente de tu sonrisa, pero a veces tu sonrisa puede ser la fuente de tu alegría". Estas son palabras de Thich Nhat Hanh, monje budista, que evidencian la íntima conexión que la postura corporal y la gesticulación facial ejercen en las condiciones anímicas de la persona.

La investigación ha comprobado que la retroalimentación facial, los gestos externos y la postura corporal ejercen una importante influencia sobre la neurobioquímica del organismo y, por tanto, sobre su emocionalidad. Solo fingir una emoción a través de una postura o gesticulación, pudiera ser el camino para activar, a la cuenta de algunos momentos después, los neurotransmisores encargados de segregar las sustancias que alimentan el área emocional de la persona. Esto se basa en el planteamiento de que nuestro cerebro interpreta el estado del organismo, a partir del gesto corporal externo, sin descifrar si la actitud es real o ficticia, con lo que genera la reacción neurofisiológica consecuente.

De este modo, si la persona mostrara, por ejemplo, una postura corporal encorvada, con mirada hacia abajo, rostro apesadumbrado y tono de voz bajo, el cerebro entenderá que algo difícil o doloroso ha ocurrido y, por tanto, enviará la señal neurobioquímica para despertar emociones de estrés, tristeza, desánimo o miedo. Esta misma información actuará de forma retroactiva, enviando de regreso al cuerpo la sensación de *"nudo en la garganta"*, deseos de llorar y bajo nivel de energización.

En contraste, si la postura física revelara una espalda erguida, mirada en alto, tono de voz firme y claro y hasta un rostro sonriente, aun y cuando inicialmente se tratara de una actitud artificial, el cerebro captará signos más favorables, energizantes y activos, con lo que segregará las sustancias neuroquímicas encargadas de despertar sensaciones más positivas y agradables, estimulando una percepción de mayor optimismo, seguridad y confianza.

Si bien este circuito puede ser reforzado y/o alterado con la influencia del área cognitiva y del área comportamental, el solo manejo de la corporalidad (postura y gesticulación facial), puede ser promotora inicial de cambios positivos en el consultante. A partir de ello, podremos sugerirle que empiece a tener una mayor conciencia de lo que su rostro y su cuerpo revelan, invitándole a revisar su expresión facial, su postura física, su manera de caminar, de acomodarse en algún sillón, de descansar, de relacionarse y de observar sus movimientos corporales al expresarse. Asimismo, al identificar sus gesticulaciones faciales, podrá aprender a regularlas provocándose mayores sensaciones de relajación, tranquilidad, gozo y bienestar.

> *"Lo importante no son los hechos, sino mis opiniones acerca de los hechos".*
>
> Epicteto.

Hábitos de pensamiento optimista

Ajustando el lente interior

"Todo el universo conspira en mi contra... Una experiencia tras otra me comprueba lo desgraciado que soy... Me ha tocado una suerte pésima... Siempre me equivoco al decidir... Me ha ido muy mal en los exámenes, lo que me confirma que soy un tonto... Mis papás me tienen harto... se la pasan sermoneándome y recordándome lo inútil que soy y lo decepcionados que se sienten conmigo"...

Estas son afirmaciones de Rodrigo, un joven de 19 años, que acudió a consulta terapéutica a solicitud de la escuela en la que cursa sus estudios universitarios. Si bien de forma objetiva está viviendo eventos difíciles, la forma en que interpreta estas situaciones, así como la narrativa que utiliza al expresarse, nos ofrecen el perfil de pensamiento por el que filtra esas realidades, creando una amplificación de su gravedad y una generalización y permanencia de las condiciones negativas de su vida.

1. Descripción de Estilos Cognitivos

Las claves con las que Seligman (1999) identifica el estilo explicativo pesimista con el que la persona afronta y entiende su realidad, se caracterizan por la tendencia a generalizar la afectación negativa a todas las áreas de su vida, utilizando términos absolutos como *todo* o *nada*; además de tener la percepción de que el evento difícil es permanente e inmodificable, utilizando términos de *siempre* o *nunca*. Otra clave son los desajustes en la asignación de la culpabilidad, tanto hacia sí misma, en la que se responsabiliza por situaciones que no le corresponden de forma absoluta, como en la atribución que pueda realizar hacia los demás, al mundo o a la suerte, acerca de sus situaciones personales. Y una más es la adjudicación de características inmodificables de su ser (*soy un tonto*), más que de su hacer (*hoy no estudié suficiente y me fue mal en el examen*). Estas creencias constituyen el filtro cognitivo que afectará también las emociones, las conductas y hasta la fisiología corporal.

Ellen Langer, profesora de la Universidad de Harvard (2009), realizó un interesante estudio que valida la importancia de la percepción (en este caso con ayuda del ambiente externo), para generar cambios en las emociones, la conducta y hasta las características físicas de la persona. En esta investigación, a un grupo de participantes de setenta años les pidieron experimentarse de lleno en la versión de sí mismos más jóvenes, y que se comportaran como si hubieran vuelto al pasado, veintidós años atrás, en donde podían vestir, sentir, convivir y disfrutar como si tuvieran cincuenta años. En tanto que a un segundo grupo les indicaron que se mantuvieran en el presente y que solo recordaran experiencias de su pasado en su época más juvenil. Después de la experiencia investigativa, los participantes de ambos grupos reportaron sentirse más contentos, motivados, fuertes y flexibles. En todas las mediciones aplicadas, las pruebas de inteligencia y las características físicas, como el oído, la visión y la postura, reportaron mejoría. Sorprendentemente, hasta sus articulaciones llegaron a ser más flexibles, sus dedos más ágiles, más largos y menos afectados por la artritis. Aunque en ambos grupos se registraron cambios significativos favorables, los resultados fueron especialmente positivos en el primer grupo, en el que se sumergieron de lleno en la experiencia, en contraste con el segundo, que solo recordó experiencias de su pasado.

Este tipo de investigaciones han evidenciado la influencia retroalimentante que un elemento del sistema personal genera en los circundantes. Por ello, a partir de identificar y modificar el estilo cognitivo de percepción de la realidad, podremos confiar que ocurrirán cambios importantes en el sentir, el actuar y en las características físicas de la persona.

Un estilo cognitivo negativizado es aquel con el que la persona interpreta la realidad bajo una perspectiva catastrófica. Las dificultades las entiende como obstáculos inalcanzables, frente a los que no es posible ni siquiera emprender el esfuerzo. Por ello, tiende a rendirse fácilmente, se propone aspiraciones de bajo alcance y se percibe derrotada ante los primeros tropiezos. Con esta visión, es común que se desborde el estrés, se perciba invalidada e insegura para realizar los retos que se le presentan, y evada emprender tareas o responsabilidades nuevas, por no arriesgarse a fracasar, o por miedo a equivocarse. El nivel de recuperación ante una eventualidad es lento y con alta probabilidad de quedarse atrapada en el problema, bajo una actitud rumiadora, apesadumbrada, quejumbrosa, culposa y victimal. Asimismo, la rigidez y la visión estrecha en el estilo de pensamiento, es una razón por la que se le dificulta encontrar y/o aceptar vías alternas de solución a los problemas, percibiéndose abrumada e incapaz para responder a esos desafíos.

Las emociones más características que surgen a partir de esta visión pesimista, son la tristeza, el miedo, la impotencia, el enojo, la frustración y la culpa. Y esto tiene consecuencias, al momento en que la persona actúa y obtiene resultados de bajo alcance, los cuales acaban consolidando su visión negativizada.

Otra repercusión de este estilo de pensamiento es el deterioro de la salud física. Es común que, como consecuencia del estrés descontrolado, se afecte el sistema inmunológico, aumentando el riesgo a enfermarse y una mayor propensión a padecer problemas cardiovasculares o desajustes bioquímicos y metabólicos, además de aumentar la percepción de molestia y dolor. La sensación general es de insatisfacción, lo que provoca menor tolerancia y mayor tensión en los encuentros interpersonales.

Con estas condiciones gravosas, el pesimismo acaba siendo la antesala de la depresión, la cual se ha posicionado a niveles epidémicos en la población mundial, por lo que resulta de suma importancia realizar abordajes oportunos para prevenir sus síntomas, o si ya hubiesen aparecido, ser contrarrestados, generando estados de recuperación y salud.

En contraste, creencias positivas y fortalecidas configuran el filtro cognitivo optimista. Bajo este lente, la persona cuenta con una visión favorable de la realidad y se identifica como un ser agraciado por la vida. Tiende a resaltar los eventos positivos que ha experimentado, así como los logros alcanzados, percibiéndose capaz y confiada para emprender tareas con altas aspiraciones. El estrés lo afronta buscando formas de regularlo con un estilo de pensamiento abierto, flexible y creativo, lo que le permite encontrar soluciones a los problemas considerando distintas perspectivas. De igual manera, asume las dificultades como desafíos a enfrentar, manteniéndose en actitud perseverante, fortalecida y con la capacidad de recuperarse, con más agilidad, ante los fallos y episodios adversos, focalizando su visión hacia adelante.

Las emociones que surgen a partir de este estilo cognitivo positivo son la seguridad, la confianza, la alegría, la motivación y la fortaleza. Y al momento en que se traduce en acciones, se realizan con esfuerzo sostenido, perseverancia y actitud de afrontamiento decidido, con lo que se alcanzan resultados óptimos, consolidando, de forma retroactiva, la validación de las creencias base. Este tipo de actitud también repercute en la corporalidad, ya que promueve el fortalecimiento del sistema inmunológico y el mantenimiento de mejores estándares de salud física y longevidad con alta calidad de vida. La sensación general es de satisfacción, con mayor probabilidad de gozar de estados de bienestar y felicidad, junto al reforzamiento de la capacidad de crear lazos interpersonales cordiales y profundos.

La famosa frase de Winston Churchill: *"el pesimista ve la dificultad en cada oportunidad, mientras que el optimista ve la oportunidad en cada dificultad"*, condensa la esencia de estos enfoques cognitivos.

2. Circuito Temporal del Estilo Cognitivo

Generalmente, esta visión con la que se observa y se entiende la realidad, tanto pesimista como optimista, no es un rasgo innato, sino que es el resultado del aprendizaje recogido a través de las experiencias de la vida y de los acontecimientos ocurridos, tanto en el interior, como en el contexto exterior a la persona.

Desde la niñez, se va configurando esta forma de ver la vida, por el contacto con los padres, maestros, entrenadores, amigos o personas significativas, así como por la influencia del entorno, circunstancias específicas y medios de comunicación. Este contexto se constituye como modelo a seguir, con el que se construye el filtro cognitivo bajo el cual se procesa y se entiende la realidad del presente.

De igual modo, esta visión que predomina en el presente se expande hacia la versión sobre el pasado, creando una narrativa que describe y resalta eventos de la historia personal, a través de la cual, si la persona presenta un sesgo pesimista, pudiera tender a enfatizar y magnificar los eventos dolorosos y difíciles que ha vivido, dejando de lado, o minimizando, los momentos agradables o gratificantes. En contraste, si la persona cuenta con una visión optimista, podrá describir su pasado, resaltando los eventos más positivos y favorables, y aun en medio de situaciones complicadas, podrá elaborar una narrativa perfilada hacia el agradecimiento o la fortaleza experimentada a través de las dificultades y los diferentes capítulos de su vida.

La forma explicativa que se imprime en el presente y en la interpretación del pasado, también aplica en la proyección al futuro. Cuando el filtro cognitivo es pesimista, la persona construye creencias negativas y catastróficas sobre eventos que imagina podrían ocurrir en su vida o en la de otros, y al asumirlos como verdaderos, podrían provocarle estados de ansiedad, angustia y preocupación constante en su presente, generando la repercusión en su condición física y comportamental. De igual forma, cuando tiende a instalar una visión optimista, cuenta con una creencia favorable y esperanzadora sobre el futuro, que le facilita vivir con confianza y tranquilidad en su presente. El comportamiento consecuente a estas secuencias cognitivas y emocionales, influencia el resultado final, obteniendo, en la realidad, el cumplimiento de esas creencias anticipatorias, confirmando así, su veracidad.

Este escenario es el que Watzlawick (1991, 1992) explica como la profecía autocumplidora, en la que todos los elementos del sistema intrapersonal: pensamiento, fisiología, emoción y conducta, terminan implicados de forma retroactiva, generando una espiral interdependiente en la que, por su misma fuerza, inducen a la persona hacia la realización de pautas comportamentales que provocan que el evento imaginado se vuelva realidad.

Un ejemplo aplicativo es el caso de Pedro, que llegó a consulta a partir de un cuadro de ansiedad generalizada con episodios recurrentes, ideas negativas y alta sensación de desmotivación e impotencia. Comentó ser un empleado que tenía la firme creencia de que en cualquier momento podrían despedirlo. De forma constante, presuponía que afrontaría situaciones difíciles y desagradables en su jornada laboral, recreando, una y otra vez, la escena en su mente, sintiendo incapacidad de maniobra para afrontar esas situaciones. Desde antes de la ocurrencia de los hechos, experimentaba miedo y tensión, de forma que, al llegar a su trabajo y enfrentaba los retos del día con su jefe, su cerebro recibía la señal de alerta sobre esa posible amenaza (que hasta ese momento era imaginaria, pero que la daba por real), provocando reacciones neurofisiológicas de alteración, como ritmo cardíaco acelerado, respiración agitada, aumento en la presión arterial, mareos y sudoración excesiva.

Este lenguaje corporal alarmado le generaba una percepción deformada y amplificada de la situación de riesgo (aun imaginaria), y al mismo tiempo, le retroalimentaba la sensación de mayor miedo, inseguridad, preocupación y ansiedad. Cuando Pedro se experimentaba bajo este perfil físico, mental y emocional alterado, su comportamiento consecuente mostraba, en ocasiones, una reacción de pánico, que le llevaba a tomar decisiones y acciones erradas, exageradas o dispersas; y en otras, presentaba una disminución de su rendimiento, por la suspensión transitoria de su proceso cognitivo, llegando a condiciones de inacción o parálisis conductual.

Estas situaciones dieron pie a que el jefe de Pedro se sintiera frustrado por el incumplimiento de las expectativas sobre su desempeño y, por tanto, le reclamara sobre su nivel de ineficiencia advirtiéndole que, si su rendimiento no mejoraba, tendría que buscar a alguien más que ofreciera resultados más efectivos. Evidentemente, esta respuesta externa le consolidó a Pedro la veracidad de sus creencias anticipatorias, y le justificó sus intuiciones y su rumiación constante. Con todo esto, sin tenerlo consciente, Pedro terminó enredado en su propia trampa, al ser el diseñador y ejecutor de su profecía temida.

El mismo fenómeno aplica hacia la creación de profecías autocumplidoras positivas. Cuando después del trabajo terapéutico, Pedro logró reaprender un estilo de pensamiento más optimista, entendió que su trabajo le podría ofrecer oportunidades y retos interesantes en el día, con lo que rescató sus recursos, sus capacidades y sus logros, percibiéndose ahora con mayor autoestima, más capacidad y motivación a seguir creciendo y aprendiendo. Con esto, Pedro le enviaba a su cerebro un mensaje de control y dominio de la situación, aun antes de llegar a su trabajo, lo que ayudaba que sus signos fisiológicos, reflejaran condiciones de alerta moderada y saludable ante el estrés propio de la situación, manteniendo un estado emocional de seguridad y confianza. Este perfil facilitó que su comportamiento, sus decisiones y su rendimiento, fueran más acordes a las expectativas del puesto y de su jefe, con lo que este, en su momento, le reconoció sus méritos. Este circuito consolidó en Pedro la idea de que su trabajo era estable y con interesantes desafíos, siendo promotor y beneficiario de su propia profecía positiva.

Con estas bases será importante observar en el consultante el perfil de constructos con el que entiende su realidad. En el caso en que estuviera más sesgado hacia la visión negativa o pesimista, emprenderemos los esfuerzos terapéuticos hacia el reaprendizaje de estilos cognitivos más favorables y optimistas y, con ello, estaremos previniéndole de síntomas depresivos, ofreciéndole la opción a ir creando hábitos de pensamiento acordes a estados de mayor salud física y mental, que le conduzcan a gozar de una mejor autoestima y bienestar.

3. Reaprendizaje de Estilos Cognitivos

Cuando una persona está acostumbrada a reaccionar bajo un estilo de pensamiento aprendido desde la infancia, es posible que piense que no hay forma de hacer algo al respecto *"...así soy y así he sido siempre"*. El pesimismo se ha anclado a su identidad, por lo que considera que no tiene opción, más que la de asumir, con resignación, ese modo de ver y entender la vida por el resto de sus días.

La neuroplasticidad y neurogénesis permiten reconfigurar y trans-formar nuestro cerebro a lo largo de la vida. En palabras de Doidge, *"...desaprender y debilitar conexiones entre neuronas, es un proceso tan plástico e importante, como*

aprender y fortalecerlas. Si nos limitáramos a fortalecer cone-
xiones, nuestras redes neuronales se saturarían. Las pruebas
sugieren que desaprender recuerdos es necesario para hacer sitio
a otros nuevos" (2008, p.127).

A partir de la praxis clínica, he comprobado que la
regeneración de conexiones neuronales se puede estimular
a partir de la aplicación del modelo que Virginia Satir deno-
mina *Transformación y Atrofia* (1995), mediante el cual explica
que no es necesario dedicar atención y energía al desaprendizaje de lo adquirido, sino centrar el esfuerzo hacia la adquisición de nuevos estilos de pensamiento, emoción y acción.
Esto permitirá que las vías neuronales automatizadas que
configuraban los hábitos anteriores vayan perdiendo fuerza
debido a su desuso, hasta quedar atrofiadas; en tanto que las
nuevas rutas que se desearan instalar irán ganando vigor y
amplificación, a través de la autoconsciencia y la práctica
sostenidas. Una vez mantenida de forma constante durante
treinta, sesenta o noventa días (dependiendo del nivel de
dificultad del nuevo hábito), estas nuevas prácticas vencerán
la resistencia inicial al cambio, quedando instaladas, de
forma automatizada y natural, a la vida cotidiana.

Algunos clientes me han compartido que, en las
primeras semanas de insertar alternativas de cambio,
requerían de una actitud de alerta constante ante su propio
diálogo interno y su acción consecuente, y en la medida en
que lo fueron trabajando de forma sostenida, les resultó más
natural, hasta llegar a fluir en forma automatizada.

Otra evidencia que confirma la capacidad de alterar la
configuración de hábitos de pensamiento, emoción y acción,

es la ofrecida por la investigación realizada por Sonja Lyubomirsky (2008), psicóloga e investigadora de la Universidad de California, que respalda que la felicidad y actitud ante la vida está conformada, en un cincuenta por ciento, por la carga genética heredada, en un diez por ciento, por el entorno y la diversidad de circunstancias experimentadas, y el restante cuarenta por ciento, por la serie de aprendizajes recogidos a través de la vida. Justamente, a partir de este último puntaje, es posible considerar la generación deliberada de procesos de transformación, con los cuales es posible incorporar nuevos aprendizajes y reaprendizajes, para gozar de estados de mayor bienestar y felicidad.

Trabajar el optimismo no se trata de que la persona aprenda a repetirse frases positivas, o cuente con imágenes alegres presentando sonrisas congeladas, sino implica promover el desarrollo de habilidades cognitivas que le ayuden a indagar, identificar y apreciar las ventajas y beneficios de las situaciones que afronta, y aun en medio de situaciones adversas, pueda rastrear aspectos positivos que la vida le presente. Implica romper con estilos de pensamiento, a veces anclados históricamente, que resaltan y magnifican el error, la falla y el déficit, para reemplazarlos por los que busquen la ventaja, el rasgo favorable y positivo, y el aprendizaje valioso insertado en las experiencias difíciles, aunque en ocasiones resulte doloroso.

Este reaprendizaje optimista, requiere, también, de la acumulación de vivencias positivas para que la persona confirme sus competencias, sus habilidades y sus destrezas en la solución de situaciones experimentadas con control interno o autodominio, bajo el manejo natural de prueba y error. Esto le configurará la plataforma exitosa para la autoconfianza, la autonomía y la seguridad que le ayudarán a afrontar, con fortaleza y perseverancia, los retos que la vida le presente.

Para este efecto, así como los éxitos configuran una estructura interna sana, también la dificultad, el error y el fracaso, resultan necesarios en la formación del estilo optimista, ya que, a partir de ellos, es que la persona construye el andamiaje requerido para afrontarlos, aprender a lidiar con ellos y a elaborar fórmulas de solución que amplificarán sus capacidades de dominio. Cuando la persona crece en ambientes muy protegidos en donde se evitan riesgos, dolor, conflictos y dificultades, pudiera traer un déficit en la formación de sus habilidades de afrontamiento saludable ante lo adverso, que le impedirán maniobrar con las experiencias que la vida le presente, generando así, condiciones de inmadurez con la posible compensación en rutas evasivas (alcohol, sustancias, sexo, juego o comida), o la tendencia a deprimirse ante la sensación de frustración, tristeza, impotencia e incapacidad.

Cuando una persona experimenta el fracaso, y persevera en los intentos hasta obtener el resultado óptimo, entonces está construyendo los cimientos necesarios para el éxito y el sentimiento agradable definitivos. De este modo, se requiere del fracaso para experimentar el dominio, y de la frustración para mantenerse perseverante en el intento, hasta lograr el éxito. Cuando a un niño se le refuerza su autoestima apresuradamente después de un fracaso, o se le suaviza con la misma premura su decepción, contrariamente a lo deseado, se le estará debilitando su autoestima y dificultando la construcción de su control y dominio. En palabras de Seligman, *"arrancar de cuajo la tristeza y la ansiedad justificadas, crea en el niño un elevado riesgo de depresión"* (1999, p. 77).

Sin embargo, cuando la persona experimenta, de forma crónica, sentimientos desagradables, o dispara demasiadas falsas alarmas, no logra establecer la plataforma de seguridad para sostenerse, y es cuando se trata de un trastorno emocional que impedirá alcanzar el dominio de sí mismo y de las perspectivas de la vida. En consecuencia, aparece la persona con actitud pesimista que, si no es intervenida oportunamente, instalará un patrón mediante el cual contemplará las pérdidas y los contratiempos, con alta probabilidad para desarrollar un cuadro depresivo.

Con base en estas realidades, focalizaremos nuestro trabajo en ayudar a modificar el estilo cognitivo, utilizando distintas estrategias terapéuticas que faciliten la configuración del nuevo aprendizaje fortalecedor, a través del cual el consultante tenga la oportunidad de generar interpretaciones a la realidad óptimas y positivas, que le ayuden a perseverar en el esfuerzo, aun en medio de las dificultades, además de acumular situaciones exitosas que aumenten su sensación de seguridad, confianza, dominio y control.

4. Abordajes Terapéuticos

A partir de los resultados obtenidos a través de mi práctica clínica y de una investigación interventiva que realicé como tesis de posgrado, buscando modificar el estilo de pensamiento pesimista de niños con sus padres (Fernández, 2006), puedo asegurar que las rutas de abordaje individual, para casos de adultos, son altamente efectivas; en tanto que, con niños y adolescentes, la mejor estrategia es bajo abordajes sistémicos, en los que además del trabajo terapéutico con ellos, los padres pudieran participar en las sesiones (o al menos uno de ellos), para llevarse aprendizajes conjuntos y rutas precisas de acción para realizar en casa.

El proceso de intervención probado en el estudio y confirmado también en el trabajo clínico obteniendo buenos resultados, lo integré en un modelo al que denominé *Modelo Terapéutico Educativo Sistémico* (2006), configurado en cinco sesiones de una hora de duración para efectos del trabajo de campo investigativo, y con la versatilidad de ser replicado con flexibilidad en la consulta, adaptándolo al lenguaje y al perfil del cliente. Las intervenciones terapéuticas probadas, incluyen estrategias sistémicas basadas en el modelo centrado en soluciones, narrativa e hipnoterapia, así como en técnicas cognitivas y comportamentales que describiré en el siguiente apartado.

4.1 *Revisión de Recursos*

Como punto de inicio, y con el sello distintivo del Modelo Centrado en Soluciones y de la Psicología Positiva, podremos empezar a rescatar las fortalezas, las cualidades y las áreas fuertes del cliente, a fin de ayudarle a disminuir la sensación de malestar e iniciar con el despeje de recursos, talentos y logros, que, con frecuencia, quedan desplazados ante la fuerza abrumadora del problema. Igualmente, esto parcializa la visión patologizada y le ayuda a recordar otras áreas o momentos de su vida en los que ha gozado de mayor bienestar.

4.2 Excepciones al Problema

Asimismo, a través de preguntas que rastreen las excepciones al problema, podremos indagar sobre experiencias en las que, tanto el consultante como su sistema, hayan observado una visión positiva, esperanzadora o fortalecida (o al menos, con menor pesimismo o desesperanza), y puede ser una experiencia pasada o presente, de la que logren extraerse elementos que les ayudaron a verse en esa versión favorable, y con ello, generar su traslado y réplica aplicativa al momento presente. Este proceso facilita el inicio de la co-construcción terapeuta-cliente hacia el cambio.

4.3 Reencuadres para el Cambio Cognitivo

Aunado al rastreo y amplificación de las excepciones, una de las intervenciones más efectivas que pueden utilizarse con la persona que presenta un estilo de pensamiento negativo, es el manejo de los *reencuadres*. Esta es la técnica cognitiva, por excelencia, que contempla la realidad bajo distintas perspectivas, ofreciendo nuevas vías encaminadas a la solución (Watzlawick, Weakland, Fisch, 1992).

El primero de los reencuadres que podemos aplicar, es la normalización del cuadro que presenta el cliente, utilizando lenguajes despatologizadores para favorecer la reducción de sentimientos de culpa y estrés. Por ejemplo:

...es normal que quizás, como fruto del perfil en el que fuiste formado desde pequeño, o de los modelos de quienes aprendiste a ver la vida, hayas adquirido la tendencia a resaltar los riesgos difíciles o negativos a las situaciones. Sin embargo, eso no significa que no puedas aprender a ver la realidad desde otros ángulos o perspectivas diferentes...

Es común que este tipo de normalización ayude al inicio, y pueda ser complementada con otros reencuadres que expresen una resignificación, o hasta una connotación positiva del síntoma. Esto implica que la situación emproblemada, se entienda bajo significados diferentes, respetando el lenguaje del cliente, y con el que insertemos la situación en marcos alternos que lleven inmersa una visión solucionable, facilitando la percepción de que el problema podría tener salidas hacia su resolución. Algunos ejemplos de reencuadres resignificadores con connotación positiva del síntoma, son los siguientes:

- *...quizás ese filtro negativo que aprendiste, pudo ser una condición para protegerte ante posibles riesgos, o para prevenirte ante experiencias difíciles, buscando reducir las sensaciones de dolor, frustración o decepción.*

- *...quizás ese hábito de ver las condiciones difíciles y duras de la vida, pudo ser un signo de lealtad a tu familia... una manera de mantener tu filiación al estilo en que los seres cercanos a ti han afrontado las situaciones de la vida.*
- *...esta condición de sentirte incapaz, abrumado, desmotivado, pudiera ser respuesta solo a una falta de práctica para afrontar nuevos retos en la vida.*
- *...este estado transitorio de decaimiento y pesadumbre, pudiera ser una oportunidad, más reflexiva que activa (por la disminución del nivel de energía), que te ha permitido recapacitar, discernir y elaborar nuevos planes de acción en tu vida.*

Cualquiera de este tipo de constructos, constituye una estrategia terapéutica muy valiosa que le permite al cliente entender que el problema pudo haber cubierto funciones benéficas en otros momentos de su vida, tanto para sí mismo, como para su sistema familiar, por lo que se puede justificar su presencia, ayudando a disminuir sensaciones culpígenas. Sin embargo, en el mismo trabajo colaborativo, podremos realizar otras coconstrucciones terapeuta-cliente-sistema que permitan abrir la visión, y contemplar la posibilidad de descubrir que, esa función benévola del pasado pudiera ya no ser necesaria ahora, y pueda sembrarse así, el deseo hacia el cambio. Por ejemplo:

...si en otros momentos de tu vida esa visión negativizada pudo serte útil, pudiera ser que ahora ya no sea tan necesaria, y pueda ser la oportunidad de aprender nuevas maneras de entender la realidad que te aporten más bienestar...

O en caso de que esa visión constituya un vínculo de lealtad o pertenencia al estilo de la familia, puede mencionarse... *tal vez ahora puedas descubrir nuevas formas más saludables y creativas de mantener el vínculo con tu familia...*

De acuerdo con mi experiencia clínica, es frecuente que, este tipo de reencuadre, resulte ser una aportación reveladora significativa para el consultante, al darse cuenta de que hay otros tipos de interpretación a su realidad que resultan esperanzadoras, y con las que podrá tener a su alcance la posible modificación de esos patrones de pensamiento.

4.4 Externalización del Problema

De igual forma que los reencuadres, podremos aplicar otras técnicas terapéuticas para facilitar el desarrollo e implementación de nuevas habilidades cognitivas acordes a un pensamiento más positivo y optimista.

El Ejercicio 9 es un ejemplo de este tipo de abordaje, en el cual propongo utilizar la técnica de *externalización del síntoma* a manera de ritual. Constituye una intervención de construcción lingüística propuesta por la narrativa (White, 2004), en la que se considera el problema como un ente diferenciado a la identidad de la persona, eliminando las etiquetas psiquiátricas o patologizantes, además de las cargas culpabilizadoras dirigidas al portador del síntoma. En su lugar, utilizaremos un lenguaje más ordinario con el que el cliente perciba que el problema, ajeno a su identidad, puede tener solución, y con ello, aprenda a distanciarse de él, regularlo, dominarlo o extirparlo de su vida. El ejercicio puede ser aplicado en sesión, o como tarea para casa.

Ejercicio 9. **"Ritual de Externalización del Problema"**
Ritual en sesión

a) *Construcción lingüística de la externalización del problema.*

Para el caso en el que el cliente presentara un estilo de pensamiento pesimista, podremos aplicar esta técnica, externalizando el problema en términos lingüísticos, como las *ideas negativas rumiadoras, ideas negativas paralizantes, negatividad tristona, negatividad incapacitante, ideas invalidadoras, o ideas negativas aisladas...* Con base en un estilo coloquial, acorde al lenguaje del consultante, y evitando etiquetas patologizantes que faciliten el proceso colaborativo en su proceso de cambio, la construcción parte con un término cognitivo *(ideas negativas o negatividad...),* complementado con un adjetivo que describa el perfil emocional predominante *(tristeza, enojo, desmotivación, invalidación, impotencia, etc.),* y puede también agregarse algún rasgo comportamental dominante *(pasividad, parálisis, aislamiento o evitación).*

b) *Dibujo del problema / Análisis de sus efectos en la persona / sistema.*

Durante el proceso de ayuda, será importante utilizar el término seleccionado, sosteniendo el tipo de lenguaje externalizador ante el cliente proponiéndole que represente el problema con un dibujo o una imagen, para que, a partir de ahí, se genere un diálogo terapéutico, donde le invitemos, tanto a él, como a su sistema familiar, a identificar y expresar los efectos que ha provocado en sus vidas. Este ejercicio constituye una oportunidad de descargar catárticamente en sesión, y bajo un ambiente seguro de contención, la serie de afectaciones negativas que han sufrido en sus vidas, por la presencia de esas *ideas negativas paralizantes* (o según la externalización específica elegida), y por lo que podría justificarse la activación de un proceso de cambio.

c) *Regulación / Eliminación del síntoma.*

Observando la secuela de consecuencias padecidas por el problema, preguntaremos al cliente/sistema qué desean hacer con ese estilo de pensamiento negativo:

- *¿Mantenerlo un tiempo más?...* (en caso de que aún no estén preparados para el cambio inmediato).
- *¿Eliminarlo?...* (clientes con mayor determinación al cambio).
- *¿Regularlo o dominarlo?...* (clientes con determinación al cambio donde su condición emproblemada esté cronificada).

Y una vez generado el espacio de reflexión en el que el cliente/sistema decidan cuál actitud tomar respecto al problema, podremos ofrecerles opciones de acción consecuentes:

- Vías de eliminación del problema. Expresión catártica y acción simbólicas, tales como: *escribir, dibujar, platicar, sacudir el problema, para luego, romperlo, quemarlo, tirarlo, enterrarlo, eliminarlo o liberarlo.*
- Vías de regular y/o dominar el problema (esta habilidad se desarrolla ampliamente a través del Ejercicio 10). Ofrecer entrenamiento cognitivo en la *identificación, evaluación, reemplazo, postergación, encierro o desplazamiento de las ideas negativas,* de tal modo que sea la persona quien ejerza el dominio sobre el problema, y no que este sea, el que le dicte sus condiciones.

Cualquiera de estas opciones, implica que el cliente logre desarrollar un nivel mayor de autoconciencia con el que pueda posicionarse ante una perspectiva disociada del problema, y con la que le sea posible percibir un mayor autodominio sobre su estilo de pensamiento.

d) *Ventajas de regular/eliminar el síntoma.*

Como último punto importante dentro de esta intervención, se incluye el manejo de un interrogatorio reflexivo, a través del cual, el consultante y su sistema, visualicen las ventajas que podrán ganar al momento en que estén regulando o eliminando el problema en sus vidas, de tal forma que la capacidad imaginativa y la descripción del escenario óptimo, podrán ser evocadoras y sugerentes en las acciones que puedan emprenderse hacia el cambio deseado.

4.5 *Construcción Gráfica de Patrones Circulares*

Otra estrategia terapéutica para promover el desarrollo de habilidades cognitivas en el consultante es el manejo de la construcción gráfica de los patrones circulares en los que se pudiera ver atrapado (Ejercicio 10). Implica ofrecer una perspectiva a metanivel sobre la situación intrapersonal que esté padeciendo, a partir del estilo pesimista con el que interpreta la realidad. Se resalta la influencia retroactiva que el problema externalizado tiene en la construcción de pensamientos negativos, los que, a su vez, detonan estados emocionales y generan comportamientos de forma secuenciada. Esta serie de elementos, generalmente, se configura en patrones internos que mantienen a la persona enredada en circuitos circulares nocivos, y que provocan reacciones en el ambiente externo, reforzando aún más el problema.

Como mencionaba anteriormente, será importante, en todo momento, referirnos al problema bajo un lenguaje externalizador, además de atribuirle a él la responsabilidad del conflicto (más que a la persona misma), para sostener la disociación entre este y la identidad de la persona, ofreciendo así, la posibilidad de que recupere el control y el dominio sobre el problema.

De la misma forma en que graficamos la situación emproblemada, elaboraremos luego la ruta de solución que implicará romper con el circuito negativo, e iniciar la generación de otro patrón de pensamientos que detonen emociones positivas, y se traduzcan en acciones comportamentales más favorables. Este camino ofrecerá al cliente, nuevos escenarios y respuestas del exterior más saludables, lo que contribuirá a consolidar las nuevas conductas de cambio.

Ejercicio 10. **"Construcción Gráfica de Patrones Circulares"**
Ejercicio en sesión

Este ejercicio inicia elaborando un gráfico del patrón intrapersonal negativo (Figura 8) que evidencia el entrampamiento de la condición sintomática, partiendo de la imagen del síntoma externalizado y sus características más comunes, tales como: la tendencia a *generalizar* las condiciones negativas a muchas áreas de la vida y considerarlas como *permanentes*; las *distorsiones* de la realidad que magnifican las situaciones difíciles, minimizando las favorables; las visiones *catastróficas* con altos niveles de *culpabilidad*; y la visión *rígida* e inamovible, con tendencia a ver la situación como *insoluble*.

El gráfico podrá incluir estas características distintivas del problema, y de ahí, podremos explicar que este ha sido el responsable de generar la invasión negativizada en la mente. Dentro del diálogo terapéutico, iremos construyendo el proceso intrapersonal, explicándole al cliente que, cuando esas ideas negativas le han invadido, es común que aparezcan ideas recurrentes que podrá ir precisando, por ejemplo: *"no puedo"*, *"nunca me salen bien las cosas"*, *"no lo lograré"*, *"soy un tonto"*, *"me juzgarán y me criticarán duramente"*.

En una segunda columna, revisaremos cómo este tipo de ideas tienen una repercusión en los sentimientos experimentados, y ante la pregunta *¿cómo te sientes cuando esas ideas circulan por tu mente?*, *podremos ir registrando sus respuestas, por ejemplo, tristeza, desmotivación, incapacidad, impotencia, miedos, culpas.*

En una tercera columna, analizaremos el tipo de comportamientos que estos sentimientos generan, de forma que, ante la pregunta *¿qué haces cuando estás invadido por esos pensamientos y emociones?*, el cliente pueda describir su perfil conductual: *parálisis, inacción, postergación, evitación, desenergización, bajo rendimiento.* Después de este punto, explicamos cómo estas conductas terminan confirmando, y hasta aumentando, la intensidad de las ideas negativas base, reiniciando así el círculo retroalimentante viciado.

Figura 8. Patrón intrapersonal negativo con influencia del síntoma externalizado.

Después de esta parte de la intervención, elaboraremos otro dibujo explicando el patrón saludable (Figura 9). Partimos de la misma imagen del síntoma externalizado, pero ahora insertando el desglose de una estrategia cognitiva (Seligman, 1999) que permita maniobrar con el síntoma, y el consultante pueda empezar a alimentar la sensación de dominio al promover la aplicación del siguiente procedimiento cognitivo: *identificar, detener, revisar y reemplazar.*

Iniciamos con la explicación de la estrategia para que el cliente aprenda a *identificar (o atrapar)* las ideas negativas en el momento que pasen por su mente, para luego invitarlo a *frenarlas.* Este paso será una oportunidad para evitar ser invadido de forma abrumadora por el problema, y tener un cierto nivel de control interno. El tercer paso consiste en que se permita *revisarlas,* dado que con frecuencia esas ideas distorsionan los hechos con una visión alterada, catastrófica, insalvable y/o permanente de la situación problema, lo que las convierte en falsas, para finalmente, buscar su *reemplazo* por otras más positivas y ajustadas a la realidad.

Hasta este punto, el proceso se va coconstruyendo entre las intervenciones del terapeuta, junto a las aportaciones del cliente, siguiendo la misma secuencia utilizada para el patrón negativo, solo que, ahora elaboraremos preguntas que identifiquen posibles *ideas positivas,* flexibles y saludables, que reemplacen a las anteriores, por ejemplo: *"sí puedo", "es difícil pero ya he superado otras situaciones antes", "es algo transitorio", "con esfuerzo, pero me va a ir bien", "si me equivoco puedo aprender de mis errores".* Es importante resaltar que estos constructos tendrán que estar fundamentados en situaciones exitosas de su pasado, para ofrecerle mayor solidez y credibilidad a los planteamientos. Algunas preguntas como las siguientes pueden ayudar a este fin: *¿cuáles capacidades te demuestras tener al haber terminado de estudiar una carrera?*... o, *no cualquier persona podría haber conseguido el trabajo que tú tienes, ¿qué cualidades crees que vieron en ti para ser seleccionado?*... o *¿cómo le has hecho para mantenerte en este trabajo y acumular esta antigüedad?*... Estos hechos constatan cualidades que la persona ya posee y con las que podrá inferir ideas positivas con mayor legitimidad.

Posteriormente, se revisa con el cliente cuáles serían los *sentimientos* que podría experimentar, a partir de la alimentación de esas ideas favorables, tales como el sentirse *seguro, motivado, confiado, o tranquilo,* registrándolos en la segunda columna del gráfico, para, finalmente, distinguir las *acciones* que pudiera realizar al verse y sentirse de esa manera, por ejemplo: *eficiente, decidido, en control, activo, concentrado.* Este comportamiento fortalecerá las ideas positivas de inicio de manera retroactiva, generándose así el círculo retroalimentante saludable que ayudará a reforzar positivamente el proceso de cambio.

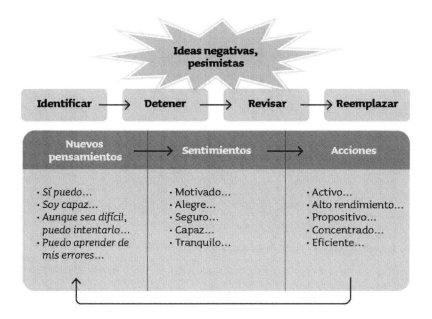

Figura 9. Patrón intrapersonal saludable con estrategia cognitiva.

Del mismo modo en que se ofrece esta intervención describiendo el circuito *intrapersonal*, puede complementarse con la elaboración de otro ejercicio (Figura 10) que ofrezca la perspectiva interaccional, mediante un gráfico que represente los patrones *interpersonales* que atrapan circularmente el problema.

Esta intervención sistémica le aporta una visión más clara de cómo se ha sostenido su situación en el tiempo, a partir de la pauta de conducta que cada miembro del sistema ofrece, en respuesta al comportamiento que él emite. Ante esta perspectiva circular, la combinación secuenciada y retroactiva de ambas conductas resultan ser causa-efecto, de forma simultánea, terminando atrapadas en un patrón patologizado que, no solo sostiene el problema, sino que lo intensifica. Por ejemplo, es común que, ante la actitud negativa, los miedos y la inacción que muestra el consultante, el sistema cercano reaccione con comportamientos de exigencia/reclamo o de sobrecuidado protector, con lo cual le envían la señal de su incapacidad o indefensión. A su vez, la respuesta de este acentuará las actitudes negativas, miedosas e inactivas, haciendo que el patrón se consolide de forma recurrente.

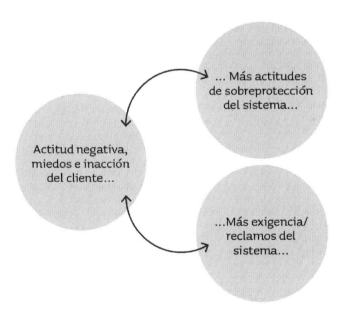

Figura 10. Patrón interpersonal negativo.

Una vez explicada esta perspectiva del problema, invitaremos al cliente y/o al sistema a romper con ese patrón viciado, empezando a generar diferentes conductas que produzcan intercambios más funcionales. Esto lo graficamos a manera de un nuevo patrón interpersonal de comportamiento saludable (Figura 11) que acomoda la secuencia entre las partes, bajo un intercambio más armonizado y satisfactorio.

Figura 11. Patrón interpersonal saludable.

4.6 Rituales Terapéuticos de Control y/o Eliminación del Problema

Además de las estrategias cognitivas explicadas, pudiera ser útil, con casos cuya personalidad sea más emotiva o kinestésica, aplicar algún ritual terapéutico que ayude a modificar el estilo de pensamiento, insertando elementos emocionales.

Como sabemos, los rituales terapéuticos son una eficaz intervención que involucra, simbólicamente, aspectos cognitivos, emocionales y comportamentales. Según Imber-Black y Roberts (2006), los rituales son una acción o serie de acciones mantenidas en una secuencia de pasos, acompañadas por fórmulas verbales en las que interviene toda la familia o se practican de forma individual. Pueden ser de dominio, control o eliminación catártica del problema, así como de afrontamiento y/o resignificación de la situación difícil, que ayudan al cliente a asimilarla bajo nuevos elementos de crecimiento personal.

Algunos rituales que he aplicado en la práctica clínica con muy buenos resultados son los incluidos en los Ejercicios 11. Habremos de elegir el que consideremos más adecuado, según el perfil del cliente y su situación específica, y ya sea para realizarlo en sesión, o con opción a replicarlo en casa.

Ejercicios 11. **"Rituales Terapéuticos de Control y/o Eliminación del Problema"**
Ejercicios fuera de sesión

a) *Ritual Escribir-Leer-Quemar/5' con Aprendizajes-Cualidades-Visión a futuro/10' (ELQ-ACV)*
Este ritual es una estrategia paradojal, que prescribe el problema con manejo de condiciones precisas, que ayudan al cliente a empezar a circunscribirlo en ciertos momentos preestablecidos del día, y, por tanto, a tener cierto dominio sobre él.

Se recomienda realizar el ritual en dos fases con horario prefijado. En la primera fase busca ser un medio liberador del estrés producido por el problema, bajo un entorno seguro de contención emocional. Para ello, durante los primeros cinco minutos, la persona convocará y escribirá las ideas, emociones y recuerdos negativos que le estén abrumando, a fin de descargarlos sin juicio o filtro frenador. Como condición a este criterio, habrá de respetar lo que denomino "la regla de tres": no dañarse a sí mismo, no dañar cosas y no dañar personas; por lo demás, podrá llorar, expresarse y sentirse muy mal en el tiempo preestablecido. Una vez cubierto este, suspenderá el escrito, lo leerá en voz alta, para, finalmente, eliminarlo (romperlo, tirarlo, enterrarlo o quemarlo) como signo de despedida y liberación.

La segunda fase del ritual persigue la resignificación del problema. Consiste en que, en los siguientes diez minutos, identifique, escriba y conserve lo valioso de esa situación difícil, describiendo los siguientes elementos:

> *Aprendizajes* descubiertos a partir de la situación difícil. En palabras de Amaya (2003) *"el mayor aprendizaje se obtiene más del error y del fracaso, que de los aciertos".*

> *Nuevas cualidades* desarrolladas al maniobrar con las situaciones difíciles. Las experiencias dolorosas ofrecen oportunidades para desarrollar nuevos rasgos en la persona, como la fortaleza, la paciencia y la compasión, que permiten adaptarse y sobrellevar mejor las experiencias difíciles de la vida.

> *Visión a futuro* a corto plazo en la que la persona se describe habiendo superado el problema. Es una estrategia que facilita la predisposición positiva para recrear el escenario deseable, acotado a unas semanas más, con fines de hacerlo accesible y alcanzable, habiendo liberado la carga emocional y recogiendo los aprendizajes de la experiencia dolorosa.

Estos tres elementos del ritual se convierten en el fruto más valioso de la situación difícil por el que el consultante pueda percibir un mayor crecimiento en su vida. Se recomienda sostenerlo diariamente hasta la siguiente sesión del proceso o hasta considerarlo necesario.

b) Desplazamiento del síntoma

Con base en estrategias paradojales que propone el modelo terapéutico del MRI *(Mental Research Institute)* de Palo Alto (Fisch, Weakland, Segal, 1994), una variación del ritual anterior es desplazar el síntoma a cierto horario del día de forma preestablecida y con regulación de tiempo, para evitar su invasión desordenada durante la actividad cotidiana de la persona. Implica desarrollar una habilidad cognitiva para identificar la presencia de la idea negativa, para luego frenarla y desplazarla al horario negociado, a fin de que pueda sostener el curso de su actividad normalizada, sin sufrir mayores afectaciones.

Según mi experiencia clínica, es muy común que el cliente reporte cambios importantes al practicar este ritual, dado que, al haber sido consciente de postergar el síntoma a otro horario del día (para sentirse mal de forma deliberada), al momento en que llega la hora prefijada, tienda a olvidar el ejercicio, o a experimentar una indisposición a realizarlo, por estar ocupado en otras actividades más saludables. Este resultado termina por marcar el dominio sobre el problema y su consecuente desactivación.

c) *Registro diario de situaciones positivas*
Observar y escribir los momentos favorables que acontecen en el día, ayuda al cliente, no solo a focalizar su atención en la búsqueda de esos mejores momentos, sino también le predispone a crearlos. Esta intervención facilita el que se sienta más distante del problema, y más encauzado hacia la meta que desea alcanzar para sí mismo (Charles, 2005). Este ritual puede aplicarse tanto a nivel individual, como familiar, al asignar un momento del día para autoevaluarse y reconocer sus avances, además de practicar algún ejercicio familiar donde los distintos miembros puedan reconocerse mutuamente los esfuerzos, los aportes y los logros alcanzados durante la jornada. Eso encauzará la energía del sistema hacia interacciones más cordiales, relajadas y hasta divertidas.

d) *Carta de despedida al problema*
Con base en la valiosa aportación ofrecida por las terapias narrativas y colaborativas, sus propulsores (White, 2004; Anderson, 2012; Bruner, 1987; McName, Gergen, 1996) plantean que las personas creamos historias acerca de nuestra vida y nuestros problemas, y hemos de considerar que estos

relatos no solo revelan la descripción de nuestras experiencias, sino que las generan. En palabras de Jerome Bruner (1987), *"nos convertimos en las narrativas que construimos para contar nuestra vida"*.

A partir de ello, abrimos la oportunidad en el consultante hacia la reflexión acerca del tipo de historia emproblemada que ha construido sobre sí mismo y su realidad, para, cuidadosamente, cocrear, a través del diálogo terapéutico, narrativas alternas que le redescubran desde ángulos diferenciados y fortalecidos. Como fruto del proceso reflexivo abierto en sesión, y una vez que haya dado pasos hacia el proceso de cambio, es recomendable verificar el nivel de motivación y determinación del cliente para despedir al problema de su vida. Una vez que su respuesta fuese afirmativa, podremos especificar los detalles del ritual que podrá realizar como tarea.

El ejercicio consiste en que, con estilo y lenguaje libre, la persona elabore una carta de despedida al problema que le acompañó y le declare oficialmente el cierre formal de su presencia en su vida (Domínguez, 2008). Podrá contemplar, como ideas de contenido, el agradecer al problema lo que aportó en otros momentos o etapas de su vida; la descripción de los posibles efectos nocivos que sufrió por su presencia prolongada a nivel personal y en su sistema cercano; la expresión de la mejor forma con la que decide liberarse de él; y si fuera el caso, acordar su regulación en dominio, si es que decidiera convertirlo en un aliado colaborativo, a partir de nuevas formas de permitir su presencia en su vida. Finalmente, puede terminar el escrito a su manera, decidiendo mantenerlo encerrado, de forma metafórica, en un lugar seguro y regulado, o eliminarlo, literalmente, utilizando significados simbólicos de despedida.

e) Carta de bienvenida al nuevo yo

Bajo la misma tónica narrativa, y posterior a la carta de despedida al problema, propondremos al consultante el espacio para oficializar la construcción de un nuevo relato de sí mismo, habiendo internalizado sus fortalezas, cualidades, aprendizajes y esperanzas. Este ritual consiste en elaborar una carta de bienvenida al nuevo yo (Domínguez, 2008), en donde pueda delinear, con detalle, los rasgos específicos hacia los que desea seguir dirigiendo su vida.

Será importante proponer esta intervención, una vez que el cliente empezara a realizar esfuerzos concretos dentro de la nueva ruta hacia la que desea conducirse, consciente de que contará con una visión integradora de los aprendizajes valiosos de su pasado, abierto a una meta esperanzadora con perspectiva a futuro, así como iniciando un camino concreto en el presente, en el que se perciba activando sus fortalezas y sus recursos, y construyendo, paso a paso, esa mejor versión de sí mismo. Podremos sugerir que el texto de su carta contemple la descripción en esos tres tiempos (pasado, presente, futuro), sabiendo que el proceso podrá ser dinámico, adaptativo y abierto a seguirse enriqueciendo y ajustando, según las situaciones que vaya experimentando.

Una sugerencia adicional como referencia a este proceso de reconstrucción interna, es el trabajo elaborado por Margarita Tarragona, terapeuta y especialista en psicología positiva y prácticas narrativas, en su libro *"Tu mejor tú"* (2014), en el que recopila interesantes ejercicios aplicativos que facilitan este trabajo.

4.7 Escala con Fórmula de Solución

Una intervención importante en el trabajo terapéutico para favorecer el cambio cognitivo es el que se refiere al manejo de la pregunta de escala propuesto por el Modelo Centrado en Soluciones (Ejercicio 12). La aplico con mejores resultados, una vez que se empiezan a generar los primeros cambios positivos en el cliente, lo que con frecuencia ocurre a partir de la segunda sesión.

Podremos preguntarle en qué punto de la escala podría ubicarse en ese momento, así como bajo una visión retrospectiva, identificar el puntaje inicial de donde partió, para evidenciar su movimiento hacia la meta. De ese modo, le ayudaremos a descifrar los medios que le han ayudado para registrar su avance hacia la solución del problema, configurando así la fórmula de solución (Charles, 2005) que le permitirá clarificarla y replicarla para continuar en su proceso de mejora.

Ejercicio 12. **"Escala con Fórmula de Solución"**
Ejercicio en sesión

Inicialmente elaboramos un gráfico (Figura 12), donde se plasme una escala en la que el punto más alto (diez) signifique llegar a la meta a alcanzar hacia la solución del problema, y el punto inferior (cero) fuese la presencia invasiva del problema externalizado.

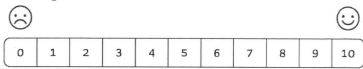

Figura 12. Escala a meta terapéutica.

El cliente podrá ubicarse en un punto de la escala, según perciba su avance hacia la meta en ese momento, para después, con visión retrospectiva, pueda evaluar el puntaje en el que se posicionaba al inicio del proceso terapéutico (o aun antes). Este ejercicio demuestra la percepción subjetiva de mejoría, ayudando a alimentar la esperanza y la motivación al cambio, a partir de los pequeños pasos que esté realizando.

La siguiente fase consiste en interrogar al cliente sobre las claves que han sido valiosas para realizar la transición del antes / ahora: *¿qué has hecho que te haya ayudado a desplazarte del punto de inicio al que ahora te ubicas?... ¿qué tipo de ideas te han ayudado a dar este paso?... ¿qué han hecho los demás que también ha favorecido tu avance?...* Con las respuestas obtenidas y registradas en el mismo gráfico, construiremos la fórmula de avance hacia la solución que la persona y su sistema descubren como útiles, para irse acercando a una visión más esperanzadora, positiva y acorde a su bienestar. Asimismo, la fórmula podrá ser replicada y enriquecida en el tiempo sucesivo, para ir consolidando el cambio deseado.

La escala puede utilizarse también con proyección a futuro, para motivar el proceso de avance gradual hacia la meta. Podremos preguntar, por ejemplo, *¿qué estarás realizando en tu vida al momento de verte en un siguiente punto en la escala?... ¿qué estarás pensando?... ¿cómo te estarás sintiendo?... ¿qué decisiones estarás contemplando?...*

En caso de que el cliente reportara un paso atrás en el proceso, habremos de revisar el fallo, normalizándolo como parte del camino de aprendizaje en el que habitualmente avanzamos con gradualidad. Podremos compartir la idea de... *dar tres pasos adelante y uno o dos atrás, no solo es normal, sino hasta recomendable, en algunos casos, para lograr asentar mejor el proceso de aprendizaje...* Con ello, lo invitaremos a evaluar la situación para aprender de sí mismo, reanudar el esfuerzo y reincorporarse al camino.

4.8 Técnicas Cognitivas de Visualización

Otro grupo de técnicas que facilita en el cliente un cambio en su estilo de pensamiento tiene qué ver con la visualización. Se refieren a la capacidad de nuestro cerebro para asumir como reales las experiencias imaginarias que construimos, de tal forma que, a través de ensayos mentales practicados de forma consistente, se estimule la generación de cambios neurofisiológicos y físicos acordes a la situación imaginada, facilitando la instalación del cambio deseado. En otras palabras, es tan estrecha la integración de la imaginación y la acción que, cuanto más imaginamos algo, más rápido logramos realizarlo, y esto ocurre a partir de que ambas áreas estimulan las mismas zonas del cerebro implicadas.

Un interesante experimento de investigación citado por Norman Doidge (2008) y realizado por Pascual-Leone, médico neurocientífico, ha probado que la anatomía cerebral logra cambiarse a partir del uso de la imaginación. Comparó dos grupos de personas que no habían estudiado piano y les mostró qué tipo de movimientos realizarían con sus dedos haciéndoles escuchar las notas. Un grupo fue entrenado para practicar, con ensayos mentales, los movimientos frente a un teclado por dos horas al día, durante cinco días. Este grupo solo imaginaría que tocaba el teclado, al mismo tiempo que escuchaba la secuencia musical ejecutada por alguien más. El segundo grupo fue entrenado para practicar, físicamente, la misma secuencia musical, bajo los mismos tiempos. El cerebro de cada participante fue cartografiado antes de cada día y al término del estudio, además de que se les pidió, a ambos grupos, practicar la misma secuencia para la medición del nivel de precisión de sus interpretaciones.

Los resultados obtenidos fueron sorprendentes. Ambos grupos mostraron similares cambios cerebrales provocados después de cinco días de experimentación, lo que comprobó que, la sola práctica mental, había generado los mismos cambios físicos en el sistema motor, que la práctica física. Asimismo, los pianistas imaginarios lograron el mismo nivel de precisión en la interpretación, que los que habían practicado, físicamente, en el teclado. En palabras de Doidge, *"es evidente que la práctica mental es una forma efectiva de prepararse para aprender una destreza manual con un mínimo de práctica física"* (2008, p. 206).

Y si con este tipo de evidencia constatamos la estrecha unidad entre imaginación y acción, podemos afirmar que, una vez que evoquemos una serie de pensamientos o imágenes de forma repetitiva, estaremos fortaleciendo los circuitos neuronales acordes, para dejarlos instalados como hábitos de pensamiento.

A partir de ello, podremos promover en el cliente, la práctica constante y diaria de ensayos mentales en los que visualice el tipo de situaciones favorables, exitosas y satisfactorias que desea alcanzar, de forma que, esta condición, le facilite su predisposición, tanto en su pensar, como en su sentir y en su actuar, y le conduzca hacia la consecución de estos propósitos.

Igualmente, podrá visualizar las mejores formas para afrontar eventuales dificultades, a fin de que vaya facilitando la activación de estos nuevos circuitos neuronales que le lleven a asumir actitudes más optimistas, saludables y esperanzadoras, aun en medio de lo adverso, primero, en ensayo mental y, posteriormente, en el terreno de la acción e interacción social.

El ejercicio que describo a continuación concreta el tipo de intervenciones que podemos aplicar para facilitar este proceso de cambio.

Ejercicio 13. **"Visualización de Experiencias Gratificantes"**
Ejercicio en sesión / Tarea en casa

Esta técnica consiste en que el cliente utilice su imaginación visualizándose, desde el inicio del día, con las actitudes acordes a la nueva versión de sí mismo. Eso le predispondrá, favorablemente, para conducir su actuar, desde el inicio y durante el día, hacia la construcción de ese escenario positivo, lo que abrirá el circuito retroalimentante saludable entre pensamientos, emociones y acciones optimistas. Durante el día, podrá tener pequeños momentos de pausa en los que revise sus esfuerzos, así como mantenga presente su compromiso matutino, para finalmente, al cierre de la jornada, revise, reconozca y comparta sus esfuerzos y posibles avances, identificando, a su vez, los medios que utilizó que le resultaron valiosos para lograr su propósito.

Cualquiera de las estrategias de intervención explicadas que facilitan el cambio cognitivo, podremos aplicarlas, según la situación del consultante y la consideración de sus perspectivas deseadas, para luego reforzar su práctica sostenida, que le ayude a la instalación de hábitos de pensamientos saludables que fortalezcan el acomodo de nuevos patrones de bienestar.

"Somos lo que hacemos día a día, ...la
excelencia no es un acto, es un hábito".

Aristóteles

CAPÍTULO V

Hábitos de comportamiento saludable

"Si por mí fuera, me quedaría todo el día en la cama... No he podido despegar, no he conseguido trabajo... Aunque pienso en levantarme para al menos hacer algo de ejercicio físico, no he podido lograrlo... Mi nivel de energía y motivación está en ceros y mis miedos son cada vez más grandes para emprender alguna actividad, algún negocio... Cuando cierro el día veo que mi productividad ha sido nula, lo que me hace sentir culpable e incapaz de salir de este hoyo"...

Esta es la forma en que Sofía, de 33 años y soltera, me compartía su malestar, después de haber terminado su carrera universitaria hacía ocho años. Su percepción de inca-pacidad y su sensación de desesperanza fue creciendo, en la medida en que sus búsquedas de trabajo no generaban las respuestas esperadas. Cuando llegó a consulta, presentaba síntomas depresivos y un panorama obscuro ante el que se sentía impotente de salir por sí misma. Me indicó que se había ido desconectando de sus rutinas, empezó a aislarse y su nivel de activación fue disminuyendo cada vez más. No tenía motivación para realizar ejercicio físico, le costaba demasiado esfuerzo salir de casa, y con ello, su sensación de miedo fue aumentando e incapacitándola para emprender cualquier actividad. Aunque vivía de forma independiente a su familia de origen, esta, viendo su situación, además de exigirle que se activara, le "ayudaba" económicamente, mes a mes, para lograr su sostenimiento.

1. La Acción como Ruta de Cambio hacia el Bienestar

Como lo revisamos en el capítulo anterior, el estilo de pensamiento pesimista fataliza, generaliza y considera permanentes las realidades, lo cual intensifica los síntomas de malestar en la persona, y desencadena circuitos emocionales y conductuales que la atrapan en su realidad negativa. Si acentuamos la atención en este último elemento, observamos que, las formas comportamentales, constituyen la consolidación del agravamiento del problema, afectando otras áreas del intrasistema, así como la forma en que la persona conecta hacia el exterior, provocando reacciones en su entorno.

Cuando las pautas de comportamiento ocurren de forma repetitiva, se convierten en patrones habituales que se instalan e influencian el pensar, el ser y el quehacer. Es común que las actitudes incidan en los comportamientos, a la vez que éstos, también afecten las actitudes, de forma que las palabras de John Dryden, *"primero hacemos nuestros hábitos y luego nuestros hábitos nos hacen"*, adquieren una fuerza poderosa.

Además de las formas individuales de acción redundante, cuando le sumamos la forma en que el entorno reacciona ante ellas, observamos cómo se configuran las secuencias interaccionales retroalimentantes, que van quedando instaladas en patrones circulares y repetitivos que consolidan la conducta y nos permiten predecirla.

Por ejemplo, en el caso de Sofía, observamos cómo se percibe a sí misma en un estado de pasividad y bajo rendimiento, que le reafirma la idea de su incapacidad y desvalimiento, lo que le acentúa sus limitaciones para emprender cualquier esfuerzo. Al descubrirse con una actitud apática, desanimada y sin energía, genera un proceso ciclado en el que, al final del día, observa una ausencia de actividad y productividad, lo que le confirma, de forma retroactiva, sus ideas incapacitantes y su actitud desmotivada. Y si a ello le sumamos la perspectiva interaccional en la que, por un lado, la familia le ofrece (lenguaje verbal) crítica y presión a su postura de inactividad, y por otro, (lenguaje no verbal) le siguen proveyendo del abastecimiento económico, Sofía termina enredada en ese doble vínculo incongruente (entre el decir y el hacer) en el que confirma su condición de incapacidad (por sí misma y por su familia), dado que no percibe la urgencia de tener que actuar de forma diferente, al contar con el recurso económico seguro para seguir sobreviviendo.

La ruta de la conducta es determinante para lograr un verdadero cambio en la vida. Para entenderla en toda su extensión, podemos considerar las palabras de Thomas Alva Edison en las que afirmaba que las situaciones exitosas se conforman por el *"uno por ciento de inspiración y un noventa y nueve por ciento de transpiración... no existe sustituto para el trabajo duro"*... En otras palabras, por noble que sea el propósito por alcanzar, si no se concretiza en acciones y conductas específicas, lo más probable es que se esfume y quede como recuerdo de un buen deseo. El solo cambio de actitud tiene el riesgo de no asegurar el cambio duradero, si es que no se acompaña por un nuevo comportamiento. Cuando este ocurre, es mucho más probable que se aprecie el progreso y se instale como un hábito de comportamiento alimentado y sostenido por actitudes saludables.

Habremos de recordar que el cerebro busca, ante todo, estar en sintonía cognitiva, es decir, mantener en congruencia el pensamiento, la actitud y la conducta. Cuando el pensamiento y la actitud no coinciden y los cambios conductuales deseados no se concretan, aparece un estado de desintonización que se refleja en desajustes emocionales y desasosiego interior, que llevarán a la persona a buscar la mejor forma de reacomodarse para recuperar la sintonía. Ante este escenario, y al no darse el cambio conductual esperado, el pensamiento y la actitud tenderán a regresar a su versión anterior, abandonando la idea del cambio y justificando el estancamiento en el problema.

Por esta razón, será importante asegurar la consolidación del cambio comportamental, para facilitar en el cliente el sostenimiento de su propósito de mejora. Una primera fórmula en el proceso de ayuda es identificar el tipo de rutinas secuenciadas que tiene instaladas en su día a día, para que las evalúe y señale los puntos donde desee promover cambios en congruencia con las metas que se proponga alcanzar.

Si bien este ejercicio parece sencillo de realizar, es común que, en el momento de querer insertar un cambio, aparezcan dificultades y resistencias, y el consultante se sienta atrapado de nuevo, en su secuencia disfuncional. Como en el caso de Sofía, se despertaba con la idea de no poder hacer cambios, su nivel de energía física y su motivación se encontraban en niveles muy bajos; si acaso se levantaba para comer algo, luego volvía a acostarse en espera a sentir motivación para emprender alguna actividad, y como esta no aparecía, se mantenía en actitud aletargada y pasiva, incrementando la sensación de miedo e impotencia. Al final del día, observaba su baja productividad, generaba culpas y confirmaba su incapacidad.

Para empezar a mover las piezas de esa secuencia comportamental disfuncional, podremos ofrecer reencuadres que le ayuden a percibir la realidad de formas alternas, además de aplicar estrategias comportamentales propuestas por el modelo terapéutico del MRI de Palo Alto (Fisch, Weakland, Segal, 1994):

- Insertar una acción diferente a la secuencia.
- Alterar el orden consecutivo de la secuencia.
- Omitir alguna acción de las instaladas en la secuencia.

- Intensificar alguna acción secuenciada, aumentando su dosis o frecuencia.
- Disminuir alguna acción secuenciada, reduciendo su dosis o frecuencia.

A partir de estas opciones, identificaremos la que parezca más sencilla, fácil y adecuada a la situación del cliente, para romper el patrón disfuncional instalado e incorporar nuevas rutas de acción más saludables. Para el caso de Sofía, el empezar a reacomodar sus ciclos de sueño y alimentación, junto a la prescripción de empezar a practicar una caminata diaria, fueron los puntos de inicio para romper el circuito nocivo, e iniciar su activación favorable de cambio.

2. Rituales para la Instalación de Hábitos de Comportamiento

Una vez que el consultante haya iniciado con el nuevo perfil de acciones acorde a la meta propuesta, será importante ayudarle a sostener los cambios. La investigación (Shahar, 2014) ha corroborado lo difícil que resulta este proceso, primero, en implementar los cambios saludables, y luego en encontrar los caminos que ayuden a preservarlos a través del tiempo.

Es común que después de un inicial entusiasmo (como los propósitos de inicio de año), ocurra un descenso gradual de la actitud perseverante, de modo que, al paso de unas semanas o meses, se presente un regreso a los hábitos antiguos. Es necesario considerar que, el reacomodo neuroplástico del cerebro con la apertura de las nuevas vías neuronales logra consolidarse hasta que la nueva práctica es sostenida por al menos, treinta, sesenta o noventa días. Por ello, cuando se abandona el esfuerzo antes de ese periodo, podrían ganar terreno, nuevamente, los hábitos anteriores, así como el desánimo, la desesperanza y la consolidación de la creencia de que el cambio no es posible.

Este aflojamiento en el sostenimiento de los cambios, Jim Loehr y Tony Schwartz (2009) lo explican a partir de hacer depender el proceso de cambio solamente con la aplicación de la autodisciplina. Los autores plantean que esta tiene limitaciones y es común que se agote en momentos en que la persona se sienta muy abrumada, o con distintos retos o dificultades que esté afrontando, lo que puede llevarle a bajar el ritmo o hasta abandonar el propósito. A partir de ello, la propuesta es que, además de la autodisciplina, la persona introduzca el uso de rituales, como medios eficaces para sostener la motivación hacia el cambio y su práctica duradera.

Bajo la óptica de Loehr y Schwartz (2009), los rituales los definen como aquellos comportamientos muy precisos practicados en tiempos específicos, que son motivados por valores más profundos arraigados en la persona.

Cuando trabajamos con el cliente la implementación en su vida de las nuevas acciones que haya elegido como saludables y acordes a sus metas personales, habremos de asegurar el que las vaya adoptando, primero con la ayuda de una estructura ritualizada en la que defina los momentos específicos en los que pueda insertarlas en su vida cotidiana (días, horarios, formas) y buscando su aplicación factible. Después, habremos de ayudarle a clarificar, de forma reflexiva y consciente, los fines y objetivos más nobles, saludables y trascendentes que podrá ir alcanzando en su vida, gracias a la aplicación de esas nuevas prácticas. Este sería un anclaje profundo para sostener el esfuerzo y darle sentido a la práctica. Y finalmente, será necesario aplicar el sistema de recordatorios y premiaciones que le ayuden a cuidar el sostenimiento.

De este modo, con la repetición ritualizada y comprometida con los nobles fines que se persigan, la persona irá convirtiendo los actos, en prácticas integradas a su cotidianeidad, facilitando su automatización, y con ello, su cumplimiento a largo plazo, minimizando el riesgo de abandonarlos, ya que no dependerá del estado emocional del momento.

En palabras de Schwartz, *"un cambio gradual, es mejor que un fracaso ambicioso"*, por lo que es recomendable introducir de uno a dos rituales a la vez, empezando por los más sencillos. La práctica sostenida del ritual a lo largo de, al menos, treinta días, permitirá al cliente instalarlo y percibirlo como una actividad natural e integrada a su vida.

Bajo este proceso, podemos sugerirle que utilice recordatorios constantes para el sostenimiento del nuevo ritual, como fotos, amuletos, alarmas, mensajes o alianzas con algún familiar o amigo, para alcanzar su fiel cumplimiento. Este procedimiento puede aplicarlo, tanto a prácticas personales que desee instalar en distintos ámbitos de la vida, como a prácticas familiares, profesionales o sociales.

Para el saludable manejo del sostenimiento de los cambios, será también importante cultivar actitudes como la apertura, la flexibilidad y la capacidad de adaptación, sabiendo que no hay procesos perfectos y que, ante eventuales condiciones de recaída, podrá retomarse el camino y emprenderse, de nuevo, el esfuerzo.

3. Estrategias Terapéuticas para el Cambio Comportamental

Las rutas más ágiles para generar cambios favorables en el consultante tienen que ver con alterar su manera de pensar a través de la elaboración de constructos lingüísticos que le ayuden a considerar la realidad desde diferentes perspectivas; o cambiando su manera de actuar en la que emprenda distintas fórmulas comportamentales. La forma de acceder al intrasistema es indistinta, mientras que aseguremos que, una vez dentro, se permee el cambio a las otras áreas.

Algunos abordajes cognitivos que ayudan al cliente a activar cambios de conducta, pueden ser las preguntas reflexivas o estratégicas y los reencuadres resignificadores. Como ejemplo de las primeras, presento las siguientes:

3.1 Preguntas Reflexivas para el Cambio Comportamental

- *¿De qué forma crees que te ha sido útil en tu vida este tipo de hábitos (negativos) que practicabas anteriormente?*

- *¿Qué consecuencias has observado que tiene este tipo de comportamiento en tu persona, en tu salud, en tu vida?*
- *¿Qué consecuencias has observado en tu entorno, en tus relaciones cercanas cuando te comportas de este modo?*
- *Si identificaras la buena razón por la que te has comportado de esta forma, ¿cómo la describirías?*
- *Si te dieras la oportunidad de rescatar la buena función que ha cumplido para ti tu comportamiento anterior y pudieras ahora cubrirla de otras formas más saludables, ¿qué estarías haciendo?*
- *Si te dieras a la tarea de identificar en qué momentos en tu vida has actuado de forma diferente más saludable, ¿cuáles podrías compartirme?... Entonces, ¿qué pensaste o hiciste que te ayudó a actuar de esa forma más adecuada?*
- *Si desearas emprender un pequeño cambio que sea diferente al estilo de comportamiento anterior, ¿cuál sería?*
- *¿Cómo imaginas que estarán reaccionando las personas cercanas a ti si te permitieras mostrar este nuevo comportamiento más saludable?*

3.2 Reencuadres para el Cambio Comportamental

Algunos ejemplos de reencuadres resignificadores que podríamos aplicar son:
- *Si bien estos hábitos anteriores pudiste aprenderlos por influencia de distintos modelos que tuviste a tu alrededor, eso te demuestra que tienes la capacidad de seguir*

aprendiendo o reaprendiendo nuevas formas a través de la vida...

- *Si bien este estilo de comportamiento habituado te pudo ser útil desde pequeño, y pudo quedar instalado de forma automatizada haciéndote creer que era parte de ti, podrías revisar si aún es necesario mantenerlo de esa misma forma...*

  - ➤ *...y desearas que siguiera presente un tiempo más* (prescripción paradójica).

  - ➤ *...o podría ser el tiempo de empezar a desprogramarlo insertando nuevas formas más sanas de actuar* (liberación y despedida del comportamiento sintomático).

  - ➤ *...o podrías empezar a cambiar liberándote de ese comportamiento anterior y manteniéndolo disponible solo para que lo utilices cuando llegara a ser necesario* (liberación y dominio del comportamiento sintomático).

Con relación a la promoción de cambios que ayudan al cliente a emprender nuevas formas comportamentales, aunque no cuente con un nivel de conciencia o convencimiento para realizarlas, podemos utilizar el manejo de tareas ofrecidas con lenguaje sugestivo, en las que insertemos una buena razón para ejecutarlas. Esto ayudará a ir venciendo eventuales resistencias, y una vez que inicie con la práctica nueva, podremos elaborar constructos cognitivos más conscientes. Algunos ejemplos de este tipo de reencuadres para sugerir la tarea son:

- *Solo para que puedas ser un buen modelo para tus hijos (o personas significativas de influencia) te propongo te pruebes siendo (o fingiendo ser) un poco más ...* (acomodar conducta deseada).
- *Observa y registra por escrito los momentos en que te sorprendieras a ti mismo siendo ...* (acomodar conducta deseada).
- *Identifica, escribe y reconoce, al cierre del día, los esfuerzos que realizaste para ser un poco más ...* (acomodar conducta deseada).
- *Date permiso de empezar a recuperar esos rasgos de ti que pudieron haber quedado desplazados en el olvido o encapsulados bajo esa coraza y que forman parte de tu esencia.*
- *Para que te demuestres que tienes la capacidad de jugar diferentes roles, date la oportunidad, de aquí a la siguiente vez que te vea, de jugar a ser más...* (acomodar conducta deseada) *y observa cómo te sientes.*
- *Te propongo que los días pares mantengas tu habitual estilo de acción, y los impares te pruebes a ser...* (acomodar conducta deseada) *y logres apreciar las diferencias.*
- *Esta difícil situación que estás viviendo podría ser la señal, el parteaguas, para que empieces a practicar un nuevo estilo de actuar.*
- *Como dice aquella célebre frase "la práctica hace al maestro", ¿qué te parece si esta puede ser la oportunidad para que empieces a realizar de forma consistente esta nueva manera de actuar?...*

Una vez que la persona empiece a comportarse diferente, aunque sea de forma inicial y con eventuales fallos que podrían normalizarse, elogiaremos su punto de partida, resaltando los momentos de excepción a la conducta emproblemada, y después elaboraremos las preguntas que faciliten cubrir los efectos que experimente en su área cognitiva (nuevo autoconcepto) y su área emocional y relacional. Algunas preguntas son las siguientes:

- *Ahora que empiezas a probarte en esta nueva forma de actuar, ¿cómo te has sentido?*
- *¿Qué tipo de cualidades estás demostrando tener al momento en que empiezas a hacer cambios favorables en tu actuar?*
- *Al demostrarte tu capacidad para reaprender, ¿cómo podrías ahora describirte en esta nueva versión de ti mismo?*
- *Si aquel comportamiento anterior tenía que ver con los aprendizajes familiares, ¿de qué otra forma más saludable te gustaría demostrar tu filiación o pertenencia a tu familia?*
- *¿Qué respuestas has observado en tu entorno cercano, al momento de sostener este nuevo estilo de comportamiento?*

3.3 Prescripciones Comportamentales

Dentro de las intervenciones conductuales que podemos sugerir al cliente para activar hábitos de acción más saludables y aligerar el peso del problema, tienen que ver con la inserción de momentos diarios agradables positivos y gratificantes que generen una mayor recuperación energética, disminuyan las condiciones de estrés y despierten destellos de motivación para prepararse a la realización de prácticas que requieran un mayor esfuerzo.

Como mencionaba anteriormente, se trata de mejorar la proporción de eventos positivos, en contraste con los difíciles o adversos, de tal forma que el cliente genere un nuevo balance de experiencias favorables en su día. Para ello, podemos ofrecer las siguientes estrategias de acción con las que empiece a reactivarse, sin que, de inicio, le resulten demasiado complicadas:

a) *El autoregalo diario.* Implica que el consultante se active, realizando alguna actividad disfrutable y agradable que en algún momento le haya sido valiosa, portadora de relajación, diversión, placer o entretención saludable. Puede dedicar alrededor de treinta minutos al día para ofrecerse este espacio y actividad favorable, como signo de autocuidado y validación a su persona. Esta intervención rompe con la secuencia del problema e inserta una alternativa que despierta emociones positivas.

b) *La activación física.* La práctica de caminata, baile o cualquier otro tipo de ejercicio físico que resulte accesible y fácil de realizarlo, al menos por veinte o treinta minutos al día.

c) *Inventario de actividades disfrutables* (Burns y Street, 2006). Identificar y registrar en una tabla (Ejercicio 1) de diez a veinte experiencias o actividades disfrutables, a través de la activación de cada uno de los sentidos: ver, escuchar, oler, tocar, saborear o prácticas mixtas (implicación de varios sentidos), a fin de que, diariamente, la persona empiece a despertar sus sentidos, recolectando pequeños detalles agradables que le nutran de emociones positivas y placenteras.

d) *Rituales de agradecimiento* (Emmons, 2008; Seligman, 2003). Practicar uno de los rituales sugeridos en el Ejercicio 4 que cultiven la actitud agradecida en el cliente, lo que le ayudará a centrar su atención, valoración y reconocimiento en aquello favorable que le ocurra en el día:

- Observar y registrar en un diario de agradecimiento las experiencias valiosas del día.
- Carta de gratitud a alguien significativo.
- Visita de gratitud.
- Mensaje o llamada de agradecimiento.
- Encuentros de agradecimiento.

e) *Actividad saludable sustituta.* Una vez que indaguemos con el cliente información acerca de su problema y descifremos posibles funciones benévolas que el síntoma esté cubriendo en su vida, le ayudaremos a explorar opciones alternas saludables que le cubran esa función personal o familiar, sin necesidad de que aparezca el síntoma. De este modo, identificaremos rutas de reemplazo saludable para que se inserte en nuevos circuitos higiénicos y positivos. Por ejemplo, si para disminuir su ansiedad y estrés, el cliente fumaba alguna sustancia que le relajara, revisaremos vías alternas que le ayuden a lograrlo, sin necesidad de fumar. Si para socializar y ser divertido, requería consumir alcohol, podría probar nuevas maneras creativas de sentirse así y conectar, sin que el alcohol tuviese que incluirse en la escena. De aquí se derivan tareas experimentales en las que pueda probarse y realizar pequeñas acciones que abran su abanico de alternativas saludables.

Una vez que el cliente inicie con los primeros pasos hacia nuevas rutas comportamentales, revisaremos el sostenimiento de su esfuerzo, a través de la práctica e instalación de rituales (Ejercicio 14).

Ejercicio 14. **"Instalación de Rituales para el Cambio Comportamental"**
Tarea en casa

Para la instalación de posibles cambios comportamentales, pediremos al cliente que elabore una lista de deseos de cambio a nivel personal, familiar, social y profesional que le gustaría instalar en su vida.

Será importante que seleccione uno o dos, entre los más fáciles, para empezar a introducirlos en su vida, los registre y organice la inserción de esas prácticas dentro de su agenda del día, de tal forma que revise tiempos, espacios y formas específicas que le ayuden a recordar y mantener su cumplimiento. Puede utilizar una tabla como la anexa.

Ritual	Objetivo	Horario	Fecha de inicio	Tipo de recordatorio

Figura 13. Instalación de rituales

Para cada ritual ayudaremos al cliente a explorar el objetivo noble y trascendente que podrá alcanzar con su práctica y sea el motor por el que le imprima esfuerzo, independientemente del estado de ánimo y la motivación que experimente en el momento.

Igualmente podremos sugerirle que reconozca sus esfuerzos, no solo del día en el que realiza la práctica, sino también al ver su consistencia en el cumplimiento sostenido. Podrá ofrecerse algún premio como gratificación, una vez que cubra un plazo, dependiendo del nivel de complejidad y dificultad que le signifique, de forma que, según la situación, podría ser valioso hacerlo, después de la primer semana, quincena o mes de trabajo sostenido.

Una estrategia adicional que puede aplicarse para mantener el cumplimiento del ritual es el crear alianzas con otras personas de su círculo cercano, con quienes pueda comprometerse a realizar la nueva práctica, de forma conjunta. Asimismo, negociar con ellos (en sesión familiar o como tarea) opciones concretas con las que puedan recordarle, motivarle, presionarle o activarle de formas acordadas, podrá ayudar al cumplimiento del compromiso adquirido.

Una vez que el cliente perciba que la nueva práctica se ha integrado e instalado en su nuevo estilo de vida, podrá emprender el esfuerzo acomodando un siguiente ritual que deseara adquirir.

"No somos responsables de las emociones, pero sí de lo que hacemos con las emociones".

Jorge Bucay

Emocionalidad inteligente y saludable

"En medio del intenso conflicto de separación y con la acumulación de tensión por las continuas discusiones, desacuerdos y peleas, me sentí con tanta rabia, desesperación e impotencia, que subí a mi vehículo, me conduje hasta el domicilio de mi expareja, y al no responder él a mis llamadas, ¡choqué deliberadamente sus dos carros que tenía estacionados frente a su casa!... ¡Uff!, creo que me aloqué"...

Esta fue la descripción que hizo Sonia, de 40 años, al llegar a consulta pidiendo apoyo para acomodar su vida y sus emociones, ante su conflictuado proceso de divorcio.

1. Conectividad Emocional

Para entender con mayor claridad el proceso emocional descrito en el caso anterior, desgloso los diferentes elementos que se encuentran entrelazados, de forma retroalimentante, en el intrasistema de Sonia, a fin de precisar las distintas líneas de abordaje terapéutico, considerando esta perspectiva amplificada.

1.1 *Emoción y Cognición*

Las situaciones que vamos enfrentando en la vida, detonan en nuestro interior, diferentes reacciones emocionales que, generalmente, corresponden a las interpretaciones cognitivas que alcanzamos a elaborar sobre ellas, o responden a los prejuicios con los que asumimos, de forma generalizada, algunos estímulos del exterior. Estas interpretaciones pueden generar distorsiones cognitivas que aumentan la gravedad de los hechos, o bien, los minimizan, alterando de forma desproporcionada la reacción emocional consecuente y, por tanto, desajustando el nivel de intensidad emocional. Cuando para una persona un evento tiene una importancia muy alta y significativa, pudiera experimentar, con mayor intensidad, sus emociones; en contraste, cuando lo interpreta como algo intrascendente, su emocionalidad pudiera permanecer apática o inamovible.

1.2 *Emoción y Corporalidad*

Al mismo tiempo que vemos la interconexión entre las emociones y las interpretaciones cognitivas, la emocionalidad se asocia, automáticamente, a respuestas fisiológicas del organismo. Cuando experimentamos, por ejemplo, alegría, es común que nuestro rostro refleje una sonrisa; ante la tristeza, aparece el llanto; frente a condiciones que despiertan miedo, aumenta la alerta y el ritmo cardíaco; ante el enojo, se presenta una elevación de la presión arterial y de la temperatura corporal, así como la contracción del entrecejo; y al experimentar vergüenza, la condensación de la sangre se concentra en el rostro, mostrando mayor rubor facial. Del mismo modo que observamos cambios biocorporales y neurofisiológicos al experimentar emociones, es difícil afirmar que se trata de una relación causal en la que una variable determina a la otra; más bien, entendemos que se trata de una relación circular, en la que todos los elementos se retroalimentan y se afectan mutuamente. Esta condición nos permite tener la oportunidad de provocar alteraciones desde cualquiera de los canales, sabiendo que, al mover uno de ellos, observaremos cambios en los demás.

1.3. Emoción y Conducta

Otro elemento que se interconecta con la emoción es la conducta. Es común que, ante la experimentación de una emoción, la persona cuente con una serie de conductas aprendidas desde su historia, con las que tiende a reflejar sus sentimientos. Por ejemplo, al sentir enojo, pudiera expresarlo a través de gritos, golpes, reclamos o episodios violentos; o, por el contrario, lo reprima, fingiendo indiferencia (aunque después su corporalidad lo acabe manifestando vía dolor, síntomas o enfermedades). En otros casos, es posible que haya aprendido a regularlo, de tal forma que, lo exprese con asertividad ante otras personas, o busque liberarlo consigo mismo, a través de distintas vías de expresión.

Es frecuente que la conectividad de elementos entre la emoción-corporalidad-conducta haya quedado condicionada, de manera que aparezcan reacciones impulsivas y automatizadas, sin que el proceso reflexivo-pensante haya sido incluido en la ecuación. Esto impedirá evaluar la situación con claridad y objetividad pudiendo llegar, en ocasiones, a situaciones de alto riesgo.

1.4. Combinación de Elementos

En el caso de Sonia, observamos cómo la emoción intensificada, combinada con desajustes cognitivos e interpretativos, reacciones fisiológicas de alteración agravada y conductas impulsivas automatizadas, ofrecen un panorama de descontrol. Cuando Sonia no recibió una respuesta de su expareja acorde a su expectativa, elaboró una interpretación de su silencio equivalente a desprecio, indiferencia y desvalorización, lo que aumentó su frustración, enojo, rabia y desesperación, alimentando el deseo de vengarse.

Bajo el influjo de estas emociones, experimentó un nivel de ansiedad y alteración corporal tan intenso, que respondió como lo había hecho anteriormente ante ese tipo de episodios, y movida por el impulso y el resentimiento, no pudo evaluar la situación con detenimiento, ni midió las consecuencias de sus actos, lo que la llevó a actuar en represalia, en forma violenta, dirigiendo la acción dañina hacia un objeto accesible y valioso para él (sus vehículos).

En otras palabras, por la dosis emocional intensificada y acumulada, aunada a esa interpretación cognitiva y a la alteración fisiológica de su organismo, no le resultó accesible elaborar constructos que le ayudaran a entender los hechos de forma alterna, ni tampoco dispuso de herramientas para contener el impulso y lograr destrabar y romper con la automatización aprendida. El proceso de apoyo implicó la provisión de esos recursos, con los que aprendería a maniobrar, de forma inteligente y regulada, con sus emociones.

2. Funciones de la Emoción

Las emociones resultan ser una fuerza energética y psicofisiológica del ser humano que aparece en respuesta a estímulos externos e internos con fines adaptativos y de sobrevivencia, ante las situaciones que enfrentamos en la vida.

Generalmente, las emociones nos permiten cubrir funciones importantes que nos ayudan, por ejemplo, a marcar límites claros hacia los demás, por medio del enojo; a maniobrar con las pérdidas, mediante la tristeza; a alertarnos sobre situaciones de amenaza o peligro, con la activación del miedo; y a protegernos de elementos nocivos del ambiente, a través de la repugnancia. La alegría y el gozo se despiertan ante condiciones agradables de satisfacción y logro. Del mismo modo, como cada una cumple con beneficios que nos permiten responder a las condiciones del entorno, es posible que, a partir de la exposición a circunstancias externas, algunas emociones hayan sido mayormente activadas en la vida de la persona, y aprendidas por la influencia y el modelaje familiar y sociocultural del ambiente.

Por ejemplo, si experimentó adversidades y episodios violentos dentro de su contexto familiar o social, es probable que el miedo y/o el enojo se tuvieron que activar, con mayor frecuencia, para ayudarle a maniobrar y sobrevivir bajo esas condiciones. Ante escenarios de pérdida, la experimentación de la impotencia y de la tristeza, pudieron también ser recursos utilizados para lidiar con esas situaciones.

Ante casos en que la familia o el medio social hubiesen ofrecido un estilo emocional sesgado entre los dos extremos de expresividad; por un lado, una expresión abierta con intensidad emocional, y por el otro, la postura de inexpresión y contención emocional; la persona podría traer un estilo aprendido en el manejo de su emocionalidad, de forma que podría abrir sin regulador lo que siente, o bien, pudiera tender a reprimir o bloquear sus sentimientos.

A partir de ese aprendizaje y de la práctica repetitiva y constante de un perfil emocional, es común que la persona pudiera construir su autoconcepto acorde a él, creyendo que así es, y proyectándose a futuro del mismo modo: *"así seré"*. Su discurso personal, reforzado por su entorno, lo va construyendo con la adjudicación a su identidad de esos caracteres emocionales, de forma que puede describirse como *"soy muy enojón"*, *"soy muy impaciente"*, *"soy muy miedosa"*.

O con expresiones coloquiales como *"soy de mecha corta"*, o en contraste, *"me corre atole en la sangre"* ... Estas expresiones reflejan creencias de cómo la persona se apropia del dominio de una emoción en su personalidad, como si se tratara de rasgos intrínsecos a su ser, cuando en realidad, se trata de características emocionales aprendidas que cumplieron funciones en momentos de su historia, pero que podrían ser alteradas y reaprendidas de manera más inteligente y saludable.

Descubrir ante el cliente las buenas funciones que las emociones han ejercido en su vida, y en particular, aquellas con las que se autodescribe de forma predominante, es una ruta valiosa de intervención para ampliar su autoconciencia y comprender mejor su historia. Podremos ayudarle a identificar la buena intención que esa emoción cubrió en algunos momentos de su vida y con la que pudo salir adelante, evitando la generación de autorecriminaciones innecesarias y culpabilización malsana.

Estos constructos interventivos constituyen reencuadres valiosos con connotación positiva del estilo emocional aprendido, que podremos ofrecer, abriendo el campo para trabajar el proceso de deconstrucción de esa versión que el cliente creyó inmodificable sobre sí mismo. Y sugerirle, a través del diálogo terapéutico y reflexivo, alternativas de cambio en las que se cuestione qué tan útil o necesaria es en su vida presente, esa forma o intensidad emocional aprendida, o bien, qué tan estorbosa y obstaculizante sería para sus nuevas condiciones de vida.

Algunos ejemplos de reencuadres normalizadores combinados con resignificación y connotación positiva, resaltando los beneficios alcanzados con ese estilo de emocionalidad, son los siguientes:

Reencuadres Cognitivos para el Sano Manejo Emocional

- *...Es normal que quizás como fruto de las condiciones que afrontaste desde pequeño, hayas tenido que activar más el enojo y la rudeza para cuidarte y defenderte... Quizás hasta te ayudó a marcar límites ante los demás y evitar que te hubieran lastimado más duramente... Sin embargo, me pregunto si es aún necesario que lo mantengas con ese nivel de intensidad... o pudieras considerar que ya no es necesario, y ahora quieras aprender a expresarlo de formas más inteligentes.*

- *...Es normal que hayas recogido de los modelos que tuviste cerca esa forma de maniobrar con los miedos... de hecho, te pudieron haber ayudado a ser una persona cuidadosa y precavida... Sin embargo, pudiera ser que ahora resulten ser excesivos, frenadores y hasta obstaculizantes para que puedas abrirte a la oportunidad de probarte en nuevas experiencias.*

- *...Quizás ese perfil de apasionamiento que te ha acompañado en tu vida ha sido tan enriquecedor, que te ha permitido sentirte ¡muy viva! De hecho, muestras una gran capacidad sensible, sientes intensamente las* *distintas situaciones de la vida y eso ha sido muy útil y valioso... Sin embargo, igualmente podría ser riesgoso si esa emocionalidad y sensibilidad se mantiene expuesta a grados tan intensos, de manera sostenida... Quizás eso te puede llevar a sentirte muy vulnerable ante condiciones difíciles... y no sé si, a partir de ello, te gustaría aprender a regular, a calibrar y dominar esa capacidad de sentir...*

Cualquiera de estos reencuadres que podemos ofrecer en el diálogo terapéutico, pueden ser medios que le faciliten al cliente ir entendiendo su situación emocional desde diferentes ángulos, y le ayuden a identificar, tanto las funciones benéficas que pudo cubrir a través de su estilo de emocionalidad, como las consecuencias nocivas que también recogió al mantenerse bajo ese mismo perfil emocional. Esto permite sembrarle la propuesta de cambio, invitándole a la reflexión y consideración de nuevas opciones, para un manejo emocional más saludable.

3. Estrategias Terapéuticas para Desarrollar Inteligencia Emocional

Las emociones son recursos valiosos que nos potencian y nos avivan las experiencias de la vida, nos conectan con la realidad y nos permiten apasionarnos, gozar y disfrutar la relación con los demás. No son morales (las acciones consecuentes sí lo son), sin embargo, podríamos agruparlas como dolorosas y positivas, por el tipo de sensaciones y reacciones que internamente nos despiertan. Aunque pudiéramos utilizar cualquiera de ellas para cubrir alguna de las funciones que nos ofrecen, podemos aprender a tomar las decisiones pertinentes de cómo experimentarlas, por cuánto tiempo y con qué intensidad, según nos ayude, nos convenga y esté alineada al diseño de lo que deseamos integrar en nuestra mejor versión de nosotros mismos. Esta es la habilidad que corresponde al desarrollo de la inteligencia emocional. Cuando esta capacidad no se ha desarrollado de la mejor forma, las emociones se desintonizan, y provocan, con alta vulnerabilidad, la vivencia constante de experiencias desagradables.

Cuando buscamos generar el desarrollo de habilidades que faciliten la maniobrabilidad de las emociones, iniciamos con lo básico, es decir, reconocer y afrontar la emoción para aprender a manejarla de la mejor forma. El proceso implica primero, conocer la emoción para dialogar con ella, tener permiso de experimentarla con la mejor dosis e intensidad; aprender a obtener de ella su mejor parte cuidando su regulación y calibración sana, para luego, negociar internamente con ella para experienciarla haciendo los ajustes necesarios, a fin de neutralizarla, modificarla, intensificarla o transformarla sanamente.

Este camino terapéutico permitirá al cliente aprender a ser dueño de su repertorio emocional, para decidir, con control, flexibilidad e inteligencia, de qué forma y con qué intensidad experimentarlo, sabiendo que ahí podrá concentrar la pasión y el sabor para disfrutar y gozar de la vida.

El proceso lo fragmento en cinco apartados y, aunque los presento en forma secuenciada, en el trabajo terapéutico podremos adaptar el orden, ajustar, agregar u omitir alguno de los elementos, según el estilo, el lenguaje y la necesidad de la persona.

3.1 Identificación de la Emoción

El primer paso en la práctica clínica que me ha ayudado a desarrollar en el consultante una mayor inteligencia para el manejo de sus emociones tiene que ver con invitarlo a abrir su autoconsciencia e identificar qué es lo que está sintiendo. Esto implica que realice una pausa introspectiva en la que observe la emoción que está experimentando, sin juzgarla, para etiquetarla de la forma más clara posible, logrando distinguirla de su cognición y su acción. Esto último lo aclaro a partir de experiencias recogidas en las que ante la pregunta *¿cómo te sientes?*... el cliente responde solo con un *"bien"* -lo que nos invita a rastrear más allá de esa afirmación-, o cuando responden con una serie de ideas y teorías, como: *"...la vida ha sido difícil"...* o *"...Ha habido grandes filósofos que afirman que..."* lo que refleja una evasión a la pregunta o un desconocimiento de la respuesta emocional.

Podemos adicionar a la descripción inicial de la emoción, la aplicación adaptativa de técnicas narrativas (White, 2004) con las que el cliente imagine o dibuje la emoción que está experimentando y la represente, a través de una figura o símbolo, incluyendo formas diversas con colores y dimensiones en su visualización y descripción de su imagen mental. Mediante este ejercicio, facilitaremos el análisis con el que logre distinguir la parte sana, valiosa y beneficiosa de la emoción, para dejarla internalizada como recurso disponible para ser utilizado cuando le sea necesario. Y, por otro lado, con el manejo de una intervención lingüística, externalizaremos el *exceso* de la emoción, como la parte estorbosa, obstaculizante e insana que le ha generado desacomodos y problemas en su vida.

Aquí elaboraremos una nueva rotulación de la emoción según esa parte excesiva que le ha desajustado los estados de bienestar, para diferenciarla de su identidad, a fin de que aprenda a dominarla, regularla, calibrarla o extirparla. Para su rotulación utilizaremos términos que ayuden a identificar rasgos conductuales con los que se evidencie ese lado excesivo, por ejemplo: *miedo paralizante, enojo descontrolado, tristeza aislada, apatía flojerosa, afecto desordenado.*

El siguiente ejercicio nos ayuda a dirigir esta parte del proceso invitando al consultante a cerrar sus ojos para facilitar el trabajo introspectivo, o de manera informal, mediante el propio diálogo terapéutico.

Ejercicio 15. **"Identificando la Emoción"**
Ejercicio en sesión

- *¿Qué estás sintiendo?*
- *¿Qué nombre le pones a lo que sientes?*
- *Si le pusieras una figura, forma o símbolo, ¿cómo la imaginas?*
- *¿De qué color es?*
- *¿De qué tamaño es?*

Internalización de la emoción:

- *¿Qué beneficios te ha traído esta emoción?... ¿en qué te ha ayudado?*
- *¿Cómo te gustaría reconocerle o agradecerle esos beneficios que te ha ofrecido?*
- *¿Cómo te gustaría conservar esa parte noble, útil de tu emoción?*
- *¿De qué forma te estarás dando cuenta que se mantiene en formas sanas, útiles en tu interior?*

Externalización del exceso de emoción:

- *¿En qué momentos se ha excedido esa emoción y te ha metido en problemas?*
- *Si le pusieras nombre a esa parte excesiva de la emoción, ¿cómo le llamarías?* (en las preguntas sucesivas puede utilizarse el término externalizado elegido).
- *¿Cómo graficarías esos excesos (emoción externalizada) en la figura que elegiste para representar tu emoción?*
- *¿Cómo describes los efectos nocivos, desagradables, que has tenido en tu vida cuando le has permitido que aparezca ese exceso estorboso (emoción externalizada)?*
- *¿Qué te gustaría hacer con ese exceso estorboso?... ¿quitarlo, distanciarlo, patearlo, diluirlo, regularlo, enterrarlo?*
- *¿Te gustaría hacerlo ahora?*
- *Date oportunidad de verte... de sentirte en esta nueva versión de ti... ahora que ese exceso estorboso has decidido liberarlo... distanciarlo de tu esencia...*

3.2 Manejo de la Emoción Somatizada

Bajo la conectividad que la emoción guarda con los otros elementos del intrasistema, puede conectarse con sensaciones físicas que reflejan lo que el terreno emocional está experimentando. La fragmentación de los elementos asociados a la emoción realizada en el Ejercicio 15, es un medio útil para aprender a entenderla y a regularla.

En ocasiones estas manifestaciones corporales se presentan antes de que la persona sea consciente de su emoción y logre etiquetarla. Por tanto, ayudaremos al cliente a descifrar lo que haya aparecido primero en su consciencia, su emoción, como enojo, miedo, tristeza, angustia, sorpresa o alegría; o las sensaciones fisiológicas, como palpitaciones, sudoración, respiración entrecortada; o alguna sensación de dolor, opresión, contracción o síntoma localizado en un área del cuerpo. Puede ser también una enfermedad asociada a emociones que no han tenido permiso de abrirse expresamente. Pudiera ser indistinto el elemento que aparezca primero (si la emoción o la sensación corporal), sin embargo, a partir de esa distinción desglosada, será importante resaltar la inseparable interconexión que existe entre ambas, a fin de facilitar su comprensión y maniobrabilidad.

En este punto es importante tener claro de si se trata de una conexión por la vivencia de una emoción transitoria, como, por ejemplo, cuando recibimos algún estímulo que nos asusta, y experimentamos miedo junto a signos físicos, como el ritmo cardiaco y la respiración aceleradas, pudiendo disipar las reacciones al descubrir que fue una mala broma o una falsa alarma. En este caso, solo habremos de normalizar la reacción natural ante el estímulo. O bien, puede ser que se trate de otro tipo de reacciones físicas o fisiológicas, como sensaciones, dolores, síntomas o enfermedades asociadas a condiciones de estrés o experiencias emocionales difíciles. Ante estos casos, concentraremos el esfuerzo en revisar la emoción que esté atrapada y sin el permiso a ser expresada de forma abierta, para ayudar al cliente a identificarla, rotulándola con lenguaje externalizador y despatologizante, según las características que haya descrito al experimentarla en su cuerpo, por ejemplo: *tristeza opresora, miedo paralizante, enojo descontrolado, tensión preocupona, apatía flojerosa.*

El proceso podría iniciar por el lado inverso, cuando sea complejo para el consultante identificar con facilidad la emoción atrapada en la sensación, es decir, que primero describa la sensación corporal desagradable, para luego rastrear, con la ayuda de preguntas reflexivas (Ejercicio 15), las características emocionales de esa sensación, de tal modo que se elaboren rótulos como: *opresión tristona, dolor angustiante, tensión miedosa, pesadez apática, contracción rigidizada o preocupona,* o alguna otra acorde a su propia descripción.

Puede ocurrir que el cliente manifieste un cuadro fisiológico alterado (respiración agitada, calor, aumento de palpitaciones, contracción muscular), y afirme que se siente *"bien".* Ante esos casos en los que se presenta una desconexión o incongruencia entre lo que refleja su cuerpo y la verbalización de la emoción, le ayudaremos a conocerse más a sí mismo, a reconocer sus signos internos, y a permitirse sentir emociones dentro de la normalidad que todo ser humano experimenta, para que tenga mayor capacidad de consciencia y maniobra emocional.

El Ejercicio 16 (con leves adaptaciones al Ejercicio 8 *"Sanando mi Cuerpo"*, que también puede ser otra opción por aplicar) es una guía para trabajar en sesión, con la emoción somatizada, en búsqueda de ser liberada o neutralizada. Las primeras preguntas parten de la descripción de la sensación física para revisar sus caracteres emocionales asociados. La segunda parte, se dirige hacia el terreno emocional atrapado en la sensación corporal, a fin de identificarlo, neutralizarlo, regularlo o liberarlo.

Ejercicio 16. **"Afrontando la Emoción Somatizada"**
Ejercicio en sesión

- *¿Qué estás sintiendo?... ¿cómo lo describes?... ¿qué nombre le pones?*
- *¿Qué sientes físicamente?*
- *¿En qué parte de tu cuerpo ubicas esta sensación física?*
- *¿En qué momentos empezó a manifestarse de esta forma?*
- *¿Cuándo percibes que se reduce?... ¿cuándo percibes que se intensifica?*
- *¿Cómo te ha afectado esa sensación de tu cuerpo en tu vida?*
- *Si le pusieras voz a esa sensación de tu cuerpo, ¿qué te estaría diciendo?... ¿qué mensaje desea compartirte?*
- *¿Cómo te sientes emocionalmente al experimentar esa sensación en tu cuerpo?*

- ¿Cómo crees que se refleja esa emoción en tu cuerpo?
- Los signos físicos que experimentas... (opresión, dolor, parálisis, tensión, inflamación, congestión, pesadez, o los que fuesen) ¿podrían tener relación con lo que estás sintiendo emocionalmente?

A partir de las siguientes preguntas, podemos utilizar el término acordado con el cliente para referirnos a la emoción externalizada... Por ejemplo, tristeza opresora, miedo paralizante, enojo descontrolado, tensión preocupona, pesadez apática ....

- Si le pusieras una figura a esa... (sensación-emoción externalizada), ¿cómo la imaginas?
- Si la extrajeras de tu cuerpo y la pusieras frente a ti, ¿qué le dirías?
- ¿En qué situaciones de tu vida descubres que esa... (sensación-emoción) te ha afectado?
- ¿Cómo ha afectado tu salud física?
- ¿Qué mensaje importante crees que te está ofreciendo al haberse somatizado?
- Si le reconocieras algún beneficio que ha ofrecido a tu vida, ¿cuál sería?
- ¿Qué te gustaría agradecerle a esa... (sensación-emoción) que se ha reflejado a través de tu cuerpo?
- Al rescatar ese mensaje valioso que te ha transmitido, ¿cómo le expresas a tu emoción (en el nivel sano, no excedido), que la podrás tomar en cuenta sin que tenga que manifestarse a través de tu cuerpo?

- *¿De qué forma te estarás dando cuenta que mantienes la emoción en forma sana y útil en tu interior?*

3.3 Experimentación de la Emoción

En muchos casos por el tipo de educación recibida, el consultante pudiera considerar la expresión emocional como signo de debilidad, fragilidad o vulnerabilidad, y ante algún vislumbre emocional, pudiera sentir culpa, vergüenza o miedo. Por ello, un aspecto importante a contemplar en la intervención terapéutica, será el invitarlo a que se permita experimentar las emociones, como parte natural de la vida y de su higienización interna.

En palabras de Tal Ben-Shahar (2013), *"sentir una emoción no es más que tener el permiso de ser seres humanos".* Afirma que, al experimentarlas según la situación que afrontemos, mantendremos despejada y fluida nuestra "tubería emocional", y podremos decidir qué tipo de experiencias emocionales deseamos vivenciar.

En contraste, cuando negamos alguna emoción, reprimiéndola o evadiéndola, ese ducto emocional pudiera quedar bloqueado, impidiendo que sigamos experimentando con la diversidad natural de opciones emocionales, quedando atrapados, de forma indiscriminada, bajo la influencia predominante de alguna de ellas, ya fuese miedo, enojo, resentimiento, tristeza o impotencia, y ante la cual pudiésemos reflejar reacciones comportamentales generalizadas, acordes más al dominio de ese perfil emocional.

Un ejemplo de esta situación es cuando la persona pudo haber tenido acercamientos relacionales de invasión o abuso y ante los cuales despertó y experimentó sensaciones constantes de miedo y/o enojo defensivo. Al no procesar saludablemente esas experiencias, las emociones pudieron haber quedado congeladas e instaladas como su forma de reacción generalizada ante cualquier acercamiento, aun y cuando no se presentaran luego amenazas reales semejantes a las sufridas. En ese caso, podríamos afirmar, metafóricamente, que su "tubería emocional" quedó obstruida, impidiendo así el flujo natural, evolutivo y fresco para seguir experimentando la gama de emociones según las nuevas situaciones de vida.

En otros casos, pudiera ser que la persona presentara una disminución del nivel de emocionalidad, lo cual podría traducirse en signos de apatía o aplanamiento emocional. Pudiera reportar no experimentar sentimientos, disfrute, ni pasión. Y ante esto, le apoyaremos despertando su emocionalidad, ofreciéndole ejercicios que le permitan abrirse a la sensibilidad por medio de los sentidos (Ejercicio 2, *"Puertas Sensoriales"*), para después facilitarle el tránsito a la experiencia emocional más profunda.

3.4 *Revisión de Pensamientos Atrás de la Emoción*

Es común en el trabajo terapéutico que nos encontremos con clientes que han pasado por experiencias que les han dejado una secuela de cargas emocionales negativas, como enojo, resentimiento, culpa, vergüenza, tristeza o decepción, y han quedado ancladas a sus vidas por tiempos prolongados, afectando su visión de la vida, su comportamiento, su rendimiento y sus relaciones.

Un importante camino que nos permitirá ayudarles a destrabar esas emociones tiene que ver con revisar el tipo de explicación que han otorgado a esos hechos. El ofrecerles nuevas perspectivas que alteren las creencias que han alimentado esa cuota emocional sufriente y dolorosa, facilitará su dilución y asimilación, dando paso hacia la experimentación de nuevas emociones, acordes a la comprensión, la compasión, la empatía, la aceptación, la tranquilidad y el perdón.

Tomando como base pautas o criterios (Charles, 2005) con los que elaboremos y ofrezcamos al consultante nuevos constructos cognitivos que permitan la transformación de sus emociones negativas, enlisto los siguientes, anexando algún ejemplo correspondiente:

Reencuadres Cognitivos para Transformar Emociones Negativas

- Distinguir la buena intención que la otra parte tuvo para haber actuado de la forma en que lo hizo...
  ...Pareciera que con ese estilo rígido y exigente que tu padre aplicó contigo, me pregunto si buscaba cuidarte y protegerte de situaciones de riesgo, además de encauzar tus decisiones por un buen camino...
- Reemplazar la maldad por la incapacidad del otro...
  ...Pudiera ser que ese modo inexpresivo de tu madre formaba

parte de los aprendizajes que ella misma recogió de sus padres bajo su propia historia... y pareciera que no pudo... o no tuvo la oportunidad (vs. no quiso) de ofrecerte algo más, acorde a lo que tú deseabas y necesitabas...

- Empatizar con el otro implicado...

  ...Un evento tiene muchas interpretaciones posibles y pueden ser válidas... Si además de tu versión, hubiera la oportunidad de entender la situación desde la perspectiva de tu pareja (padre, madre, jefe, amigo), desde su historia y su realidad, me pregunto si eso podría completarte tu visión y ayudarte a comprender la situación de una forma diferente...

- Resignificar la culpa...

  ...La culpa malsana solo te recuerda el error de forma punitiva y lacerante, en tanto que la culpa sana te permite reflexionar sobre el error para aprender de él, y continuar con la vida habiendo integrado los aportes recogidos de la experiencia...

  ...Procesar la culpa saludablemente implica revisar la experiencia para identificar los fallos, asumir la consecuencia reparando el posible daño, aprender de ellos y crecer bajo una nueva versión de sí mismo...

  ...La culpa persistente es como aquel mensajero insistente que no desiste de su encomienda hasta asegurarse de que el mensaje, el aprendizaje valioso de la experiencia, fue recogido y asimilado por el destinatario... una vez integrado, podremos despedir al mensajero...

- Evaluar los beneficios personales al liberar y perdonar al otro (no necesariamente porque el otro lo merezca)...

  ...El peso de lo que has traído cargando es tan denso y te ha

afectado en tantas áreas de tu vida, que no sé si ya estarías dispuesto a soltarlo... a despedirlo... a liberarlo, solo para que puedas recuperar tu salud, tu tranquilidad, tu paz...

• Anteponer procesos de autovaloración y autoperdón...

...Los tropiezos y fracasos son lecciones que la vida nos ofrece para entrenarnos en cómo recoger aprendizajes para seguir creciendo y cómo ser más fuertes... Después de todo el dolor que has vivido, no sé si ha sido suficiente como para empezar a ofrecerte un nuevo mensaje de amor a ti mismo y de valoración a tu persona que te ayude a iniciar el camino hacia el perdón...

Estos ejemplos son algunas rutas con las que podremos ayudar al cliente a considerar nuevas interpretaciones a su situación que le ayuden a destrabar emociones negativas arrastradas a través del tiempo, y facilitar el flujo hacia nuevas condiciones emocionales saludables. Igualmente, ayudará a iniciar el proceso de perdón a sí mismo, a otras personas, a la vida y a Dios.

3.5 Decisión ante la Experiencia Emocional: Expresión, Calibración y Liberación de la Emoción

Cuando hemos realizado un proceso de consciencia sobre las emociones, estaremos entrenando al cliente a que aprenda a calibrarlas, decidiendo cómo vivirlas, con qué intensidad y por cuánto tiempo experimentarlas. Y, si lo considera conveniente, evaluar si las mantiene disponibles y reguladas, o si prefiere deshacerse de ellas, eligiendo formas sanas para liberarlas.

En ocasiones, cuando se trata de una situación transitoria y de baja importancia, la emoción misma se asienta y se libera con naturalidad. Sin embargo, cuando incomoda de tal forma que altera el ritmo, la salud o la funcionalidad de la persona, o la de sus allegados; o cuando se estanca, permaneciendo por periodos más largos de lo deseable y hay rasgos emocionales impulsivos o reactivos, entonces justifica dedicar esfuerzo en desarrollar habilidades que le ayuden a afrontar, calibrar o liberar las cargas emocionales saludablemente.

Las siguientes preguntas son opciones que nos ayudan a revisar la disposición que el consultante tiene para modificar alguna emoción difícil o dolorosa:

- *A partir de los efectos que esta emoción (tristeza, enojo, resentimiento, culpa, vergüenza, decepción) ha acarreado a tu vida, ¿te gustaría que permaneciera un tiempo más?* (en caso de que aún no esté preparado para el cambio inmediato).
- *¿Te gustaría aprender a regular/dominar esa emoción de tal forma que esté disponible solo en la dosis útil y necesaria, evitando caer en excesos estorbosos?*
- *¿Te gustaría liberarla, eliminarla o distanciarte de ella para evitar que siga afectando tu vida?* (clientes con mayor determinación al cambio).

Una vez generado el espacio de reflexión en el que el cliente decida cuál actitud tomar respecto a su emoción, podremos ofrecerle opciones de acción regulatoria o liberadora. El Ejercicio 17 contempla una serie de alternativas que podrán elegirse y combinarse según su preferencia y lenguaje.

Ejercicios 17. **"Intervenciones y Rituales Terapéuticos de Expresión y/o Liberación de la Emoción"**
Ejercicios dentro y/o fuera de sesión

a) **Intervenciones Relacionales.** Compartir y platicar la experiencia con otras personas es un medio que, por influencia sociocultural y por sentido común, es utilizado ampliamente en ambientes informales, además de su empleo en entornos terapéuticos profesionales. Cuando la experiencia de abrirse y compartir emociones, de forma verbalizada, ocurre bajo un entorno seguro y protegido, puede contribuir a la sanación interna, a partir de que ofrece la oportunidad a la persona de sentirse escuchada, comprendida y acompañada, lo que es muy útil en el proceso de reparación inicial.

b) **Rituales Artísticos.** La expresión gráfica de una emoción constituye un medio catártico y liberador para la persona que le permite afrontarla y concientizarla, a través de medios externos a sí misma, lo que facilita su manejo y dominio. La ruta artística específica podrá elegirla el consultante y complementarla con la construcción de un diálogo sanador cliente-emoción dirigido por el terapeuta. La guía ofrecida en el Ejercicio 15 facilita esta parte de la intervención. Entre las opciones que podemos sugerir son:

  • Expresiones plásticas: dibujo, pintura, escultura, collage y toda creación manual con el manejo de distintos materiales.

- Expresiones escénicas: dramatización, teatro, performance y juego de roles escenificados.
- Expresiones digitales: fotografía y video.

c) **Rituales Musicales.** La composición o interpretación musical, el canto o el manejo de algún instrumento musical, son opciones catárticas para quienes prefieran las vías auditivas y kinestésicas.

d) **Actividades Físicas.** El ejercicio físico es un medio catártico y liberador, por excelencia, que ayuda a expulsar y sacudir las emociones. Dentro de este bloque incluimos el deporte, el baile, el canto y el permiso para gritar.

e) **Rituales Reflexivos.** Hablar en voz alta consigo mismo sobre la experiencia, igual que el proceso introspectivo en donde la persona se dé espacios para revisar, reflexionar y evaluar alguna situación, junto a la práctica de la oración y la meditación, son alternativas que ayudan a generar un medio de expresión, profundización y ofrecimiento liberador de la emoción.

f) **Ritual del Símbolo Liberador.** Elegir un objeto representativo y simbólico de la emoción a liberar, como una fotografía, un artículo específico, una carta, un gráfico, una prenda de ropa, o algún otro elemento que para el cliente sea evocador de esa emoción (asociada a alguna experiencia), es otro recurso que genera el proceso de expresión, distanciamiento y liberación de la emoción. Una vez elegido el objeto simbólico, el cliente asignará de manera expresa el significado otorgado, con alguna fórmula verbal de agradecimiento y despedida. Finalmente, de forma individual, o con la presencia de su sistema familiar, podrá enterrarlo, quemarlo, tirarlo, eliminarlo o acomodarlo en algún sitio específico.

g) Ritual de Desplazamiento de la Emoción. Consiste en desplazar la vivencia de la emoción a un cierto horario del día, para evitar su invasión desordenada durante la actividad cotidiana del consultante. Implica desarrollar una habilidad de autoconciencia y regulación que le permita identificar la presencia de la emoción, para luego negociar con ella su desplazamiento a un horario preestablecido, a fin de poder mantener el curso de su actividad normalizada, sin sufrir mayores afectaciones. Es común que, con la práctica de este ritual, el cliente aprenda a regular y dominar su emoción, y en muchos casos, logre liberarla, lo que lo reposicionará en una condición más saludable.

h) Rituales Literarios. El acto de escribir constituye un medio reflexivo y catártico para detonar nuevas experiencias cognitivo-emocionales valiosas. Puede realizarse a través de distintas formas, tales como:

- *Carta de despedida* dirigida a sí mismo y/o a alguna persona significativa, en la que se compartan los aportes que la situación emocional ofreció, agradeciendo lo que logre rescatar como favorable, así como las consecuencias nocivas que también pudo generarle, por lo que ahora busque despedirse de ella.
- *Carta de bienvenida* dirigida a sí mismo y/o a alguna persona significativa, en la que el cliente se permita expresar lo que está dispuesto a asumir, construir o

seguir consolidando de su nuevo yo, a partir de las nuevas condiciones emocionales de las que estará gozando y manteniendo en su vida.

- *Carta desde mi yo futuro* en la que el cliente se visualice a unos años más de vida, y bajo la perspectiva y la experiencia acumulada desde ese escenario futuro, ofrezca a su yo más joven (el actual), reconocimientos, agradecimientos, sugerencias y recomendaciones de lo que podría serle útil y significativo.

- *Ritual Escribir-Leer-Quemar/5' con Aprendizajes-Cualidades-Visión a futuro/10'* (ELQ-ACV). Es una adaptación del Ejercicio 11 con opción a que sea focalizado hacia el manejo emocional. Permite prescribir la emoción con manejo de algunas condiciones precisas que ayudan al cliente a empezar a circunscribirlo en momentos preestablecidos del día y, por tanto, tener cierto dominio sobre él. Con horario prefijado, se recomienda que lo realice en dos fases:

1º En los primeros cinco minutos del ritual se busca liberar el estrés producido por la condición emocional en la que puede convocar, expresar y escribir, sin filtro ni juicio, la carga emocional acumulada dolorosa y negativa. La catarsis puede acompañarse con llanto y/o muestras de enojo, en tanto que respete "la regla de tres": no dañarse a sí mismo, no dañar cosas y no dañar personas. Una vez cubierto el tiempo marcado, suspenderá el escrito, lo leerá en voz alta, para finalmente, eliminarlo por algún medio (romperlo, tirarlo o quemarlo), como signo de despedida y liberación.

2° En los siguientes diez minutos del ritual, se trabaja en un proceso de resignificación de la situación, logrando identificar, escribir y conservar las aportaciones valiosas que le ha dejado esta experiencia en su vida. La reflexión puede dirigirse hacia la revisión de los siguientes elementos:

- *Aprendizajes* que descubre a partir de su situación difícil. El golpe que genera esta situación dolorosa habrá de dejar algunas aportaciones valiosas a la vida.

- *Nuevas cualidades* desarrolladas al maniobrar con las situaciones difíciles. Las experiencias dolorosas nos ofrecen oportunidades para desarrollar nuevos rasgos en nuestra persona, por ejemplo, la fortaleza, la paciencia, la compasión, que nos permiten adaptarnos y sobrellevar mejor las experiencias difíciles de la vida.

- *Visión a futuro* a corto plazo (unas semanas más), en la que la persona se describa habiendo superado el problema, lo que facilita la predisposición positiva para recrear el escenario deseable.

Estos tres elementos de la segunda fase del ritual se convierten en el fruto más valioso de la experiencia difícil y por el que el cliente puede generar estados de mayor crecimiento. El ritual se recomienda sostenerlo diariamente, hasta la siguiente sesión del proceso, o hasta que se considere necesario.

4. Estrategias Terapéuticas de Transformación Emocional: Hábitos Emocionales Positivos

Después de ofrecer al cliente distintos medios para aprender a expresar, regular y liberar emociones, será importante que incorpore herramientas adicionales que le permitan transformar, interna y deliberadamente, lo que siente, a fin de que logre instalar hábitos emocionales positivos de forma perdurable.

Cuando la persona cultiva emociones positivas, goza de más beneficios en su salud física, en el fortalecimiento de su sistema inmunológico y su longevidad. En el terreno cognitivo, despiertan la creatividad y la solución de problemas, además de facilitar la concentración en las tareas y la toma de decisiones. En lo comportamental, aumentan el rendimiento y la productividad, así como también, generan relaciones interpersonales más sanas y armónicas. Y ante condiciones de adversidad, la persona que instala hábitos de emoción positiva tiende a ser más resiliente, con capacidad para manejar el estrés y recuperarse, más ágilmente, de episodios difíciles. En resumen, la emocionalidad positiva aumenta el bienestar y amplifica los recursos personales y relacionales.

Algunas de estas emociones que se recomienda cultivar, son la tranquilidad, la alegría, el amor, el optimismo, el agradecimiento, la serenidad, la inspiración, la admiración, el interés, la esperanza, la risa, la diversión, la comprensión, la compasión y la satisfacción.

Desde los capítulos II y III, propongo ejercicios, técnicas y rituales que facilitan la activación de algunas de estas emociones. Ahora agrupo y amplifico las opciones, a fin de facilitar su elección, según sea requerido para el trabajo terapéutico.

4.1 Técnicas Somato-Sensorio-Emocionales

Estas estrategias ayudan a provocar estados emocionales teniendo, como punto de partida, la conexión con las sensaciones corporales. Inicialmente, a través de la consciencia en la respiración, podremos despertar en el cliente la apertura a su percepción sensorial, con la reactivación de sus sentidos que le ayuden a abrir la consciencia sobre sus sensaciones corporales. Después, con la misma respiración consciente y pausada, facilitaremos su apertura y disposición a crear y evocar imágenes en las que, al inhalar oxígeno, visualice vida, luz, energía, salud, paz recogiendo del entorno todo aquello que le nutra, física y emocionalmente. De igual forma, al momento de la exhalación podrá desechar, despedir, expulsar y liberar tensión, estrés, contracciones, negatividad, y todo lo que le resulte estorboso a su bienestar. La tranquilidad, la serenidad, el agradecimiento, la compasión y el amor, pueden ser emociones evocadas en este espacio de pausa, de introspección y de reparación interior. Una intervención como la siguiente es un buen punto de partida:

Inducción a Ejercicio de Relajación
Ejercicio en sesión

Date la oportunidad de adoptar una postura cómoda... Si lo deseas, puedes cerrar tus ojos, o bien, concentrarte en algún punto fijo... No tienes que hacer nada en especial, solo respirar profunda y completamente, dándote la oportunidad de expandir tu pecho, llenándote, en cada respiración, de oxígeno... de salud... de energía... de tranquilidad... y en cada exhalación puedes aprovechar para liberar estrés, preocupación o cualquier estorbo que te impida estar relajado... Y mientras que tu mente consciente escucha mi voz, tu mente interna podrá empezar a hacer todo lo que considere necesario para ir recuperando tu bienestar... con cada respiración profunda, podrás ir sintiendo mayor tranquilidad...

Para casos en los que la persona se sienta con altos niveles de ansiedad o estrés, el ejercicio debe iniciar de forma invertida, primero, generando la exhalación por la boca, la expulsión con repetidos intentos de descarga de tensión, que permitan liberar y vaciar el interior estresado, para luego, recoger la oxigenación inhalando por la nariz.

La práctica de estos momentos de reconexión con el cuerpo, a través de la respiración pausada y profunda, combinados con la evocación positiva, relajante y tranquila, permitirá ir provocando estados internos más favorables y serenos.

Se ha probado, a través de la investigación, que la práctica constante de ejercicios de meditación en el tiempo presente, también llamados de atención plena o *mindfulness*, tiene grandes beneficios a la salud física y emocional.

Con ellos, las señales neurofisiológicas que el cerebro recibe provocan estados de mayor tranquilidad, seguridad y regulación emocional, además de disponerse a la experimentación del disfrute, del goce y de la apertura a saborear, agradecer y admirar el momento presente.

Los siguientes ejercicios desarrollados en los capítulos II y III, son ejemplos que podemos seleccionar para trabajar en sesión, facilitando estrategias de regulación emocional. Implican iniciar con la toma de consciencia de la respiración consciente, profunda y completa, para luego, según el objetivo a reforzar, adaptar las sugestiones centrales del ejercicio, activando la evocación de emociones positivas, como la tranquilidad, la serenidad, el disfrute, la confianza, la seguridad, el agradecimiento y el amor.

- ❤ *"Puertas Sensoriales"*. Trance hipnótico (Ejercicio 2).
- ❤ *"Búsqueda de Fortalezas"*. Trance hipnótico (Ejercicio 3).
- ❤ *"Aceptando y Valorando mi Cuerpo"*. Interrogatorio reflexivo (Ejercicio 5).
- ❤ *"Integración de mis Áreas Personales"*. Reflexión / Meditación (Ejercicio 6).
- ❤ *"Agradecimiento a mi Cuerpo"*. Trance hipnótico (Ejercicio 7).
- ❤ *"Sanando mi Cuerpo"*. Ritual en sesión (Ejercicio 8).

4.2 Técnicas de Visualización Cognitivo-Emocionales

Otro grupo de técnicas que estimulan en el cliente emociones positivas, son las que agrupo como técnicas de visualización cognitivo-emocionales. Estas se basan en la capacidad de nuestro cerebro para asumir como reales, las experiencias imaginarias que podamos construir, de tal forma que, ante la situación visualizada, el organismo libera los neurotransmisores acordes a ella, despertando, en el momento presente, posibles sensaciones de tranquilidad, seguridad, motivación, alegría, afecto y/o esperanza.

Estas estrategias permiten generar una enorme diversidad de experiencias sanadoras y gratificantes, imaginando un escenario presente favorable, y viajando a través del tiempo, ya sea hacia el pasado, recuperando experiencias útiles, positivas y saludables de la historia personal que pueden trasladarse al momento presente; así como visualizando en el futuro eventos positivos, exitosos y satisfactorios que alimenten el presente con sensaciones positivas de tranquilidad, confianza y esperanza.

Cualquiera de las siguientes técnicas puede iniciarse de forma *directa*, invitando al consultante a que evoque recuerdos de su historia, o genere visualizaciones en el presente o futuro acordes a situaciones específicas que le despierten alegría, tranquilidad, paz, seguridad o diversión. Podremos pedirle que las reexperimente hablando de ellas, diseñándolas, compartiéndolas o escribiéndolas, para facilitar la consolidación de los beneficios en su persona. O también, podremos utilizar formas *indirectas*, con la evocación emocional sugerida a través de un trance hipnótico, en el que lo llevemos a experimentar esas situaciones positivas y deseables, ofreciéndole sugestiones visuales, auditivas y/o kinestésicas que le permitan gozar, en el presente, de esas emociones positivas construidas en su interior.

a) Visualización de Experiencias Gratificantes del Pasado

Esta técnica permite al consultante rastrear en su archivo de memorias, situaciones o momentos de su historia personal, en las que se haya visto y sentido gozando de tranquilidad, placer, serenidad o amor, para provocar su reexperimentación en el presente. Este ejercicio genera un estado emocional gratificante, además de ser la fuente de la que se extraigan soluciones útiles a posibles dificultades del momento. Fomentar el traslado de esos recursos positivos del pasado y su réplica creativa y adaptativa a las condiciones del presente, será un medio valioso para utilizar en el proceso terapéutico. El Ejercicio 18 es un ejemplo de trance hipnótico formal en el que podremos facilitar la reexperimentación en el presente de experiencias gratificantes del pasado.

Ejercicio 18. **"Reexperimentación Positiva"**
Trance Hipnótico
(Fernández, ME.)

INDUCCIÓN AL TRANCE / CONCIENCIA EN LA RESPIRACIÓN.

Date la oportunidad de adoptar una postura cómoda... No tienes que hacer nada en especial, solo respirar profunda y completamente, expandiendo tu pecho, llenándote, en cada respiración, de oxígeno... de salud... de energía... de tranquilidad... y en cada exhalación, puedes aprovechar para descargar tensión, liberar estrés, soltar preocupación o cualquier estorbo que te impida estar relajado... sereno... Y mientras que tu mente consciente escucha mi voz, tu mente interna podrá empezar a hacer todo lo que considere necesario para tu bienestar... con cada respiración profunda, podrás ir sintiendo mayor serenidad...

RASTREO DE EXPERIENCIAS GRATIFICANTES CON METÁFORA Y ANCLAJE DE RECURSOS
(visual, auditivo, kinestésico).

...Y en tanto vas profundizando en tu sensación de tranquilidad, tu mente interna podrá llevarte a algún momento de tu historia en el que te hubieses sentido muy relajado, muy tranquilo, muy contento... Dale permiso a tu mente interna de viajar e indagar en ese archivo que guarda cuidadosamente tus recuerdos... y date la oportunidad de revisar en su interior... podrás ir rescatando experiencias, especialmente significativas e importantes, en las que te descubres sereno, relajado, tranquilo, contento...

Y mientras vas recreándote en esos bellos y agradables recuerdos, ahora traigo a la memoria a aquel viajero que, al emprender su travesía por esos lugares interesantes, hermosos, se mostraba emocionado y dispuesto a experimentar y a disfrutar de cada paso en su recorrido... con la sonrisa en el rostro respiraba profundamente, recargándose de vida, de luz, de esperanza... abierto y curioso para aprender y gozar de su aventura... Le motivaba llegar al destino... e igual se mostraba abierto y dispuesto a disfrutar de los detalles del trayecto... a través del viaje descubría valiosos recursos de los que podía sentirse agradecido y gozoso... al recoger lo mejor de cada sitio que visitaba, lograba conservar un buen recuerdo en su equipaje... sabía que podía mantenerlo fresco en su memoria y revivirlo cuantas veces lo deseara, experimentando las mismas emociones reconfortantes y disfrutadoras...

A través de esta experiencia agradable, relajante de tu historia, descubre cómo te ves, con rostro tranquilo, contento... escucha tu propia voz y los sonidos que hay a tu alrededor... e igualmente, date el permiso de sentir, de experimentar en tu cuerpo esas mismas sensaciones de relajación, de tranquilidad, de serenidad, de felicidad...

Puedes ahora conservar estas sensaciones, uniendo ahora las yemas de tus dedos pulgar e índice, ya sea de tu mano derecha o izquierda, la que tu mente interna prefiera... y mientras lo haces, seguirás experimentando estas agradables sensaciones de relajación... de tranquilidad... de serenidad... de felicidad... mantén esa presión de tus dedos... y seguirás sintiéndote muy relajado, muy tranquilo, muy feliz...

SUGESTIÓN POSTHIPNÓTICA.

...Este contacto con tus dedos es una llave maestra... es la clave con la que podrás abrirte y conectar con esta experiencia gratificante en todos los momentos de tu vida en que lo desees o lo necesites... permitiéndote acceder y experimentar nuevamente estas mismas sensaciones de relajación, de tranquilidad, de felicidad...

CIERRE DE TRANCE.

Date permiso de acomodar esta experiencia... y tómate el tiempo necesario para hacerlo... y cuando estés listo, podrás regresar, a este lugar y a este momento, empezando a mover poco a poco tus miembros, despejándote y sintiéndote muy bien, muy en paz.

b) Recordatorio de Anécdotas Divertidas

La risa ha sido uno de los recursos probados en la investigación que beneficia la salud física y emocional de forma significativa. A nivel físico, fortalece el sistema inmunológico, favorece el sistema circulatorio y mejora la función respiratoria aumentando la oxigenación, la salud y la longevidad. Como provoca la liberación de endorfinas, genera un efecto analgésico en el organismo que puede reducir los dolores físicos, durante al menos dos horas, a partir de diez minutos de risa no reprimida, detonando a nivel emocional, alegría, gozo, placer y relajación (Burns, Street, 2006; Burnett, 2018). Igualmente se ha probado, que un minuto de risa, equivale a cuarenta y cinco minutos de relajación y, como efecto adicional, tanto la risa como el buen humor, favorecen el encuentro interpersonal armonioso y afectivo.

Por todo esto, será importante evocar en el cliente el recuerdo de anécdotas divertidas y relajantes que pueda recrear en el presente, a fin de reexperimentar sus beneficios, tanto físicos como emocionales, y se disponga a gozar de condiciones optimistas y relajantes que le ayuden a la activación del humor ante los distintos retos de la vida.

Para ello, puede aplicarse algún ejercicio en sesión (como el Ejercicio 18 con adaptaciones y ajustes a la recuperación de experiencias divertidas, gozosas y relajantes), o encomendarle algunas tareas en las que rescate momentos divertidos y placenteros de su vida, recuerde anécdotas disfrutadoras, ya sea bajo un proceso de revisión personal, o a través de encuentros y convivencias relacionales gratificantes.

c) Visualización de Escenarios Futuros Satisfactorias

Del mismo modo que rescatamos del pasado los mejores elementos que faciliten la evocación de emociones positivas, podremos favorecer en el consultante, la construcción creativa de escenarios futuros positivos, saludables y exitosos, que le despierten estados internos de relajación, confianza, tranquilidad y/o seguridad. Como sabemos, la sensación de ansiedad se nutre de imaginar escenarios negativos, por lo que, con esta práctica, contrarrestaremos esas sensaciones, al visualizar situaciones favorables a futuro con una actitud de apertura y esperanza. Esto alimentará, en el presente, emociones positivas acordes a la tranquilidad, la paz y la confianza, además de que podrá activar la motivación para asumir comportamientos conducentes a la construcción del futuro deseable.

d) Meditación

Desde hace milenios se ha practicado la meditación, como camino a la introspección y a la paz interior, sin embargo, no ha sido sino hasta las últimas décadas, que se ha estudiado científicamente, la serie de beneficios que aporta a la salud física, emocional, mental y espiritual de la persona.

A partir de la plasticidad cerebral y la neurogénesis, la meditación constante ha probado alterar la anatomía y la fisiología del cerebro, logrando ampliar y transformar zonas que potencian sus funciones cognitivas, como la capacidad de aprender, razonar, memorizar y focalizar la atención. Desarrolla la creatividad y la solución de problemas, así como también, amplía la conciencia de sí mismo y la sensibilidad corporal (Kabat-Zinn, J., 2019).

En el terreno emocional la meditación estimula el desarrollo de sentimientos de compasión, empatía, bondad, comprensión y tranquilidad, además de aumentar la resiliencia y la fortaleza interior. Y en la salud física, fortalece el sistema inmunológico, previniendo enfermedades degenerativas, gracias a su función de rejuvenecimiento de los canales neuronales y la mejora en el flujo sanguíneo del cerebro. Igualmente, protege la longitud de los telómeros (parte extrema de los cromosomas), que son factores que se relacionan con la longevidad de la persona.

Por todo lo anterior, la meditación será una estrategia interventiva que utilizaremos en nuestro trabajo terapéutico, para fortalecer el bienestar general del cliente, tanto en sesión, como en la práctica en casa.

Aun y cuando hubiese una amplia serie de meditaciones, citaré la *Meditación de la Bondad Amorosa*, como una opción concreta para transformar las emociones y favorecer los estados de salud física, emocional, mental y relacional. Es una práctica realizada desde la antigüedad, bajo la tradición budista, evaluada a través de diversas investigaciones (Friedickson, 2015; Kabat-Zinn, 2019), que cultiva el desarrollo de la bondad, la amabilidad, la solidaridad, la tolerancia, la alegría, la comprensión, la compasión, el amor y el respeto. Consta de seis pasos: la entrega de la bondad amorosa a sí mismo, a una persona amada, a una persona indiferente o neutra, a una persona difícil o enemiga, a toda la humanidad y, finalmente, a todos los seres vivos.

En palabras de Barbara Friedickson (2015) *"el amor es la clave para mejorar la salud mental y física, así como para alargar nuestra vida..."*. Y si estos beneficios se expanden, de forma sistémica, a los entornos en los que la persona convive, estaremos favoreciendo la construcción de un estilo de comunidad más humana, más cálida y saludable.

Ejercicio 19. "**Meditación de la Bondad Amorosa (METTA)**"
Trance hipnótico
(Adaptación Fernández ME, 2020 a Kabat-Zinn, 2019)

INDUCCIÓN / CONCIENCIA EN LA RESPIRACIÓN.

Date la oportunidad de adoptar una postura cómoda... No tienes que hacer nada en especial, solo respirar profunda y completamente, expandiendo tu pecho, y dejándote mover suavemente por el ritmo de tu respiración... al inhalar, te llenas de oxígeno... de salud... de energía... de tranquilidad... Y al exhalar puedes descargar tensión, liberar estrés, soltar preocupaciones o cualquier estorbo que te impida estar relajado... Y mientras que tu mente consciente escucha mi voz, tu mente interna podrá empezar a hacer todo lo que considere necesario para ir recuperando tu bienestar... tu paz... Con cada respiración podrás ir sintiendo mayor tranquilidad, mayor quietud...

Si en algún momento aparecen pensamientos, emociones o imágenes distractoras, solo obsérvalas, déjalas ir, sin juzgarte, sin apegarte a ellas... y regresa al punto de concentración...

PROFUNDIZACIÓN.

♥ Amor a sí mismo...

...Observa cada una de las partes de tu cuerpo... imagina la luz sanadora de un escáner que, a su paso, va dejando una sensación de comodidad, de relajación... y va recorriendo desde la punta de tus pies y tus pantorrillas... asciende hacia tus muslos... tu abdomen... tu pecho... tus brazos y tus manos... se expande por

tu espalda... tu cuello y tu nuca... llega a cada uno de los músculos de tu rostro... Aprovecha para agradecerle a tu cuerpo, con cariño, todo el trabajo constante que hace por ti... Tal vez puedas pedirle disculpas si en algún momento no le has dado los cuidados que necesitaba... ofrécele, todo tu cariño y tu gratitud...

Y ahora puedes enfocar tu atención en el área de tu corazón, visualizando una esfera de luz intensa, dorada... es la energía del corazón... una energía de amor y compasión que habita en ti... siéntela, respírala, hazte uno con ella...

Puedes llevar hasta ahí tu mano derecha, y con presiones muy suaves, con intención y con presencia plena, reconforta a tu propio corazón... Siente tu calidez, apórtale, a través del contacto de tu mano, toda la gratitud, el cariño que merece... y siente cómo tu interior se reconforta con tu ternura y comprensión... Todos llevamos mucha presión en la vida, y de vez en cuando necesitamos pararnos y agradecernos a nosotros mismos el esfuerzo por tratar de vivir intentando entregar lo mejor, aunque a veces sea difícil...

Alivia ahora el dolor de tu corazón y ofrécele todo tu reconocimiento, con pasión y gratitud... conecta con tu propia fuente de esa energía divina que no es otra que la del amor... conecta con el sublime sentimiento que irradias desde tu interior y abastécete...

Puedes visualizarte abrazándote a ti mismo y deseándote la paz que mereces... abrázate con cariño y ternura... arropa al niño que hay en ti, y envíale los sentimientos de comprensión, de calma, de perdón... envíale todo tu amor y exprésate a ti mismo...

...que pueda ser feliz... que pueda disolver el sufrimiento... que tenga salud... que la vida me sonría y pueda hacer realidad mis sueños... que los logros que conquiste sean duraderos y estables... que pueda conectar con la esencia más profunda de mí mismo... que la felicidad y la paz aniden en mi corazón...

♥ Amor a una persona amada...

...Y ahora desde ese sentimiento de amor benevolente, visualiza a alguna persona querida... tal vez un amigo, algún familiar, alguien a quien ames de verdad... y envíale tus buenos deseos... Compártele tu luminosa energía de pureza y buenos deseos... envíale tu amor benevolente que sientes en tu interior... y cuando lo tengas visualizado exprésale...

...que puedas ser feliz... que puedas disolver el sufrimiento... que tengas salud... que la vida te sonría y puedas hacer realidad tus sueños... que los logros que conquistes sean duraderos y estables... que la felicidad y la paz aniden en tu corazón... y puedes añadir cualquier otro deseo que quieras expresarle...

♥ Amor a una persona indiferente...

... Y ahora te invito a que hagas lo mismo con una persona que para ti sea indiferente... cualquier persona que conozcas y que no te despierte alguna emoción en particular... puede ser tal vez, un compañero, algún vecino, una persona que viste en la calle... y ya que lo visualices, exprésale...

...que puedas ser feliz... que puedas disolver el sufrimiento... que tengas salud... que la vida te sonría y puedas hacer realidad tus sueños... que los logros que conquistes sean duraderos y estables... que la felicidad y la paz aniden en *tu corazón... Y sigue diciéndole y enviándole estos pensamientos y sentimientos mientras lo visualizas...*

♥ Amor a una persona difícil...

...Y ya cargados de esta divina energía de amor universal, puedes visualizar a alguien cuya presencia te resulte difícil o no agradable... alguien que quizás te cause algún tipo de rechazo... Y trata de enviarle todo el amor que sientes en tu interior, más allá de cualquier emoción que puedas tener en contra de esa persona... No veas a la persona que te ha hecho tal o cual situación, sino al ser humano que sufre... que posiblemente está confuso... o quizás está ciego y perdido... Y que, igual que tú, y todos los seres humanos, tiene problemas... e igual que tú, puede equivocarse... Visualízalo y respóndele de forma creativa, eligiendo, por conciencia y voluntad, enviarle sentimientos de respeto... de comprensión... de compasión... y exprésale ...

...que puedas ser feliz... que puedas disolver el sufrimiento... que tengas salud... que la vida te sonría y puedas hacer realidad tus sueños... que los logros que conquistes sean duraderos y estables... que la felicidad y la paz aniden en tu corazón...

♥ Amor a toda la humanidad...

...Y ahora, para finalizar, te invito a que, a través del poder de tu imaginación creadora, extiendas tus sentimientos de solidaridad, de reconocimiento, de amor y de compasión, a todos los seres humanos... Amplía tu conciencia a toda la familia humana... a cuantas personas puedas alcanzar a imaginar... entregando a todos ellos estos mismos deseos... y puedas expresarles...

...que puedan ser felices... que puedan disolver sus sufrimientos... que tengan salud... que la vida les sonría y puedan hacer realidad sus sueños... que los logros que conquisten sean duraderos y estables... que la felicidad y la paz aniden en sus corazones...

♥ Amor a todo ser vivo...

... Ahora expande tu sentimiento de amor benevolente hacia todos los animales, hacia todas las plantas, los árboles y los bosques, hacia el planeta mismo, con sus ríos, valles y montañas... hacia los mares y océanos... Expande este sentimiento de amor hacia todo el universo... allá donde la existencia se exprese en cualquiera de sus manifestaciones...

... Nada ni nadie existe independientemente del otro... Toda la existencia es una gran red de fenómenos interconectados e interdependientes, formando los unos las condiciones para la existencia de los otros... Expande tu felicidad y tu amor a todo el universo... consciente de toda la diversidad que hay en la unidad... y consciente de que todos somos uno...

... Y desde este sentimiento de amor y de unidad que llena todo tu ser, prepárate para comenzar un nuevo día... recuerda que en tus manos está el poder de hacer un mejor día...

CIERRE DE LA MEDITACIÓN.

Date permiso de acomodar esta experiencia... Tómate el tiempo necesario, y cuando estés listo, puedes regresar, a este lugar y a este momento, empezando a mover poco a poco tus miembros... despejándote y sintiéndote muy sereno, muy en paz...

4.3 Técnicas Conductuales-Emocionales

El último grupo de técnicas que podemos utilizar con el cliente para ayudarle a ir transformando, cultivando e instalando emociones positivas en su vida, tiene que ver con todas aquellas que implican llevar a cabo acciones.

Como sabemos, el acceso por medio de la conducta pudiera ser, al igual que los ya medios explicados, solo el punto de partida para provocar cambios en otras áreas del intrasistema. Cuando el cliente realiza algunas acciones, a pesar de que al inicio no tenga la motivación para hacerlo, sabemos que se generarán cambios neurofisiológicos que facilitarán el que se sienta más energizado y saludable. En el área cognitiva irá despertando mayor creatividad y flexibilidad de pensamiento, así como mayor concentración y capacidad resolutiva de problemas. Y cuando la espiral positiva ascendente logre desencadenarse, logrará irrigar la zona emocional, haciéndole sentir más motivado, alegre, inspirado, afectuoso y esperanzado. En general, podrá recuperar mayores condiciones de satisfacción, bienestar y felicidad.

Una vez que el consultante empiece a practicar esta línea de acciones saludables, aseguraremos que su efecto logre realizar el recorrido por el circuito interior y relacional, de tal forma que, a través de preguntas inteligentes, vaya teniendo consciencia de las nuevas ideas útiles que alimentan su mente, así como de las sensaciones y emociones que vaya experimentando.

Bajo este proceso de coconstrucción, configuraremos los patrones saludables de acción, emoción y pensamiento, y dentro de esa espiral positiva, podrá empezar a establecerlos de forma habitual, tanto consigo mismo, como en sus encuentros interpersonales.

Entre las diversas opciones conductuales que podremos proponer en el proceso terapéutico para propiciar la evocación y el cultivo de emociones positivas, están, principalmente, las que el propio cliente considere como sus propias áreas de disfrute personal y, de forma adicional, podremos sugerirle algunas otras para que explore nuevas experiencias placenteras y/o gratificantes. En todas ellas, la constante será que logre resignificarlas como autoregalos diarios que se ofrezca a manera de signos de amor, autovaloración, agradecimiento y reconocimiento. La siguiente tabla (Figura 14) condensa una serie de propuestas conductuales que favorecen el despertar de emociones positivas.

Técnicas Conductuales para Cultivar Emociones Positivas

Inventario de actividades disfrutables: (Ejercicio 1)	Actividades físicas:	Actividades recreativas:	Rituales de agradecimiento: (Ejercicio 4. Emmons, Seligman)
• Actividades personales preferidas. **Actividades de conexión familiar / social:** • Compartir, donar objetos, tiempo, recursos, talentos. • Ser amable • Sonreír, reír • Convivir, platicar • Visitar a un amigo • Expresar afecto • Abrazar a alguien significativo • Realizar una acción solidaria • Agradecimiento y/o reconocimiento mutuo en familia, en pareja, con amigos (diario, semanal o mensual). • Mensaje escrito de agradecimiento / reconocimiento familiar.	• Practicar ejercicio físico o algún deporte • Caminata por áreas verdes • Contemplación de la naturaleza • Bailar • Disfrutar un baño reparador **Actividades de introspección:** • Orar • Meditar • Reflexionar • Listado de agradecimiento y reconocimiento a mi cuerpo, a mi persona. • Listado de áreas de mejora personal. • Definir el primer pasito hacia el cambio saludable.	• Jugar • Cocinar • Saborear un platillo • Disfrutar aromas agradables • Escuchar música • Tocar un instrumento • Cantar • Dibujar • Pintar • Esculpir materiales • Crear • Elaborar manualidades • Escribir • Leer • Tomar fotografías • Adoptar una mascota • Jardinear • Sembrar plantas • Pasear • Viajar • Ver una película, una serie	• *Observación agradecida:* observar cinco experiencias, cosas del día, por las que podrías sentirte agradecido. • *Diario de agradecimiento:* escribir al cierre del día cinco situaciones o cosas por las que te sientas agradecido. • *Carta de gratitud:* a una persona significativa. • *Visita de gratitud:* visita presencial para expresar agradecimiento. • *Mensaje / Llamada de agradecimiento:* utilizar redes sociales para expresar agradecimiento.

Portafolio de positividad: (J. Pawelsky) elaborar una colección de material visual, auditivo y/o verbal, que despierte y conecte con emociones positivas: fotografías, videos, obras de arte, paisajes, poemas, música, personas, objetos.

Figura 14. Tabla de técnicas conductuales para cultivar emociones positivas.

"La experiencia no es lo que le ocurre a uno...
es lo que uno hace con lo que le ocurre".

Aldous Huxley

CAPÍTULO VII

Metamorfosis del problema: Resiliencia y bienestar postraumático

"Todo ocurrió demasiado rápido... me secuestraron a punta de golpes, gritos, amenazas y armas largas frente a mi pequeño hijo... me sentí horrorizado... y en medio del aturdimiento, accedí a todas sus demandas... Me llevaron solo a mí, dejando a mi hijo de 6 años espantado y en estado de shock... Me subieron a un vehículo, y poniéndome una bolsa en mi cabeza para no poder ver hacia dónde me conducían, recorrimos un tanto... no sé... un trayecto de, tal vez, unos treinta minutos... y al llegar al sitio, me bajaron del vehículo y me empujaron hasta dejarme en un sucio y descuidado cuartito de dos por dos metros... Ese espacio era un baño con un retrete, y un área, aún menor, que en otros tiempos había servido

como ducha... Fue ahí donde permanecí durante todo el tiempo de mi secuestro... esos dos por dos, se convirtieron en 'mi hogar' durante los peores cuarenta y ocho días que he tenido en mi vida...

Aun y cuando la sensación de terror me acompañó a diario, tuve oportunidad, al paso de los días, de tener largos momentos para ir entendiendo la situación... Supuse negociarían con mi familia alguna cifra para el rescate... y mientras eso ocurría, el paso de los minutos... las horas... los días... las semanas... me parecieron una eterna espera... Ese tiempo, me dio la oportunidad para rezar, llorar, reclamar y pensar qué hacer bajo esas angustiantes y limitadas condiciones...

Por un lado, decidí hacer ejercicio físico en la pequeña área de la ducha a la que tenía acceso... Pensaba 'tengo que estar fuerte'..., en otros momentos del día, jugaba con mi imaginación 'dialogando' con mi familia... Visualizaba, en cada azulejo de la pared, el rostro de cada una de las personas importantes de mi vida... de mi esposa, de mi hijo, de mis padres... e intercambiaba, con cada uno de ellos, lo que pensaba, lo que sentía, así como sus posibles respuestas. Esto me ayudaba a mantener mi ánimo lo mejor posible, además de alentar mi esperanza, pensando que pudieran llegar a un acuerdo pronto, para que ocurriera mi liberación...

En el día veinte de mi secuestro, diseñé una posible estrategia para intentar ganarme algún favor del guardia de turno... y después de haberme comido el único plato de sopa que me acercaban en el día, le expresé mi agradecimiento al guardia y le pedí que felicitara al cocinero 'por la buena sazón que tenía para condimentar el platillo'... Al parecer sí lo hizo, porque a partir del día siguiente, ¡me gané un segundo plato de comida que podía saborear en el día!... Eso me ayudó a recuperar un poco de energía para *sobrellevar la espera... ese fue el recorrer general de cada día, hasta que ¡al fin!, en el día cuarenta y ocho, ¡me liberaron!"*...

Con una pérdida de peso de quince kilos y algunos síntomas de afectación, Juan, de 37 años, narrador de esta historia, se presentó en consulta cuatro meses después de haber sobrevivido a esta difícil y dolorosa experiencia. Ese episodio reunía elementos que podrían desencadenar síntomas de estrés agudo o de estrés postraumático, como las condiciones violentas en las que el episodio ocurrió, la amenaza a sentirse en riesgo de muerte o resultar lesionado, así como la constante incertidumbre y pérdida de control de la situación. Todas estas características hablarían de un evento traumático, que podría desencadenar de forma cronificada, impotencia, inseguridad, miedo y horror; sin embargo, Juan no desarrolló el cuadro sintomático de un estrés postraumático como tal... ¿Qué fue lo que le ayudó a maniobrar con ese difícil episodio?...

A partir de su narrativa, aun en medio del alto estrés y el constante miedo, angustia, ansiedad y terror, Juan utilizó atinadas estrategias que le permitieron sobrellevar las adversas condiciones a las que estuvo sometido, sin quedar atrapado en ellas de forma sostenida. El permitirse confiar en sus propios recursos y tomar decisiones, dentro del restringido espacio bajo el que estuvo expuesto, son signos incipientes de recuperación de elementos de control en su persona, aunque no del control externo, que le ayudaron a maniobrar con la incertidumbre.

Otros elementos clave de afrontamiento fueron su activación física, para mantener su cuerpo fuerte, así como avivar sus vínculos afectivos, para alimentar su sensación de compañía, permitiéndose expresar y liberar sus emociones. Igualmente, el construir ideas de transitoriedad del evento, alimentando la esperanza de que ocurriría una solución, así como observar discretamente a sus captores probando algunas ideas inteligentes que le ayudaron a mejorar, en algo, las condiciones de su encierro, fueron piezas importantes que le permitieron ir lidiando con esa situación tan extrema.

Tanto durante el periodo en que estuvo expuesto al episodio de crisis, como el abordaje posterior al evento que Juan manejó en su estado de liberación, fueron valiosos aspectos de ayuda en la prevención del estrés postraumático. E, igualmente, la activación de su capacidad resiliente y el inicio gradual de recuperación, con la reinserción a algunas de sus actividades, le ayudaron también a realizar un buen procesamiento y asimilación paulatina de la experiencia.

No obstante que Juan pudo librar un cuadro sintomático severo y prolongado, eso no significó que no hubiese sufrido desajustes y alteraciones por semanas, con las que pudo sentirse muy afectado y vulnerable. Naturalmente, esas reacciones se consideran normales y hasta esperadas, dentro de las condiciones anormales que afrontó. Al paso del tiempo, pudo recuperarse, tanto física como emocionalmente, permitiéndose expresar, compartir y sentir el acompañamiento afectivo y cálido de su familia.

La conjunción de estos rasgos, junto al estilo de afrontamiento con el que construyó una narrativa del evento y de su experiencia de sobrevivencia, ayudaron a Juan a asimilar la situación bajo diferentes significados, que le llevaron a romper con su estilo de vida anterior, para dar paso a un reajuste en sus prioridades y valores con los que ahora apreciaba la vida. A partir de ese *parteaguas*, consideró que algunas creencias y prácticas que realizaba, ahora las percibía como vacías, banales o superfluas, y en su lugar, fue acomodando un nuevo orden a su vida en el que se sentía continuamente agradecido e invitado a disfrutar cada momento, de forma plena y con actitud positiva, además de fortalecido en lo espiritual, y sensible y cercano a mantener, cuidadosamente, los vínculos de afecto con sus seres queridos.

Esta serie de actitudes que Juan fue asumiendo, nos sirve como modelaje para construir estrategias que ayuden al consultante afectado a fortalecer su resiliencia, y le permitan lidiar, de mejor forma, con las dificultades que estuviera afrontando, ya sea por episodios ocurridos en el tiempo presente, o fruto de experiencias que pudieron haberse congelado en su historia, sin haberlas podido procesar. Igualmente, podremos trabajar con situaciones de crisis provocadas por motivos humanos, como aquellas relacionadas con violencia, abuso y/o conflicto; así como también, las surgidas por razones naturales o aleatorias, como consecuencia a alguna pérdida, accidente o enfermedad.

Para ello, inicialmente, revisaré algunos aspectos que nos permitirán entender la naturaleza del problema, y cómo este puede convertirse en una situación traumática, para luego, revisar algunos recursos terapéuticos útiles que abordaremos para promover su sanación.

1. Contexto Social del Problema

En los últimos años, las escenas de violencia familiar y social han ido acrecentándose, provocando estados de descomposición en el tejido social, y detonando una alta afectación en la salud y el bienestar de las personas, familias y comunidades. Se ha hablado de que, por cada acto violento sufrido por una sola persona, se generan diez víctimas psicológicas, dada la afectación expansiva y sistémica que se produce en los círculos de confluencia íntimos y ampliados del afectado y su entorno, por lo que, actualmente, estamos enfrentando una cuantiosa proliferación de afectaciones emocionales en la población.

Esta realidad nos obliga a estar preparados para ofrecer medios terapéuticos eficaces que ayuden a abordar estas problemáticas, buscando la recuperación de las personas afectadas, además de reforzar, de forma preventiva, la promoción y el fortalecimiento de actitudes y habilidades de afrontamiento resiliente, que ayuden a maniobrar, de mejor forma, ante eventuales dificultades presentes y futuras.

Justamente, ante esta urgencia social y motivada por mi curiosidad terapéutica e investigativa, es que he trabajado, intensamente, en este tipo de problemáticas, tanto a través del área clínica, individual y familiar, como en intervenciones grupales, con personas afectadas por episodios traumáticos ocurridos en su historia reciente, o en su pasado distante. Con estos grupos de población vulnerable, he realizado proyectos de investigación aplicada que me han permitido apoyar en su proceso de sanación, al mismo tiempo de poder evaluar el nivel de eficiencia de distintas estrategias terapéuticas centradas en las fortalezas, los recursos y las soluciones de las personas, bajo un enfoque breve y sistémico.

2. Respuesta ante la Crisis

Para que un evento se considere traumático, es necesario que sea percibido como *intolerable* por quien lo sufre, es decir, que exceda la capacidad de respuesta de la persona, de sus habilidades y de su nivel de adaptación al impacto. Y junto a esta sensación de intolerancia, otra clave importante, es que la persona considere el evento estresor, como *incontrolable*, de acuerdo con James y Gilliland (2005).

Cuando la persona enfrenta una situación catastrófica y puede ejercer algún control, por mínimo que sea, puede tener un mejor manejo emocional que cuando se siente totalmente impotente. Según el Dr. John Krystal, director del Laboratorio de Psicofarmacología Clínica del Centro Nacional para el Trastorno de Estrés Postraumático en los Estados Unidos, "...*la impotencia es lo que hace que un acontecimiento dado sea subjetivamente abrumador (...) La persona impotente es la más susceptible al posterior trastorno de estrés postraumático... cuando siente que la propia vida está en peligro y no hay nada qué hacer para escapar de ello, es en ese momento cuando se inicia el cambio del cerebro*" (Goleman, 2011, p. 239).

Según el trabajo investigativo realizado por John Leach (1994), investigador de la Universidad de Lancaster, acerca de los distintos tipos de consecuencia derivadas de la exposición a situaciones de crisis o trauma, existen tres posibles estados resultantes:

a) *Los supervivientes.* Personas que, por algunas razones del azar o de una toma de decisiones adecuada, consiguieron sobrevivir a una experiencia traumática.

b) *Las víctimas que debieron haber sobrevivido.* Personas que murieron de forma innecesaria al generar algún tipo de reacción ante la emergencia, como pánico, parálisis o pesimismo, con el que adoptaron una actitud de desistimiento ante la crisis, que los llevó a tomar decisiones equivocadas, y con ello, perdieron la vida.

c) *Las víctimas.* Personas que por condiciones externas a su voluntad o a su actuar ante el desastre, no tuvieron la más mínima oportunidad de sobrevivir, y murieron inmediata e irremediablemente.

Para el caso de los primeros dos grupos de personas, los *supervivientes* y las *víctimas que debieron haber sobrevivido,* Leach estudió los patrones de respuesta más característicos que presentaban al enfrentar una situación amenazante, y de ahí elaboró la *"Teoría 10-80-10"* (Leach, 1994), según la cual el diez por ciento de la población tiende a reaccionar, ante la crisis, bajo un estado de control emocional, el ochenta por ciento tiende a entrar en estado de embotamiento o parálisis, y el diez por ciento restante, manifiesta reacciones de pánico ante la emergencia. Revisaremos cada bloque a detalle:

Reacción de control (diez por ciento)

Alrededor del diez por ciento de la población maneja la crisis con autocontrol emocional y bajo un estado mental más racional. Aunque naturalmente experimentan miedo, en respuesta a la amenaza, este logra mantenerse en dosis que la persona domina. Eso le permite sostener una actitud de alerta, pensando y evaluando el contexto con cierta claridad, logrando marcar prioridades, elaborar planes y emprender decisiones y acciones adecuadas ante la emergencia. La persona mantiene una actitud regulada, aun en medio del estrés al que está sometida, toma decisiones de manera inteligente y concentrada, tiende a liderar y ayudar a otras personas afectadas, además de que, posteriormente, logra recuperarse, con agilidad, de la experiencia traumática.

Reacción de embotamiento / parálisis (ochenta por ciento)

El mayor grupo poblacional se ubica dentro de este tipo de patrón de respuesta ante la crisis. Fruto del estrés y del miedo excesivo, surge la reacción de embotamiento y parálisis, en la que predomina la actitud de confusión, aturdimiento y estrechamiento perceptivo, denominado también como *visión de túnel*. Se desencadenan las reacciones neurofisiológicas propias de la activación de la alarma ante la situación peligrosa, y junto a ellas, se da un bloqueo de algunos de los sentidos. El funcionamiento cognitivo queda suspendido, impidiendo a la persona pensar y, por tanto, responder adecuadamente ante la emergencia. Generalmente, son aquellos a quienes es necesario ayudarles, conducirles y darles instrucciones precisas sobre qué hacer, ante el episodio crítico.

Reacción de pánico (diez por ciento)

En este último grupo poblacional se encuentran personas que reaccionan ante la crisis entrando en una reacción de miedo excesivo, pánico e histeria, de tal forma que se desorganizan y pierden el control emocional, presentando conductas impulsivas y desajustadas. Su funcionamiento cognitivo es errático y, por tanto, no logran evaluar la situación con claridad, pudiendo tomar decisiones equivocadas. Ciertamente, es el grupo que ofrece mayores niveles de riesgo y peligro ante la emergencia.

Cualquiera de estas posibles reacciones de respuesta, son formas de adaptación a la situación crítica aprendidas con anterioridad, y con las que la persona busca una manera de maniobrar con las exigencias del evento estresador. Sin embargo, solo la primera respuesta pudiera llevar a escenarios más seguros y con mayor probabilidad de sobrevivencia, además de facilitar un flujo más ágil hacia la recuperación. El segundo y tercer tipo de reacción presentan mayores niveles de riesgo, tanto para la sobrevivencia, según el tipo de emergencia de que se trate, como para resultar con mayores grados de afectación emocional.

Aun cuando estos patrones de respuesta corresponden al momento en que ocurre el episodio estresador, y los niveles de alteración corresponden a reacciones esperadas y normales, ante las condiciones anormales que la persona enfrentó, según diversas investigaciones (Breslau, Davids y Peterson, 1991), es común que, en alrededor del setenta y cinco por ciento de los casos, la situación se vaya asimilando gradualmente, y la persona logre reacomodarse a sus condiciones de funcionalidad ordinaria, sin arrastrar mayores afectaciones a su vida. Esto evidencia los recursos y la capacidad de asimilación y autoreparación disponibles, naturalmente, en la mente humana, además de la activación de los recursos resilientes desarrollados en la persona a través de su vida, y concientizados al momento de la exposición a la condición difícil.

Sin embargo, por otro lado, es común que alrededor del veinticinco por ciento de la población que ha sufrido este tipo de episodios adversos, quede atrapada en condiciones de afectación más prolongadas, llegando a desarrollar cuadros sintomáticos gravosos de ansiedad, depresión, estrés agudo o estrés postraumático. Esta prevalencia dependerá, además del tipo de recursos internos y del tipo de afrontamiento aprendido en la vida, de la influencia de factores, como el tipo de episodio traumático que se experimenta, el número de eventos difíciles, la reacción del entorno y la calidad de la red social de apoyo con la que la persona pudiera contar. Estos elementos, junto a la presencia o ausencia de algún otro tipo de cuadro psicoemocional previo al episodio, podrán ofrecernos la posible conjunción de factores que permitirán el que la persona maniobre, de mejor o peor forma, ante la presencia del evento estresador.

Buscando entender mejor la afectación ante situaciones de trauma y la instalación de cuadros sintomáticos, revisaré ahora algunos de sus rasgos característicos.

2.1 Estrés Postraumático. Perspectiva Intrasistémica

Cuando la persona ha sufrido situaciones de adversidad, y al paso del tiempo no ha logrado procesar ni asimilar la experiencia saludablemente, podemos entender que su memoria pudo quedar atrapada en el episodio doloroso, recordando fragmentos específicos que hubiesen sido emocionalmente más intensos. Se trata de un proceso de hipermemoria preciso sobre el episodio traumático, marcado por fuertes emociones de miedo, angustia, horror o dolor, desencadenadas en el momento del impacto y grabadas, a nivel neurofisiológico, lo que puede provocarle reactivaciones continuas y alteraciones en su funcionalidad.

Es común que el recuerdo de un acontecimiento vivenciado por varias personas pueda ser narrado desde diferentes perspectivas, como si se tratara de eventos distintos. Sin embargo, como ocurre con los rompecabezas, todos los detalles constituyen fragmentos de verdades que cada persona pudo haber recogido, a partir del impacto generado en su propia emocionalidad. Aquellos elementos que no fueron relevantes, su mente pudo descartarlos, omitirlos u olvidarlos, en tanto que, los que detonaron mayor impacto emocional, fueron guardados en la memoria, resaltando, amplificando o hasta distorsionando los hechos, según el lente interno disponible del momento.

A partir de esta experiencia, el afectado va construyendo un relato personal sobre lo acontecido, que pudiera llevarle a asumir actitudes de negación o de evitación, justamente como un medio de adaptación y protección ante el dolor, a fin de disminuir sus sensaciones de sufrimiento. Sin embargo, involuntaria y paradójicamente, entre más intenta evitar recordar lo sucedido, más pudieran aparecerle los recuerdos e imágenes intrusivas, en forma de pesadillas, como rumiación, o de forma intempestiva, ante la presencia de algún estímulo que le provocara la reactivación neurofisiológica de la alarma interna. Esto le desencadenaría sufrir, en el presente, la reexperimentación angustiosa sobre la situación acontecida en el pasado, así como las respuestas de miedo, sobresalto e hipervigilia, al asociar el estímulo del presente con el episodio estresador. Es común que, ante esos episodios de desorganización, la persona tienda a aislarse y vaya perdiendo el interés por las actividades que, en otros momentos, habituaba realizar y disfrutar, alterando así su vida cotidiana y su funcionalidad general.

Con todo esto, el afectado experimenta el dolor en dos momentos: uno con el golpe del evento estresador, y otro sostenido con la representación personal sobre el mismo evento, elaborado en los días sucesivos, lo que prolonga el sufrimiento a través del tiempo.

Las palabras de Boris Cyrulnik narradas en su autobiografía *"Me Acuerdo... El Exilio de la Infancia"* (2020) parecen atinadamente aplicables para entender la distinción entre las condiciones de dolor y de sufrimiento: "...*los golpes* (el trauma) *duelen en el momento en el que se reciben, mientras que la humillación provoca un sufrimiento permanente en la representación que se tiene de ella*" (representación del trauma). Pareciera que el *dolor*, fruto de la situación traumática, tiene una condición fugaz y transitoria, en tanto que, el *sufrimiento* se sostiene a partir del relato interpretativo de la experiencia dolorosa que la persona elabora, con influencia de su entorno, y queda grabado en su memoria neuroemocional y cognitiva, prolongándole el estado de sufrimiento. Después del trauma pareciera que el cerebro hubiese sido entrenado para sufrir, generando una interpretación bajo la perspectiva dolorosa del episodio, que se amplifica a las diferentes situaciones que la persona experimenta en la vida, provocándole la reexperimentación constante de la misma condición angustiosa.

"*El dolor pareciera una realidad inevitable, en tanto que el sufrimiento pudiera ser opcional*". – Boris Cyrulnik.

De este modo, las afectaciones específicas que sufre una persona con estrés postraumático se desglosan en las siguientes áreas:

Área cognitiva. Aparecen dificultades en la atención, en la concentración, en la toma de decisiones, errores frecuentes, ideas, recuerdos e imágenes intrusivas y recurrentes (*flashbacks*), hipervigilancia, pensamientos negativos y catastróficos generalizados. En ocasiones puede darse la suspensión de la capacidad cognitiva (parálisis) o la desorganización del pensamiento (pánico), y puede tener alteraciones del juicio y criterio que le llevan a tomar decisiones equivocadas. La memoria se distorsiona, se amplifica o se minimiza, quedándose atrapada en el evento adverso, impidiendo su curso natural y evolutivo. Igualmente, puede haber afectaciones importantes en la autoestima, con ideas distorsionadas, negativas e incapacitantes en el autoconcepto.

Área emocional. Se presentan síntomas de embotamiento emocional, miedo, angustia, enojo, explosiones de ira, culpa, vergüenza, impotencia, frustración y ansiedad. Además, hay sensación de soledad, tristeza, depresión y desmotivación. La emocionalidad dolorosa se queda congelada en el episodio adverso, generando reacciones intensas de afectación ante cualquier estímulo, externo o interno, que se asocie a la experiencia. La pérdida de interés por cosas que antes le complacían, se va instalando hasta llegar a la apatía o aplanamiento emocional.

Área conductual. Ocurre una disminución de la activación, con dificultad para realizar varias cosas a la vez. Se acentúan las dificultades en la comunicación, junto con actitudes de aislamiento y desapego hacia los demás. En ocasiones, la persona recurre a cuadros compensatorios de placer transitorio, a través del consumo de alcohol, sustancias, comida compulsiva, prácticas de juego, apuestas, sexo de riesgo o conductas autolesivas.

Área fisiológica. Es común que se presenten alteraciones del sueño y pesadillas, dolencias físicas, entumecimiento y dolores agravados. Ante episodios recurrentes de miedo y ansiedad que se activan con algún estímulo, interno o externo, aparece el cuadro de alerta neurofisiológica con signos de taquicardia, hiperventilación, temblor en las extremidades, sensación de pérdida de control o de conocimiento, transpiración, náusea, rigidez, debilidad muscular e inquietud motora. A nivel interno, igualmente, el organismo se prepara ante la amenaza (real o imaginaria), elevándose el nivel de glucosa en la sangre y la presión arterial, aumenta el metabolismo celular y la coagulación sanguínea. El sistema inmunológico se suspende, así como otras funciones del organismo que, ante la emergencia, no resultan básicas para la sobrevivencia.

Bajo una visión circular, estas áreas guardan estrecha relación retroalimentante dada la unidad integrada del sistema personal, de tal forma que, ante cualquier estímulo en alguna de ellas, se desencadenará la alteración en otras áreas interconectadas, resultando un episodio de crisis generalizada revivido por la persona, del mismo modo a cuando se vio expuesta al evento traumático.

Graficando este proceso (Figura 15), ante la aparición recurrente de pensamientos o recuerdos dolorosos, desagradables o temibles, se despiertan ideas de incapacidad y desvalimiento, junto a sentimientos de miedo, indefensión, ansiedad, angustia, culpa e impotencia. Esta sensación, reforzada por los pensamientos estresores, reactiva, simultáneamente, las reacciones bioquímicas y fisiológicas de sobrealerta en el organismo, lo que provoca que la persona evite abordar el tema, se aísle y, con ello, su comportamiento se vea afectado y su rendimiento disminuido. Al ver este resultado, las ideas incapacitantes se confirman, dando así reinicio al ciclo viciado que asegurará la persistencia del cuadro sintomático, además de desencadenar estados cada vez con mayor nivel de deterioro.

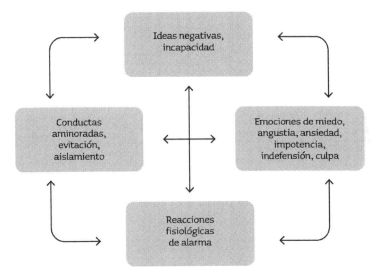

Figura 15. Patrón intrapersonal del estrés postraumático.

2.2 Estrés Postraumático. Perspectiva Intersistémica

Por otro lado, bajo una perspectiva interaccional, es común que los síntomas del estrés postraumático queden instalados en patrones de comportamiento retroactivo en el entorno familiar y/o social, que mantienen, acentúan y perpetúan el problema (Watzlawick, Weakland, Fisch, 1992).

Generalmente, ante las actitudes de evitación, incapacidad y desvalimiento que asume la persona afectada para adaptarse al miedo y al dolor, es común que puedan darse dos tipos de respuesta del entorno cercano:

a) *Actitud de desligamiento del entorno.* Implica que el afectado no solo no recibe el cuidado afectivo, comprensivo y protector esperado ante el estado de afectación sufrido, sino que los miembros del sistema familiar, social y/o institucional (autoridades gubernamentales, sistemas de justicia, servicios terapéuticos), le ofrecen actitudes de desinterés, incredulidad, imputación culposa, rechazo o desprecio. Esta respuesta se convierte en una retraumatización del afectado, que, al sentirse incomprendido, entra en un estado de incongruencia y desintonización interna, con altas cuotas culposas que intensifican los estados de desorganización y atrapamiento del cuadro sintomático, recrudeciendo y prolongando sus afectaciones a través del tiempo (Figura 16).

b) *Actitudes de sobrecuidado y sobreprotección.* La respuesta de protección del entorno pudiera ser normal, deseable y hasta esperada en un periodo inicial postimpacto, a fin de ofrecer al afectado, apoyo, seguridad y comprensión. Sin embargo, cuando esas actitudes de protección se exceden, tanto en sus características de intensidad, convirtiéndose en cuidados sobreprotectores; como en duración, manteniéndose por un periodo más pronunciado que el necesario, le confirman el nivel de su invalidación, instalándose como pautas de comportamiento retroalimentante que favorecen la persistencia de los síntomas incapacitantes, provocando que la persona agrave su indisposición a incorporarse a sus funciones habituales (Figura 16).

Figura 16. Patrones Interpersonales del Estrés Postraumático.

Bajo este patrón retroalimentante, el afectado interpreta la sobreprotección de la familia como una confirmación de su estado de incapacidad, estimulando su sensación de indefensión y aislamiento, con lo que el sistema cercano justificará el mantenimiento de sus aportes sobrecuidadores.

Por otro lado, si adicionamos a este circuito patologizado, una perspectiva sistémica sobre la posible función que el cuadro sintomático estuviera cumpliendo de forma benévola hacia el sistema familiar, observamos que, a partir del mismo, es común que se promuevan actitudes de acercamiento, atención y expresión de afecto entre los miembros de la familia, lo que reforzaría aún más, la necesidad de mantenerlo. Por ello, la tarea terapéutica deberá contemplar el rescate y el sostenimiento de esa función positiva en el entorno familiar, pero prescindiendo de la presencia del síntoma.

En resumen, muchos de estos signos de alteración corresponden al desequilibrio normalizado que aparece en la etapa posterior a la experiencia del impacto severo. Sin embargo, a partir de la interpretación que la persona y su entorno logren elaborar sobre lo sucedido, así como las formas de respuesta para maniobrar con el evento a través del tiempo (semanas, meses o años), permitirán que el impacto logre resiliarse, al ser asimilado de forma favorable o, por el contrario, se instale perpetuando los síntomas de afectación. Específicamente, los intentos de evitación sobre el tema, la incapacidad para expresar emociones, la pobre red de apoyo y/o el soporte disfuncional del entorno, además de la desconexión y el aislamiento, serán características centrales que agraven el cuadro sintomático.

La ruta terapéutica hacia la solución habrá de contemplar el romper con esos patrones circulares patologizados, tanto intra como interpersonales, para, gradualmente, ir facilitando una visión resignificada del episodio que permita transitar a otros patrones de intercambio más funcionales y saludables. La inserción de rituales de acercamiento y conexión afectiva dentro del sistema familiar, también facilitarán el mejor acomodo de la experiencia, sin necesidad de que el síntoma se presente, con lo que pudiéramos amplificar y dirigir las intervenciones, tanto al afectado, como a todo su sistema relacional.

3. Recuperación y Resiliencia

3.1 Etapas de Readaptación

El trabajo de afrontamiento posterior a un episodio adverso ha sido ampliamente estudiado en investigación, y nos permite identificar el tipo de reintegración que la persona llega a asumir ante sus nuevas circunstancias. Tomando la clasificación elaborada por Richardson, Neiger, Jenson y Kumpfer (1990), hay cuatro posibles respuestas de readaptación postimpacto:

Reintegración disfuncional. La afectación del trauma sigue siendo dominante en la vida del afectado, y sin poder procesar lo sucedido, mantiene los niveles sintomáticos de forma intensa. Es posible que no haya red de apoyo o sea muy pobre, con lo que llega a realizar acciones destructivas, tanto para sí mismo, como para los demás.

Reintegración con pérdida. La persona regresa gradualmente a ciertos niveles de normalidad, pero sigue manteniendo desajustes en sus áreas emocionales y cognitivas afectadas por la experiencia del trauma.

Reintegración homeostática. La persona logra hacer algunos acomodos del episodio adverso, pudiendo disminuir las afectaciones en sus áreas afectivas, cognitivas y conductuales. En general, consigue adaptarse de buena forma a su vida, tendiendo a regresar a su equilibrio y funcionalidad de la que gozaba antes de la experiencia traumática.

Reintegración resiliente. La persona no solo logra desactivar los síntomas de afectación del trauma, sino que lo afronta pudiendo asimilarlo favorablemente. Se adapta a su vida de forma saludable, y hasta consigue generar un crecimiento más evolucionado al que tenía antes del episodio adverso, justamente a partir de la crisis que experimentó.

Con base en estas cuatro formas de reintegración postimpacto, observamos que, bajo los primeros dos estilos, la persona no logra desarrollar actitudes resilientes, y queda atrapada bajo el peso del trauma, impidiéndole reacomodarse saludablemente a su vida. La memoria sobre el episodio es tan dominante e invasiva, que se vuelve presa del recuerdo, con el consecuente desequilibrio emocional, cognitivo, comportamental y relacional. En esos casos es común que la narrativa elaborada sobre el episodio, tanto por el afectado, como por su círculo cercano, le someta a una percepción victimizada, invalidadora e incapacitante, impidiendo la activación de posibles recursos para generar un trabajo resiliente.

A partir del tercer tipo de reintegración se evidencia la activación de habilidades resilientes del afectado, logrando superar los síntomas, asimilar la experiencia y retomar, al menos, su vida anterior al evento estresador. Este nivel constituye el mínimo aceptable para un proceso de reacomodo saludable, ya que podría ascender a un nivel superior al que tenía, trabajando en una resignificación de la experiencia adversa, que le permita activar y desarrollar su resiliencia. En este caso, la persona logra redescubrirse más fortalecida y enriquecida en distintas áreas de su vida, justamente, a partir de la condición difícil que experimentó, con lo que evoluciona a otro nivel de desarrollo interno. Esta aportación es a la que se ha denominado crecimiento postraumático, el cual constituye el cuarto nivel de reintegración postimpacto.

En resumen, con estos elementos observamos el camino por el que acompañaremos a una persona afectada, primero, ayudándole a romper con los patrones patologizados en los que se siente atrapada, para luego, favorecer el desarrollo de actitudes más fortalecidas que le ofrezcan mayor seguridad, confianza y afrontamiento resiliente. Justamente este recorrido lo detallo a través de los siguientes apartados.

3.2 Resiliencia y Crecimiento Postraumático

El término resiliencia ha estado en continua evolución desde los años setenta del siglo XX, en el que empezó a investigarse sobre los factores que ayudaban a personas expuestas a altos niveles de estrés, a permanecer invulnerables ante la adversidad. Sin embargo, fue a partir de la década de 1980 que se utilizó el término como tal, para referirse a la capacidad que el individuo tiene para recuperarse de eventos vitales adversos que son totalmente abrumadores (Kobasa y Maddi, 1982).

En palabras de Grotberg (2003, p.18), la resiliencia *"es la capacidad para hacer frente a las adversidades de la vida, superarlas e inclusive, ser transformado positivamente por ellas"*. No se trata solamente de superar los síntomas de afectación al impacto y regresar al estado previo a la situación adversa, sino de salir favorecido a partir de la experiencia misma, logrando resignificarla bajo perspectivas más positivas.

La resiliencia se va entretejiendo a lo largo de la vida, a partir de la influencia retroalimentante de diversos factores (Cyrulnik, 2010). Uno de ellos tiene que ver con los caracteres genéticos, como el temperamento, que ofrece una tendencia favorable o desfavorable en la formación de una personalidad resiliente; otro se refiere al bagaje de aprendizajes adquiridos por la persona desde su infancia. En este bloque se incluyen los atributos personales, el modelo familiar y las experiencias que la persona enfrenta en la vida, con las que aprende a mostrar actitudes pasivas, victimales o invalidantes; o a actuar de forma fortalecida y capaz, intentando rescatar algún control sobre la situación. Y un tercer factor tiene que ver con las circunstancias externas que la persona enfrenta en su contexto social, así como el tipo de evento adverso, la frecuencia y su intensidad.

Cuando ha habido ausencia de eventos difíciles en la vida por haberse desenvuelto en entornos evitativos y sobreprotegidos, consideraremos que la persona pudiera traer un déficit de habilidades de afrontamiento, y sentirse altamente vulnerable ante posibles eventualidades, lo que le implicará una inversión con mayor esfuerzo, en el reaprendizaje de actitudes resilientes. De igual forma, si la persona estuvo expuesta a un nivel muy intenso de adversidades que le impidieron gozar de periodos de seguridad, confianza y estabilidad básicas, el desarrollo de la resiliencia podría haberse deteriorado, con lo que su construcción requerirá de un proceso más complejo que demandará mayor soporte, un entorno afectivo cercano y nutridor, así como más tiempo y trabajo para alcanzar su configuración y fortalecimiento.

Con la combinación de distintos factores observaremos la formación de la capacidad resiliente en la persona, entendiendo que no se trata de una cualidad desarrollada solo a partir de los aprendizajes adquiridos en la infancia, ni sostenida de forma estática en el tiempo, sino que se activa y se amplifica en cualquier etapa de la vida de forma dinámica, adaptativa y evolutiva a partir de la exposición a distintas experiencias.

Los atributos al cambio con los que nuestro cerebro está configurado, como la plasticidad cerebral y la neurogénesis (Doidge, 2008), confirman la capacidad siempre presente de poder esculpir nuestro cerebro y crear nuevas vías neuronales con las que podamos aprender y reaprender habilidades y destrezas a lo largo de la vida, sin importar la edad, facilitando la posibilidad de desarrollar cualidades resilientes. En palabras de Raquel Yehuda, especialista en estrés postraumático, *"la resiliencia es como un músculo que, a partir del trabajo constante, se desarrolla, se ejercita y se flexiona para mantenerlo activo y fortalecido"* (Sherwood, 2010).

Hay características distintivas que identifican a una persona resiliente. Desde el trabajo clínico que he realizado y complementado con la visión de diversos autores (Siebert, 2007; Vanistendael, 2000, Wolin, 1993, Cyrulnik, 1999 y Segal, 1986; Charney, 2010; Brooks y Goldstein, 2004), esquematizo rasgos que logran ser facilitadores para el manejo resiliente de experiencias adversas (Figura 17).

- Sentido de esperanza
- Actitud optimista

- Capacidad creativa e imaginativa
- Curiosidad
- Sentido del humor
- Flexibilidad cognitiva que permita la apertura y la adaptabilidad a cambios
- Habilidad para resolver problemas

- Autoconfianza
- Responsabilidad de la propia vida, autocontrol
- Iniciativa en el dominio, control del entorno

- Creencias firmes que le aporten un sentido a la vida (trascendencia, espiritualidad)
- Red social de apoyo
- Actitud empática, compasiva, altruista

Figura 17. Características de la Persona Resiliente.

Estas actitudes pueden ser una guía para evaluar la capacidad de afrontamiento del cliente (puede aplicarse con una escala Likert del uno al siete, en la que el puntaje más bajo corresponda a la ausencia de la actitud y el más alto signifique la presencia habilitada de la actitud). A partir del resultado arrojado con la medición, podrá activar, desarrollar y/o amplificar, el entrenamiento necesario de cada una de ellas, a fin de ir aplicándolas en las distintas experiencias difíciles que experimente.

Por otro lado, en cuanto al alcance del término resiliencia, algunos enfoques hablan de ella cuando la persona se logra recuperar y readaptar al equilibrio del que gozaba antes de vivir el episodio traumático. Otras corrientes requieren un nivel superior, en el que la persona asimila de tal forma el episodio, que logra percibirse hasta afortunada, enriquecida y feliz a partir de la crisis. Este es el estado de recuperación postimpacto al que Calhoun y Tedeschi (2001), investigadores norteamericanos, han denominado *crecimiento postraumático o florecimiento*, diferenciándolo del término resiliencia, en tanto que, para los estudiosos europeos y latinoamericanos, el término de resiliencia lleva implícito el crecimiento postraumático (Puig y Rubio, 2011).

Respecto a las áreas de desarrollo en las que Calhoun y Tedeschi (1995, 1999) ubican el crecimiento postraumático, y a partir de las cuales es posible explorar e identificar beneficios en la persona, puedo mencionar los siguientes:

Cambios en uno mismo. La persona afectada reporta un aumento de confianza y seguridad en sus capacidades para afrontar cualquier adversidad que sobrevenga en el futuro. Se redescubre con nuevas cualidades y destrezas activadas y desarrolladas a partir de la experiencia traumática, y tiene un nuevo autoconcepto con el que mejora su fortaleza y capacidad de afrontamiento.

Cambios en las relaciones interpersonales. Hay un mayor fortalecimiento de la red de apoyo social. Las personas se experimentan más cercanas a su grupo de apoyo íntimo, así como también desarrollan la compasión y la empatía hacia el sufrimiento de otras personas, lo que las lleva a asumir actitudes y conductas de ayuda social.

Cambios en la espiritualidad y filosofía de vida. La experiencia traumática puede dejar cambios significativos en la parte moral, espiritual y de valores en la persona afectada.

Después de estar frente a situaciones de muerte, tiende a reacomodar sus prioridades en el quehacer cotidiano, encontrando un significado más trascendente a la vida. Después de un tiempo postimpacto, es común que descubra, persiga y sostenga, como propósito significativo, una causa altruista en la que ofrezca apoyos a personas que padecieron situaciones semejantes a las que ella vivió, pudiendo contemplar, tanto para sí misma, como para los demás, un nuevo sentido a la experiencia dolorosa.

Estos elementos permiten que la persona se redescubra con esas aportaciones a su ser obtenidas a partir de su experiencia ante la crisis, con lo que podrá recuperar una sensación de mayor esperanza y satisfacción con la vida, generando un estado de recuperación más saludable. Sin embargo, es importante puntualizar que la experiencia de crecimiento no es un concepto absoluto y no siempre elimina el dolor y el sufrimiento. La persona aprende a coexistir entre el crecimiento y el dolor, con lo que podrá concebirse afortunada y enriquecida en unas áreas de su vida, en tanto que en otras pudiera sentirse no tan favorecida. Aun así, podrá decidir y enfatizar lo que desea hacer predominante en la narrativa de su vida.

De este modo, a partir de estas áreas de crecimiento postrauma, contaremos con material valioso para generar constructos resignificadores a la experiencia difícil, que permitan al afectado considerar nuevas perspectivas, y pueda gozar de una mejor asimilación y reacomodo de la adversidad en su vida. Esto abona a su proceso de sanación y readaptación resiliente.

En resumen, a partir de la posibilidad de resiliar la adversidad, podremos ir coconstruyendo con el cliente, una espiral saludable en la que se descubra más capaz y fortalecido, experimentando sentimientos de seguridad, confianza y motivación para recuperar sus niveles de activación y funcionalidad. Asimismo, estos resultados los reflejará en conductas más saludables y determinadas que le permitirán seguir afrontando los retos futuros, con mayor entereza y proactividad, evidenciando haber ingresado al flujo retroactivo que le llevará a gozar de estados de mayor salud y bienestar.

3.3 *Resiliencia Comunitaria*

Además de los enfoques individualizados de la resiliencia, a partir de 1995 surgieron estudios en Latinoamérica que abordaron el término bajo un enfoque social. Con esta base, la resiliencia amplió su aplicación, definiéndose como la cualidad desarrollada a nivel comunitario, caracterizada por esfuerzos colectivos unificados con un sello de solidaridad social, con el que los pueblos logran enfrentar, resistir y superar situaciones de emergencia y crisis comunitarias.

Bajo las difíciles condiciones sociales que hemos ido enfrentando en nuestro país y en algunas de sus regiones violentadas, esta aplicación de la resiliencia a nivel colectivo es una exigencia rigurosa que contemplaremos desde nuestro frente terapéutico, con fines de lograr amplificar los beneficios de recuperación postraumática de forma sistémica, expandiéndola a más personas, grupos, contextos y poblaciones con una optimización de tiempo y recursos.

El trabajo grupal rehabilitador con personas afectadas permite que reparen sus heridas, descubran sus potenciales al lograr resiliar la experiencia traumática y se perciban como protagonistas de su propio cambio, con el que se consoliden, bajo una versión más capaz y fortalecida, al mismo tiempo que logren diseminar los beneficios de su propio proceso, en sus sistemas cercanos de influencia.

Esta fórmula que he probado con alta efectividad en intervenciones grupales logra reacomodar la experiencia del trauma de forma más saludable en el afectado, al mismo tiempo que amplifica el tejido reparador a su familia y entorno cercano, con lo que se va extendiendo a una cobertura poblacional más amplia. La clave está en ofrecer al afectado los procesos de cambio personal en los que logre resiliar su experiencia dolorosa, transformando su actitud desvalida y pasiva, por otra más fuerte y activa, de forma que, simultáneamente, consolide su propia recuperación y se posicione como agente de cambio en su entorno. Con estas acciones expansivas sanadoras, es posible construir redes familiares y comunitarias más vinculadas y fortalecidas, que logren influenciarse favorablemente a partir del apoyo colectivo.

Para construir estos procesos reparadores, en el siguiente apartado detallo estrategias de intervención efectivas que configuré en un modelo denominado *Modelo Terapéutico Sistémico para el Bienestar Postraumático* (Fernández, 2013) y que probé en investigación y en la práctica clínica, con individuos, familias, grupos y comunidades afectadas.

4. Estrategias de Intervención Terapéutica

A través del trabajo reparador de un trauma, podremos ofrecer al afectado opciones de apoyo que le permitan, primero, traducir su condición en un problema manejable, para luego, revisar caminos que le ayuden a disminuir su condición de sufrimiento. Será importante trabajar en el proceso de resignificar y entender su experiencia desde otras perspectivas, logrando transformarla en una condición solucionable o en una alternativa que le ofrezca mayores niveles de crecimiento personal.

Como he mencionado, inmediatamente después de recibir el impacto de un trauma, es esperado que surjan emociones intensas que desequilibren a la persona, al percibir que el episodio doloroso excedió sus capacidades de respuesta. En esos momentos de crisis, la mejor forma de ofrecer ayuda es aplicar el tipo de intervenciones diseñadas como primeros auxilios psicológicos. Una crisis se distingue de un trauma por el tiempo y la rapidez con la que se resuelve. Cuanto antes se inicia un tratamiento para solucionar una crisis, mejor es el pronóstico a largo plazo, dado que así se evita que se instale como trauma. En este sentido, las primeras cuarenta y ocho horas después del impacto, son decisivas para apoyar favorablemente al afectado, a fin de aminorar los efectos adversos sufridos, y disminuir la tendencia a una generalización negativa, pesimista y catastrófica de la vida y del entorno.

Si observamos, gráficamente, el proceso de respuesta evolutiva a partir del impacto, identificaremos el tipo de intervenciones a aplicar para facilitar el trabajo que ayude en el proceso de recuperación (Figura 18).

Tipo Intervención Terapéutica	Intervención en Crisis-Emergencia	Intervención Impacto Temprano	Intervención Impacto Temprano	Intervención en Trauma
Evolución en tiempo a partir del Impacto	Episodio traumático/ Impacto	Fase Impacto Temprano	Fase Impacto Temprano	Fase Recuperación
	Primeras 48 horas	Tercer día hasta 1 mes	Primer mes a 2 meses	Más de 3 meses
Nivel de Reacción / Afectación	Reacción normal al impacto	Transtorno de Estrés Agudo (TEA)	Transtorno de Estrés Postraumático Agudo (TEPT)	Transtorno de Estrés Postraumático Crónico (TEPT)

Figura 18. Intervenciones terapéuticas en el tiempo postimpacto, según el nivel de afectación (Navarro-Góngora, 2010).

Con base en estos elementos, clasifico la descripción del tipo de intervenciones que podemos ofrecer, primero en situaciones de crisis y emergencia, a nivel poblacional y comunitario; para luego detallar las aplicables a nivel individual y familiar, en condiciones de impacto temprano y de trauma.

4.1 Intervenciones en Crisis a Nivel Poblacional, Comunitario

Ante eventuales adversidades en donde la afectación hubiese ocurrido a un grupo poblacional, lo prioritario consiste en ofrecer apoyos inmediatos ante la emergencia que amortigüen el impacto sufrido. Para ello, la *Guía del Comité Permanente entre Organismos sobre Salud Mental y Apoyo Psicosocial en Emergencias Humanitarias y Catástrofes* (2007), liderada por la Organización de las Naciones Unidas, propone una buena síntesis de este tipo de intervenciones en crisis (Figura 19).

Posteriormente, podremos realizar otro nivel de trabajo que fortalezca los intentos de afrontamiento de los afectados, a fin de facilitar su reacomodo y posible reorganización a sus condiciones de vida.

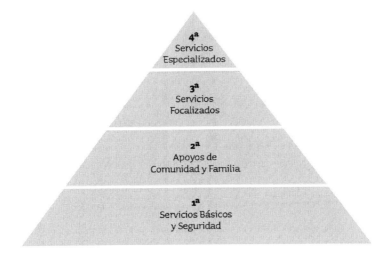

Figura 19. Pirámide de servicios de emergencia a nivel poblacional.

El primer tipo de intervención se refiere a cubrir los servicios básicos de sobrevivencia y seguridad, es decir, un mensaje de ayuda, de acompañamiento al afectado, sin presionarlo, y estando pendiente de facilitarle lo necesario para cubrir sus necesidades vitales: alimento, vestido, techo, protección, atención médica, o lo que expresara como necesidad o deseo (realizar una llamada telefónica, establecer contacto con su red de apoyo, por ejemplo). Esto se realiza en el mismo sitio del impacto o donde se congregaran los sobrevivientes. Con esta intervención, contrarrestamos la tendencia a generalizar el entorno negativo sufrido, y con ello, colaboraremos en la prevención de la instalación de algún trastorno postraumático.

En un segundo nivel podremos apoyar a los afectados en su reconexión comunitaria y familiar, estableciendo grupos pequeños de ayuda. Ante estas situaciones de emergencia, es común que haya afectación en las redes familiares, debido a pérdidas, desplazamientos o separación de los miembros de la familia, además de una actitud desconfiada y temerosa hacia la comunidad. La intervención, en este nivel, es apoyar en la facilitación de los distintos servicios de beneficio y apoyo que la comunidad ofrezca, además de ayudar a reunificar a las familias y asistir en los duelos y ceremonias comunitarias de reparación. Esto contribuirá a atenuar la actitud de desconfianza y miedo sufrida por el afectado.

En el tercer nivel, la ayuda se ofrece a grupos más pequeños, según el tipo de afectación específica sufrida en la emergencia, a nivel individual o familiar, aplicando intervenciones a nivel emocional y/o psicosocial, que logren facilitar la inserción de los afectados en su actividad cotidiana.

Finalmente, en el último nivel, se ofrece apoyo de forma más específica, a los individuos que presentan serias dificultades para incorporarse en su funcionamiento básico, como trastornos mentales graves o algún tipo de discapacidad que implique una atención más especializada a la ofrecida por los servicios de salud generales.

4.2 Intervenciones en Crisis a Nivel Individual, Familiar

Según el *Manual de Primeros Auxilios Psicológicos* elaborado por el *National Child Traumatic Stress Network* y el *National Center for PTSD* (Ruzek, et. al., 2006), cuando se trata de emergencias o crisis sufridas a nivel personal y/o familiar, hay una serie de acciones centrales para realizar, al momento de ofrecer la intervención inmediata, que ayudará a reducir el impacto de la situación dolorosa.

- *Contacto respetuoso.* El primer contacto hacia el afectado ha de ser en tono respetuoso y comprensivo a partir de la crisis vivida. El terapeuta o acompañante se identifica y pregunta sobre lo que la persona llegara a requerir en ese momento, buscando proveerlo: alimento, vestido, asistencia médica o llamada telefónica.

- *Ofrecer seguridad y confianza.* Es indispensable facilitar la sensación de seguridad al afectado al ofrecerle un lugar protegido o menos riesgoso para el encuentro, además de darle información de los pasos subsiguientes a realizar, y de las eventuales situaciones de muerte de algún ser querido, así como ayudarle en la reconexión con su red de apoyo, el proceso de duelo y las acciones prácticas consecuentes.

- *Estabilización emocional.* Algunas personas requieren apoyo después del impacto, a raíz de la intensa reacción emocional sufrida, como miedo, histeria, pánico, ira, ansiedad, embotamiento, confusión, parálisis o incapacidad para tomar decisiones. En estos casos, podemos orientar y ayudar a la persona a tranquilizarse, escuchándole y sosteniéndose en su red de apoyo familiar y social.

- *Obtención de información.* Se revisa e indaga la información sobre el evento que el afectado haya recogido, sin someterlo a algún tipo de presión ni discusión sobre sus impresiones acerca de lo ocurrido, manteniendo una escucha atenta y empática.

- *Asistencia práctica.* Se ofrece apoyo en las necesidades concretas que la persona afectada presente y en la canalización a otros organismos de ayuda u obtención de beneficios comunitarios. Esto ayudará a recobrar un cierto nivel de esperanza y confianza en que la situación puede ser superable.

- *Conexión con grupos de apoyo.* Conviene facilitar la reconexión del afectado con sus redes de apoyo familiar, social y comunitario. Es importante entrenar a las familias y a los amigos en la apertura a escuchar, de forma paciente y comprensiva, la narración repetitiva que la persona hiciera sobre su historia.
- *Información sobre reacciones características y afrontamiento.* Es importante normalizar el dolor ante el afectado y los síntomas característicos que sobrevienen al impacto, reduciendo así sus niveles de inculpación, además de entrenarle en el manejo saludable de sus reacciones emocionales a través de compartir la experiencia, practicar ejercicios de relajación, y activación física, realizar actividades placenteras y mantenerse ocupado.
- *Remisión a otros servicios.* Facilitar al afectado su canalización a otras instituciones o servicios que requiera, tanto para su recuperación y estabilización postrauma (en grupos de autoayuda o psicoterapia), como para su afrontamiento hacia el futuro.

A manera de resumen, cuidaremos el tipo de intervenciones que, como profesionales, podremos aplicar en situaciones de crisis, revisando lo que *debemos hacer* y lo que *no debemos hacer* para aminorar la gravedad del impacto, y ayudemos a prevenir la instalación de cuadros postraumáticos (Navarro-Góngora, 2010).

Lo que el profesional debe hacer:
- Reconocer y validar la experiencia de la persona afectada.
- Ayudarle a encontrar su propio camino.
- Escucharle con atención y apertura.
- Aceptar los sentimientos tal y como los expresa, y no como cree que deberían ser.
- Aceptar las lágrimas del afectado (y las propias).
- Respetarle la decisión de buscar información y tomar decisiones sobre el incidente.
- Permitir que el afectado se traslade al lugar del incidente si así lo decidiera. Es posible que eso le ayude a entender mejor el evento.
- Responder a preguntas sobre el incidente de forma honesta.
- Reconocer que los niños también se traumatizan y pueden aprender a ocultar sentimientos.

Lo que el profesional no debe hacer:
- Trivializar la experiencia.
- Recurrir a frases estereotipadas que descalifican la experiencia:
  "...bueno, pero la vida continúa...".
- Hablar de trivialidades cuando la persona afectada claramente quiere hablar de lo que sucedió.
- Tomar decisiones por la persona afectada sin consultarla.
- Confundir la represión de sentimientos con la valentía.

- Pensar que como profesional tiene que hacer algo espectacular y profundo, más allá de solamente escuchar.
- Transmitir incomodidad cuando los afectados lloran.
- Aconsejar, cuando no le piden consejo.

4.3 Intervenciones en Impacto Temprano y en Trauma: Modelo Terapéutico Sistémico para el Bienestar Postraumático (MOTESIBI-PT)

Cuando no se ha logrado acomodar el nivel de afectación durante las semanas o meses después del impacto, trabajaremos con intervenciones acordes a reducir o desactivar los síntomas del cuadro postraumático. Es posible que la persona acuda a terapia después de años de arrastrar síntomas de afectación, lo que nos indica que puede estar sufriendo un estrés postraumático cronificado.

Antes de puntualizar las diversas intervenciones terapéuticas que podríamos aplicar a este nivel de temporalidad postimpacto, es importante resaltar que, para lograr mejores resultados sanadores en el cliente, cuidaremos el orden propuesto por la estructura hipnoamnésica para sesiones interventivas sugerida por el Dr. Ruperto Charles en su Modelo Integrativo de Enfoques Sistémicos en torno a Soluciones (2005, 2018), según la cual habremos de cubrir tres fases. En la primera iniciamos con el rescate de las fortalezas y elementos positivos y funcionales con los que cuenta la persona y su sistema familiar y social, lo que facilita la adherencia y cooperación del afectado al proceso, además de que ayuda a sembrar la idea de que no todo en su vida está tan emproblemado, con lo que puede empezar a modificar el tono apesadumbrado con el que llegó y abrirse a una visión más dispuesta a posibles soluciones a su situación.

En la segunda fase, la estructura propone hablar de la parte difícil del problema y sus consecuencias. Abordar la parte dolorosa permite que el estrés y desacomodo producidos al recordar el evento estresador, queden encapsulados en ese lapso del trabajo terapéutico, gracias a la activación de la capacidad amnésica de la persona con la cual se diluye el peso de los efectos del problema, al momento en que el terapeuta le ayuda a dirigir su atención hacia la tercera etapa del proceso.

En esta tercera y última fase del encuentro, se busca rescatar nuevamente el tono esperanzador hacia el camino de la recuperación. Después de observar el problema, se revisan estrategias de cambio, se reutilizan soluciones beneficiosas que la persona haya aplicado a anteriores problemas y se incorporan nuevas habilidades a su bagaje de aprendizajes. Para ello, el terapeuta elabora preguntas inteligentes encaminadas hacia la solución, elogia los elementos valiosos del cliente y ofrece reencuadres que permitan entender la situación desde distintas perspectivas. Igualmente, habremos de aplicar intervenciones útiles que le ayuden a ir acomodando, paso a paso, el proceso de recuperación, para, finalmente, encomendarle tareas que practique en su cotidianeidad durante el periodo entre sesiones, cerrando el encuentro con una visión más esperanzada hacia la solución de su situación.

A partir de estos elementos detallo las estrategias terapéuticas probadas en el *Modelo Terapéutico Sistémico para el Bienestar Postraumático* (MOTESIBI-PT, Fernández, 2013), intervención sistémica que evalué con fines de aminorar los síntomas del estrés postraumático en personas afectadas por episodios de violencia social, buscando facilitar el proceso de desarrollo de su capacidad resiliente y promover estados de sanación con mayores condiciones de bienestar y crecimiento postraumático.

El modelo está conformado por la integración de técnicas y estrategias extraídas de distintos modelos de Terapia Breve Sistémica, como el Modelo Integrativo de Enfoques Sistémicos en torno a Soluciones (Charles, 2005), el Modelo de Terapia Breve Centrada en Soluciones (De Shazer, 1992), el Modelo Interaccional del *Mental Research Institute* (MRI) de Palo Alto (Watzlawick, Weakland, Fisch, 1992), así como del enfoque en Psicología Positiva (Seligman, 1999), en Terapia Narrativa (White, 2004), en Hipnoterapia Ericksoniana (Araoz, 2008; Lankton, 2005; Kershaw, 2007) y en Programación Neurolingüística (O'Connor y Seymour, 2002).

Aunque inicialmente apliqué el modelo a nivel grupal con jóvenes afectados con estrés postraumático, posteriormente, pude ir observando su versatilidad y efectividad en intervenciones clínicas adaptadas a individuos de distintas edades, así como a familias que habían sufrido eventos violentos o adversos como asaltos, secuestros y desapariciones; al igual que en casos de abuso sexual y violencia intrafamiliar.

En ocasiones en que el consultante respondía con más agilidad al proceso, pude seleccionar solo ciertas técnicas para ser aplicadas, en tanto que en otros casos fue requerido el manejo de mayores abordajes. A partir de ello, recomiendo que, con base en las necesidades particulares que presentaran los clientes, bajo cualquier modalidad, ya fuese a nivel individual, familiar o grupal, el terapeuta valore la situación y elija, flexiblemente, las alternativas de intervención que considere más adecuadas, para trabajar en el proceso de sanación, cuidando la cobertura de las distintas etapas del modelo, a fin de garantizar un mejor resultado reparador. El MOTESIBI-PT consta de seis etapas (Figura 20) y lo describo con la inclusión de los diversos aspectos a cubrir en cada una de ellas, así como de las posibles intervenciones a aplicar.

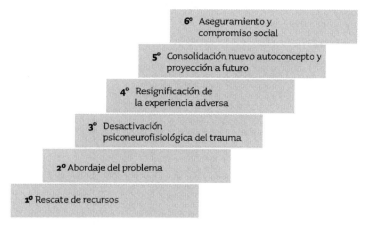

Figura 20. Modelo Terapéutico Sistémico para el Bienestar Postraumático (Fernández, 2013).

Modelo Terapéutico Sistémico para el Bienestar Postraumático (MOTESIBI-PT)

Etapa I. Rescate de Recursos

a) Revisión de Fortalezas

Los caminos de reparación terapéutica para superar un trauma habrán de despegar, inicialmente, con la reactivación de los recursos y las capacidades que se vieron invalidados como resultado del desgaste provocado por el impacto y su secuela sintomática. Esta es la primera ruta que permite iniciar el trabajo restaurador en el afectado, redimensionando la afectación del trauma, en comparación a otras de sus experiencias de vida, preguntándole sobre sus gustos, pasatiempos, logros y situaciones exitosas en su vida por los que se sintiera satisfecho, además de ayudarle a recuperar sus cualidades, fortalezas, destrezas y habilidades. Esta recolección inicial de recursos personales podrá ser complementada, a través de preguntas circulares, que nos permita rescatar la percepción que sus familiares, amigos y compañeros pudieran ofrecer acerca de los aspectos positivos que descubren en su persona.

b) Recuperación de Soluciones Útiles

Como otro elemento que suma fortalezas al cliente, cuestionaremos acerca de posibles soluciones útiles que en otros momentos de su vida hubiese emprendido para enfrentar situaciones difíciles. En este punto será importante, más que obtener el detalle de las adversidades previas que la persona hubiese sufrido, el revisar y resaltar cómo las enfrentó para salir adelante en la vida. Esta será otra clave para continuar reestableciendo la plataforma de recursos que ayude a contrarrestar el peso de la situación dolorosa.

c) Reconexión con Áreas Disfrutables

A partir de los patrones de comportamiento patologizados que quedaron descritos, y que podrían estar manteniendo el cuadro sintomático con actitudes de incapacidad, miedo y tendencia al aislamiento, propondremos al cliente, desde la primera sesión, que empiece a romperlos al sugerirle la provisión, al menos gradual, de satisfactores agradables, que le permitan estar de nuevo en contacto con sus áreas de disfrute, pasatiempos, espacios relajantes, conexión social y todo aquello que le abone condiciones de más seguridad, tranquilidad y relajación, además de irse acercando a la reanudación de su rutina habitual. Entre más pronto la persona logre acomodar su actividad normalizada, mejor será el pronóstico en su recuperación. Esta intervención permite también que la persona empiece a frenar la espiral de desgaste físico y emocional provocados por el problema, para iniciar el camino de restauración de sus niveles de energía.

A través del siguiente reencuadre normalizador con asignación de tarea, podremos plantear al consultante la importancia de esta prescripción:

Después de todo lo difícil que has vivido, es esperado el estado de desgaste y agotamiento que estás sufriendo... Por ello, es importante que, de aquí a la próxima sesión, te ofrezcas un autoregalo diario como signo de reparación de la energía física y emocional. Al menos por treinta minutos del día, podrás realizar una actividad saludable que te parezca agradable, placentera, divertida o relajante. Puedes mantener alguna que ya estabas realizando o redescubrir otra que hayas desplazado, y que te resultara atractivo el reacomodarla de nuevo a tu día.

d) Rastreo de Excepciones al Problema

Identificar las excepciones al problema es el sello distintivo del Modelo de Terapia Enfocado en Soluciones. La intención es rastrear los momentos en que el cliente lograra observarse fuera del problema, así como los medios que le ayudaran a lograrlo. Es común que perciba que su condición está saturada por el problema y, difícilmente, distinga momentos mejores; sin embargo, a través de las intervenciones en sesión, le ayudaremos a focalizar la atención en aquello que piensa o realiza que le permite verse, al menos en algo distante al problema, y aunque fuese en forma momentánea. Estas situaciones de excepción al problema ayudarán a descubrir elementos que permitan ir configurando la solución, para que logre empezar a replicarlos y amplificarlos, de forma deliberada, en su cotidianeidad. Además de elaborar preguntas para explorar esas excepciones, podremos encomendarle tareas para que igualmente, centre su atención y energía, en observar y registrar esas situaciones más favorables de su día, de forma que, con ello, estaremos induciendo a su creación.

Etapa II. Abordaje del Problema

"Hay que 'hacer algo' con la herida, transformar el recuerdo, manipular el pasado, metamorfosear la emoción... (puede ser) mediante un compromiso filosófico, literario, religioso, intelectual o político... Eso ayuda a poder controlar la representación del pasado. Si no lo hacemos, el pasado se impone a nosotros, dejamos que la huella sepultada en la memoria regrese... y si la dejamos regresar sin controlarla, es (el escenario) *perfecto para desencadenar las angustias".* - Boris Cyrulnik (2010).

Cuando la persona afectada busca ayuda terapéutica, podríamos suponer que está con la disposición de abordar, de alguna forma, el problema que le aqueja, y quizás podría desear hablar, directamente, acerca del trauma que sufrió. Si así fuera, podríamos abordar la situación aplicando algunas de las técnicas sugeridas en esta segunda etapa del proceso:

a) Microreencuadres Fortalecedores ante Expresión de la Experiencia Adversa.
Para abordar el problema, podremos ofrecer al cliente la oportunidad de que, sin presionarle para evitar procesos de retraumatización, exprese verbalmente su versión sobre la experiencia adversa, permitiendo que empiece a romper con el patrón viciado de evitación-incapacidad que mantenía vigente.

Esta experiencia cumple en el afectado una función catártica en un ambiente de contención seguro y protegido, y facilita que el terapeuta empatice con él, elaborando microreencuadres que activen su sensación de sentirse escuchado y comprendido. Durante la escucha atenta, podremos ir insertando, suave y respetuosamente, algunos signos no verbales, como asentir con la cabeza, además de elogios prudentes que fortalezcan el vínculo de adherencia terapéutica.

Algunos ejemplos de estos microreencuadres fortalecedores pueden ser: *...mmm ...eso pareció muy duro, muy difícil...; parece que tu reacción fue muy inteligente (o prudente, cautelosa, precavida, valiente, fortalecida) dado que pudiste sobrevivir...*

b) *Preguntas y Reencuadres para Redirigir el Foco de Atención.*

Después de escuchar el relato del cliente acerca del trauma, ayudaremos a redirigir el foco de atención de la narrativa emproblemada, utilizando la misma fuerza del síntoma caracterizado por la reexperimentación negativa. Como había mencionado, es común que el afectado recuerde, de forma intrusiva y recurrente, elementos y detalles precisos del trauma que marcaron su emoción, y pudieron detonarle una condición de afectación extrema. Podrá recordar imágenes de la agresión, tal vez algún gesto del ofensor, su mirada, un objeto, un arma, que podrían estar asociados a sonidos, olores o sensaciones de descontrol e impotencia.

Al mantener una actitud de escucha atenta, empática y respetuosa, podremos ir redirigiendo su narrativa para que, en lugar de que el afectado enfatice esos detalles grabados angustiosamente, podamos formularle preguntas acerca de cómo pudo sobrellevar esa situación. Esta intervención constituye una clave maestra para ayudarle a recuperar elementos de control de la escena dolorosa, que le permitan contrarrestar su sensación de desvalimiento e impotencia. Por ejemplo, revisar qué rasgos, movimientos, reacciones, pensamientos o silencios fue asumiendo en esos momentos adversos, podrán ser detalles que habremos de recuperar, resaltar y reencuadrar favorablemente, como formas útiles, inteligentes y valientes que le ayudaron a sobrevivir, y que su mente pudo ingeniarlos para maniobrar con el alto estrés al que se vio sometido.

Posteriormente, podremos preguntar al cliente con qué símbolo o imagen desea asociar esos elementos valiosos de sobrevivencia, que le permitan ahora empezar a recordar el evento de una manera distinta. Estas intervenciones implican iniciar con la alteración de la representación del trauma, transformando la emoción, y empezando a resiliar la experiencia reemplazando los recuerdos angustiosos, para centrar la atención en aspectos más fortalecedores que también pudieran ser parte del evento.

A propósito de esta intervención, recuerdo el caso de una consultante que compartió dolorosamente, el momento en que fue asaltada por tres sujetos fuertemente armados, le despojaron del vehículo en el que se trasladaba en carretera, junto a su familia, y se llevaron sus bienes materiales y económicos que traían. A ella y a los distintos miembros de su familia, los abandonaron en medio de un paraje solitario. Recurrentemente, al recordar el evento, reportaba sentir la misma angustia e impotencia de aquel momento, asociada a la imagen de la mirada amenazante de uno de los asaltantes. Esa fue la representación del episodio traumático que había quedado grabada en su memoria emocional.

Sin embargo, a partir de la aplicación de esta estrategia, fue posible redirigir su foco de atención, recuperando escenas del evento en las que logró hacer maniobras inteligentes, de forma rápida y discreta, para insertar en su bolsa de mano algunos documentos importantes, sin que los asaltantes lo detectaran, y hasta logró tomar distancia llevando su bolsa consigo. Este hecho la hacía sentir *"capaz y más inteligente que los asaltantes"*, con lo que logró resaltar, amplificar y asociar esos rasgos fortalecedores de su identidad, con el episodio difícil. Esta intervención le permitió integrar esta escena en la que consolidó una nueva versión de su persona, reemplazando y desactivando la reexperimentación intrusiva angustiosa.

Ejemplos de este tipo de preguntas para redirigir el foco de atención son las siguientes: *...en medio de esta situación tan difícil que me estás compartiendo ¿cómo fue que pudiste maniobrar con ese evento?... ¿qué actitud asumiste que te permitió sobrellevar el momento tan tenso?... ¿qué cualidades activaste, aunque tal vez sin darte cuenta, que te ayudaron a manejar la difícil situación?... ¿qué ideas útiles (cuidadosas, precavidas, prudentes) cruzaron por tu mente, en esos momentos, que te ayudaron a sobrevivir?... Ahora que descubres estas cualidades en ti, aun en medio de esas condiciones tan extremas que experimentaste, ¿cómo te gustaría empezar a recordar este episodio de tu vida?...*

c) Reencuadres Normalizadores de los Síntomas.
Junto a estos reencuadres, es necesario utilizar la normalización ante la respuesta que la persona haya ofrecido en el momento de la situación adversa, independientemente de cuál haya sido. Esa reacción constituye una manera naturalmente alterada ante las condiciones críticas vivenciadas. La intervención normalizante permite reducir el nivel de culpa y estrés del afectado, facilitando el reacomodo inicial de la experiencia difícil.

Como ejemplo de este tipo de reencuadre despatologizante normalizador, menciono el siguiente: *es normal que bajo las condiciones que experimentaste, hayas reaccionado de ese modo... eran situaciones altamente estresadoras...*

O si el enfoque es normalizar los síntomas postimpacto: *...es normal que bajo las condiciones que has vivido, te sientas abrumado, embotado y con miedo... este nos previene de situaciones de riesgo y peligro... y es esperado que, después de haber sufrido estas condiciones por todo este tiempo, te sientas agotado y desmotivado... cualquier otra persona en tu lugar podría haber reaccionado de forma semejante, o aún más complicada...* Este reencuadre puede ofrecerse como inicial, y si resulta necesario, complementarlo con otros que expresen una connotación positiva del síntoma o una resignificación.

d) El Arte, Como Medio de Expresión de la Experiencia Adversa.
Algunas personas no están listas para expresar de forma verbal su versión acerca del acontecimiento doloroso que experimentaron, justamente porque la negación funge como

recurso protector evitativo ante el dolor. Para esos casos, podremos contar con medios alternos que faciliten la expresión metafórica del impacto traumático. El arte se constituye como un recurso valioso que permite abrir caminos de expresión, sin el riesgo de que el cliente se experimente amenazado. Además de ser un medio catártico y liberador, genera la activación de habilidades lúdicas y creativas, que permiten realizar el trabajo de afrontamiento, de formas más sutiles y seguras. Es frecuente utilizarlo con niños y adolescentes, sin embargo, lo ofreceremos a cualquier persona que desee utilizarlo como ruta de expresión.

Adicional a la función catártica, los medios artísticos son formas para resiliar el recuerdo del trauma. Esta función podrá cubrirse en distintos momentos, después de que ocurra la expresión liberadora; sin embargo, en ocasiones desde la misma expresión catártica, empiezan a delinearse las rutas sanadoras que fortalecerán la resiliencia.

Las formas artísticas utilizadas terapéuticamente, son el dibujo, la pintura, la escultura, el collage o cualquier obra plástica, cuya representación gráfica podría ser el medio por el que la persona afectada lograra "hablar" de su experiencia. Otros recursos son el teatro, la escritura, el cine o la música, como caminos por los que puede fluir la expresión dolorosa a través de la elaboración de un guion, de una novela o una poesía, crear personajes, historias, composiciones musicales o cantos. Cualquiera de estos recursos facilita representar la vivencia dolorosa de forma indirecta, o bien, permitiendo que el afectado hable de la situación en tercera persona, de tal forma que pueda diluirse el peso del impacto frontal del trauma.

Las manifestaciones artísticas pueden adaptarse a una amplia variedad de aplicaciones, ajustándose a la situación, condiciones, preferencias y edad del cliente. Algunas ideas que se pueden trabajar son la representación no solo del estado doloroso y adverso, sino también de caminos de validación, aprendizajes, crecimiento y sanación posteriores a la experiencia difícil, así como los estados deseados a alcanzar. Pueden agregarse, creativamente, elementos que hayan ayudado a la transición restauradora o explorar distintas facetas de la asimilación de la experiencia. Este proceso ayuda a facilitar la disposición interna del cliente hacia el sano acomodo de la situación adversa, así como hacia la consolidación del cambio.

e) Ritual de Externalización del Problema.
Como expliqué en capítulos anteriores, la externalización del problema es una estrategia de construcción lingüística propuesta por la terapia narrativa (White, 2004), que considera al síntoma como un ente diferenciado a la identidad de la persona. Permite eliminar las etiquetas psiquiátricas y patologizantes, además de las cargas culpabilizadoras dirigidas al portador del síntoma, para utilizar, en su lugar, un lenguaje que permita empezar a concebirlo como algo que puede aprender a dominar. En estos casos en los que la persona ha estado sometida al recuerdo del trauma, se busca externalizar, no la emoción normalizada y necesaria (y hasta connotada positivamente), sino el *exceso* de ella, por ejemplo, *el miedo paralizante o el enojo bloqueador*, que es lo que pudiera estar interfiriendo en su funcionamiento.

Según el caso, además del lenguaje externalizador, podemos aplicar un ritual que facilite ese proceso (Friesen, Grigg y Newman, 1991) en el que proponemos al cliente que imagine o elabore una imagen o dibujo del problema: por ejemplo, del *exceso* de miedo que lo ha convertido en un *miedo paralizante*. A partir de esa representación, provocaremos un diálogo terapéutico, en el que tanto el cliente, como su sistema cercano (puede ser con preguntas circulares), logren expresar catárticamente los efectos y afectaciones que han padecido, por la presencia invasiva del problema en sus vidas. Esta descripción podrá ser verbal o registrada gráficamente alrededor de la imagen del problema.

Después de la identificación de los efectos nocivos del problema, el terapeuta podrá preguntar al cliente qué situaciones irá recuperando saludablemente, en su vida y en la de su familia, cuando empiece a dominarlo, regularlo, desplazarlo y/o eliminarlo. Finalmente, podremos invitarlo a despedir el problema utilizando algún medio metafórico de eliminación, como romper la imagen, quemarla, enterrarla, tirarla o encerrarla. Posteriormente, podrá elaborar otra imagen donde se muestre ahora a sí mismo en dominio del problema. El ritual puede manejarse en sesión o como tarea personal y familiar.

f) Otros Rituales Terapéuticos.
Como sabemos, los rituales terapéuticos son una eficaz intervención que permite involucrar elementos simbólicos con alto contenido emocional, cognitivo y comportamental. Según Imber-Black y Roberts (2006), los rituales son una

acción o serie de acciones mantenidas en una secuencia de pasos acompañadas por fórmulas verbales, en las que interviene toda la familia. Pueden ser tanto de eliminación (del problema), como de resignificación de la experiencia adversa. Para este último, no se trata de reinterpretar en sí mismo el evento estresador, sino su representación o significado, así como la experiencia de afrontamiento del afectado.

Los siguientes, son ejemplos de rituales que sugiero en el trabajo terapéutico, y que han resultado ser efectivos para el mejor manejo del trauma:

- *Ritual de Escribir-Leer-Quemar/5' con Aprendizajes-Cualidades-Visión a futuro/10' (ELQ-ACV)* (Fernández, 2013).

  Este ritual es una estrategia, en primera instancia paradojal, que permite ir prescribiendo el síntoma con manejo de condiciones precisas que ayudarán al cliente a circunscribirlo en momentos preestablecidos del día y, por tanto, empezar a tener cierto dominio sobre él. Con horario prefijado, se recomienda que lo realice en dos fases.

  En la primera fase el ritual busca ser liberador del estrés bajo un entorno seguro de contención emocional. Durante los cinco minutos iniciales la persona podrá convocar y expresar por escrito las ideas, las emociones y los recuerdos negativos que le abruman, permitiendo que sean descargados, sin juicio o filtro frenador. Como única excepción a este criterio, es respetar "la regla de tres": no dañarse a sí mismo, no dañar cosas del entorno y no dañar personas. Una vez cubierto el tiempo mencionado, suspenderá el escrito, lo leerá en voz alta, y finalmente, podrá eliminarlo (romperlo, tirarlo, enterrarlo o quemarlo), a manera de liberación y despedida.

La segunda fase del ritual persigue un objetivo más acorde con la resignificación del problema. Consiste en identificar, escribir y conservar en los posteriores diez minutos los siguientes elementos:

> *Aprendizajes* que la persona haya descubierto a partir de su experiencia con experiencias difíciles.

> *Nuevas cualidades* desarrolladas y ampliadas al maniobrar con las situaciones difíciles.

> *Visión a futuro* a corto plazo (a unas semanas) en la que la persona logre describirse superando el problema. Es una estrategia que facilita la predisposición positiva para ir recreando el escenario deseable a corto plazo.

Estos tres elementos del ritual se convierten en el fruto más valioso de la situación difícil, y por el que el cliente puede rescatar un mayor crecimiento y generar elementos de aportación a su vida. El ritual se recomienda sostenerlo diariamente hasta la siguiente sesión del proceso, o hasta que la persona lo considere necesario.

- *Desplazamiento del síntoma.* Una variación del ritual anterior es desplazar el síntoma a cierto horario del día, para que no invada al cliente de forma desordenada y le sature durante su actividad cotidiana. Implica desarrollar una habilidad cognitiva que le

permita identificar la presencia de las ideas sintomáticas, para luego frenarlas, y a manera de diálogo
interno, logre desplazarlas a un horario preestablecido dándole atención programada. Esta intervención aplica cuando el cliente no se percibe capaz de
dar el paso fuera del problema, y requiere un proceso
más gradual hacia el cambio. Podrá desarrollar la
habilidad de marcar los tiempos y condiciones al
síntoma, generando así mayor control y dominio
sobre él, lo que le ayudará a desactivarlo, dando
oportunidad de sostener el curso de su actividad
normalizada sin sufrir mayores afectaciones.

- *Ritual de baño y lavado de manos* (Fernández, 2013).
  Otro ritual de liberación que sugiero es resignificar
  las prácticas cotidianas de higiene personal, tanto
  el baño diario, como el lavado cotidiano de manos,
  ritualizándolas como medios simbólicos para
  desechar las sensaciones negativas. El efecto reparador aplica al momento en que el afectado simbo-
  liza la práctica profiláctica, como medio de descarga
  sensorial, emocional y cognitiva, que le ayudará a
  sentirse más despejado, ligero y libre de la opresión
  que le ha provocado el impacto traumático.

Etapa III. Desactivación Psico-Neurofisiológica del Trauma

El modelo de intervención contempla otro elemento
para abordar la afectación del trauma en la memoria emocional

grabada en la amígdala cerebral, buscando la neutralización de las reacciones neurofisiológicas que se desencadenan al recordar el episodio doloroso. La reparación implica activar las capacidades internas y neuroplásticas del afectado, que le permitan recuperar estados de mayor autocontrol y tranquilidad, aun y cuando estuviera expuesto a ambientes externos que presentaran condiciones de estrés. *"Nuestro cuerpo escucha a la mente (...) y reacciona a las imágenes sensoriales que crea la mente. El cuerpo no conoce la diferencia entre los sucesos reales y los imaginados o pensados"* (Curran, 2002, p.14).

Milton H. Erickson afirmaba que cuando las personas reportaban problemas era porque no tenían los recursos necesarios disponibles en el contexto deseado, y su cura dependía de rastrear esos recursos en su mente interna y reacomodarlos a su vida experiencial (Lankton, 2005). De este modo, el siguiente trance hipnótico (Ejercicio 20) propone una reconexión a la sabiduría y capacidades internas de la persona, a través de sugestiones que ayuden a identificarlas. El proceso implica trabajar con el anclaje de esos recursos positivos (O´Connor y Seymour, 2002), la inserción de figuras de protección y el acompañamiento cuidador para el cliente, para luego realizar el abordaje del episodio estresador en estado disociado, con el empleo de la reasociación positiva con transferencia de recursos internos (Araoz, 1995; Lankton, 2005; Kershaw, 2007), buscando desplazar y trasladar las capacidades ya probadas en otras situaciones de vida, hacia el afrontamiento de la experiencia adversa. El ejercicio cierra con sugestiones posthipnóticas y el acomodo de la experiencia.

Ejercicio 20. **"El Refugio Seguro"**
Trance Hipnótico
(Fernández ME, 2013)

INDUCCIÓN AL TRANCE / CONTROL
RESPIRATORIO.

Date la oportunidad de adoptar una postura cómoda...
Puedes cerrar tus ojos o ver un punto fijo, como prefieras... y
permitir el dejarte guiar por mi voz... No tienes que hacer nada en
especial, solo darte la oportunidad de respirar profunda y comple-
tamente y sentir cómo el aire fresco que inhalas entra por tu nariz y
recorre tu cuerpo dejando a su paso oxígeno, vitalidad, energía... Al
mismo tiempo, al exhalar, permítete liberar, desechar toda sensa-
ción de tensión, de estrés... Cualquier idea que cruce por tu mente,
solo déjala pasar como si fueras un cómodo espectador que observa
con atención, sin necesidad de hacer más...

...Y mientras tu mente consciente va siguiendo mi voz, tu
mente interna puede empezar a hacer algo favorable para ti... A
cada respiración profunda, podrás irte sintiendo con un mayor
estado de relajación...

ESCENARIO EXTERNO SEGURO.

...Tu mente siempre tiene opciones creativas, y como prueba
de ello, es que logra fabricar imágenes e historias en tus sueños. Te
invito a escoger un lugar agradable, seguro y cómodo... un refugio
en donde te sientas a gusto, tranquilo, protegido... Y mientras te
acomodas, sigues inhalando profunda y completamente, a la vez
que permites que tu exhalación suave, lenta, vaya ocurriendo
mientras vas sintiéndote cada vez más tranquilo... más relajado...

VALIDACIÓN CON FIGURA DE PROTECCIÓN.

...En este refugio especial te invito a verte a ti mismo... recordándote todas las cualidades que te caracterizan... te ves con rostro sereno y confiado, en dominio de la situación... actuando de forma inteligente, capaz, fortalecida...

En este espacio, te permites estar acompañado de la persona o ser que para ti sea muy importante y te ofrezca una sensación de paz, de seguridad, de confianza... esta figura te apoya, te protege y sientes su presencia, su amor, su cuidado...

ANCLAJE DE RECURSOS
(nivel visual, auditivo, kinestésico).

*Te invito a que disfrutes de esta escena acompañado de esta figura que te ofrece protección, y **te veas** a ti mismo, muy tranquilo, seguro y fuerte... **escuchas** tu propia voz, tu respiración pausada y profunda, así como los sonidos que hay alrededor... Vives este momento de tal manera, que logras **sentir** en tu cuerpo las sensaciones de protección, de confianza, de seguridad... te sientes muy bien, muy capaz... y logras ahora guardar esta imagen con la intensidad de colores, sonidos y sensaciones en tu cuerpo que te hacen sentir muy en paz...*

ABORDAJE DEL TRAUMA EN ESTADO DISOCIADO CON RECUPERACIÓN DE RECURSOS.

...Y como si tuvieras una pantalla frente a ti, te invito ahora a que, de un lado de ella, acomodes esta imagen fortalecida de tu persona, sintiéndote acompañado por esta figura significativa... en tanto que, en el otro lado, proyectes imágenes de aquella experiencia difícil, en la que te hayas sentido afectado, indefenso, con miedo... Puedes ver esta segunda escena a distancia, como quien está en un cine sentado en las butacas de atrás y observando la imagen más pequeña...

...Y te invito ahora a que, como espectador que ve una película, revises todo lo que hiciste bien, en ese sitio y en esa situación... Descubre los rasgos valiosos de tu persona que te permitieron sobrellevar el momento...

REASOCIACIÓN POSITIVA/TRANSFERENCIA DE RECURSOS INTERNOS.

...Y mientras eso ocurre, sigues recordando que estás acompañado de quien te ofrece protección... eres capaz, fuerte... y te invito ahora, a trasladar estas cualidades que tienes, a esa situación difícil... Te reabasteces de fuerza, de tranquilidad, y de todo lo que te parezca necesario... y puedes alterar o editar la escena, de tal forma que puedes enfrentarla de manera fortalecida, exitosa... Vas sintiéndote muy tranquilo, muy satisfecho por el resultado que estás obteniendo...

SUGESTIÓN POSTHIPNÓTICA CON METÁFORA INTEGRADA.

Date permiso de acomodar esta experiencia... y tantas y cuantas veces lo desees o lo necesites, podrás reabastecerte acudiendo a este refugio reparador, seguro, con solo respirar profunda y completamente hasta tres, cuatro, cinco veces... Y como aquel que anda por el desierto y se mantiene cerca del oasis donde se hidrata y se nutre de energía, de vida, de serenidad, de fuerza, para luego seguir por el camino... así podrás mantenerte cercano a esta imagen de ti fuerte, seguro, capaz, y podrás acceder a ella tan solo respirando profunda y completamente hasta tres, cuatro, cinco veces... recordando las grandes capacidades y recursos que te conforman...

CIERRE DE TRANCE.

Tómate el tiempo necesario para asimilar lo que has descubierto, y cuando estés listo, puedes regresar a este lugar y a este momento, empezando a mover poco a poco tus miembros... despejándote y sintiéndote muy capaz, muy fuerte, muy en paz...

Ejercicio 21. **"Entrevista con el Yo Afectado"**
Ejercicio en sesión
(Charles, 2009)

Para estos casos, otra técnica que utilizo es la entrevista con el yo *afectado* (lastimado o herido). Una condición indispensable para su efectividad es que se aplique una vez que el cliente haya tenido cierto nivel de avance en su propio proceso de recuperación, y logre percibirse diferente, al menos en algunos momentos, o en ciertas áreas de su vida, tal vez con más claridad y consciencia o con más fortaleza y capacidad.

Para manejarla es necesario, primero, consolidar las cualidades alcanzadas con las que empiece a recuperar un autoconcepto más sano. Esta imagen positiva la anclaremos a través de reencuadres, elogios o algún ejercicio de hipnosis, que le permita verse a sí mismo, sentirse y confirmarse como una persona que está alcanzando una mejor imagen de sí misma. Podemos sugerirle, utilizando un suave lenguaje hipnótico, que cierre sus ojos y se imagine con estas cualidades en un lugar agradable y tranquilo, y una vez anclada esta imagen, se le pide traiga a la escena la figura de sí mismo en la que se hubiese experimentado lastimado, herido o vulnerado por el problema.

Estando presentes ambas figuras, tanto la fortalecida, como la lastimada, se le pide a esta última que exprese (verbal o en silencio) cómo se ve y se siente con el problema, en tanto que, su lado fuerte y maduro, le escucha atenta y comprensivamente. Una vez que haya terminado, su lado fuerte le ofrece, con ternura y paciencia, el soporte, la protección, el alivio, la palabra, la exculpación, el amor, y todo aquello que pudiera necesitar, dirigiéndolo a esa parte herida, a fin de facilitar su proceso de sanación. Se mantiene el diálogo hasta que las partes se integran, se abrazan y se armonizan serenamente, cerrando el ejercicio con un tono tranquilo, sereno y en paz.

Esta técnica puede tener la variación de realizarse como una *entrevista con el niño interior* (Ejercicio 25) invitando al cliente a que integre a su *yo pequeño*, hasta llegar a alguna etapa en la que recuerde haberse sentido asustado, lastimado o herido. Una vez logrado esto, se inicia el diálogo entre las partes, cuidando seguir el mismo procedimiento en su aplicación.

Ejercicio 22. **"Diálogo con el Problema"**
Ejercicio en sesión

Otra de las técnicas útiles que aplico en los casos en que el consultante se siente aún muy adherido al problema, es realizar una entrevista con el síntoma externalizado. Le pido que realice una representación gráfica del mismo, y colocando el dibujo frente a él, le explico que, a manera de juego, podrá ponerle voz al problema según la pregunta en turno que le vaya realizando. El ejercicio cubre varios intercambios:

- Terapeuta a problema (utilizar lenguaje externalizado): *Hola X (problema)... ¿cómo eres?... ¿qué tamaño tienes?... ¿de qué color eres?... ¿cómo es tu forma de ser?...*

Siendo así, ¿qué has hecho con Juan (el cliente)?... ¿cómo le has afectado?... ¿cuál dirías que ha sido la buena razón para estar con él?... ¿qué mensaje quieres transmitirle?...

- Terapeuta a cliente hacia problema: *Juan, ¿quieres expresarle a X (problema) cómo ha sido tu vida a partir de que ha estado presente contigo?... ¿cómo es que te afectado en tu vida?... A partir del mensaje que ha querido transmitirte, ¿qué le contestas?... Si quisieras agradecerle algo, ¿qué sería?... ¿quisieras que estuviera presente más tiempo en tu vida?... ¿en qué forma?... o ¿estás dispuesto a despedirte de él?... ¿quieres expresarle a partir de cuándo quieres que se distancie de ti?...*

En caso de que se trate de una condición sintomática que no necesariamente implique ser eliminada, sino que la persona aprenda a dominarla, puede preguntarse:

- *¿Estarías dispuesto a expresarle a X (problema) cómo reducir su presencia en tu vida?... Si desearas que se alineara a tus instrucciones, exprésale ¿cómo te gustaría que te obedeciera?... ¿podrías decirle dónde te gustaría se mantuviera resguardado sin que interfiriera con tu vida?*
- Terapeuta a problema: *¿Escuchaste lo que te dijo Juan?... ¿estás preparado a acatar sus instrucciones?... ¿tienes algún último mensaje que desearas transmitirle a Juan?... ¿cómo te despides de él?*

Una vez que se cierra el ejercicio, se puede preguntar al cliente lo que descubre, cómo se siente y qué acciones le gustaría emprender a partir de ese momento.

Etapa IV. Resignificación de la Experiencia Adversa

El trabajo de resignificación de la experiencia es una de las intervenciones clave para facilitar la asimilación de la situación dolorosa. Consiste en intervenir en la representación cognitiva del evento para abrirse a nuevas reflexiones sobre el pasado, buscando entenderlo desde distintas perspectivas. Eso permite regular mejor la emoción, en contraste con solo afrontar el evento y sumergirse de nuevo en la reexperimentación emocional, con el riesgo de desencadenar los estados alterados de angustia.

Este proceso de resignificar la experiencia para resiliarla, implica haber pasado por las etapas anteriores, donde la persona se haya permitido experimentar la emoción, afrontarla, hablar de ella por distintos medios, para luego empezar a regularla. El trabajo terapéutico promoverá en el afectado, una deconstrucción del relato apesadumbrado e incapacitante, para construir otro que contemple nuevos elementos y significados de la experiencia adversa, a fin de facilitar su sano acomodo y la recuperación de aprendizajes que resulten beneficiosos para su persona y su sistema.

Con una actitud respetuosa y cuidadosa, podremos manejar con el cliente constructos cognitivos ayudadores, para destrabar la condición dolorosa e interpretarla bajo nuevas visiones, utilizando así, la energía alterada, desordenada o paralizada, para encauzarla y dirigirla hacia el propio crecimiento. Las siguientes intervenciones son opciones que podemos aplicar en el proceso terapéutico:

a) Reencuadres con Connotación Positiva del Síntoma.

Una intervención que podemos ofrecer al cliente para empezar a resignificar la experiencia dolorosa consiste en ofrecer reencuadres que modifiquen el significado de los síntomas, y los entienda bajo el cumplimiento de funciones útiles y benévolas para sí mismo y su sistema familiar. Según la condición sintomática predominante, pueden coconstruirse terapeuta-cliente-sistema, realidades alternas a las asumidas hasta entonces, en las que puedan ofrecerse otras perspectivas despatologizantes, y hasta transitoriamente deseables, para abordar la situación. Esto permite la reducción de ideas culpígenas que estén bloqueando el flujo hacia la sanación.

Por ejemplo, si la predominancia del síntoma fueran los miedos, puede *indicarse que son emociones necesarias, importantes y deseables, que nos alertan sobre los riesgos y peligros que hubiese en el entorno y, por tanto, son la evidencia de que la alarma interna con la que podemos mantenernos cautelosos y previsores está activada saludablemente... De hecho, no sería normal que no tuviésemos miedo. Si fuera ese caso, estaríamos actuando de forma temeraria, peligrosa o hasta imprudente...*

Una vez detectados los efectos que hayan ocurrido en el sistema a partir del cuadro sintomático, podremos adicionar como reencuadre sistémico que, *gracias a este cuadro sintomático, la familia ha conservado una unidad y cohesión mayor que en otros momentos, y quizás el miembro que, usualmente, había permanecido en una posición distante a los demás, ha logrado acercarse al sistema, y en particular, al integrante con mayor afectación, como signo de solidaridad y apoyo familiar.*

La connotación positiva puede ser muy útil al combinarse con el manejo lingüístico, a fin de aprovechar los beneficios que ofrece la condición sintomática, siempre y cuando se regule la dosis, frecuencia o intensidad de la emoción predominante, para que no exceda los estándares saludables. Por ejemplo, *el miedo es necesario y deseable, sin embargo, ante una dosis excesiva, la persona se paraliza, su procesamiento cognitivo se suspende, o llega a caer en cuadros de pánico donde su juicio es errático, lo que se constituye en un problema que puede alterar seriamente sus decisiones, su funcionamiento y su capacidad.* La connotación positiva podrá combinarse con la técnica narrativa de externalización del síntoma, para trabajar, en este caso, con el excedente de miedo, que es el que pudiera estorbar para el trabajo de recuperación.

b) Reencuadres Resignificadores.

Una estrategia medular que utilizo en el trabajo terapéutico de reparación es ayudar al consultante a resignificar cognitivamente la experiencia adversa y su condición sintomática, elaborando una coconstrucción lingüística basada en la narrativa, que le permita entender el problema bajo un significado diferente (Watzlawick, Weakland, Fisch, 1992). Esto implica que la situación sintomática se inserte en un marco mental distinto, para ofrecer, desde otra perspectiva, nuevos significados a su experiencia, de tal forma que logre desplazar la autoimagen victimada, vulnerable e indefensa, por la del protagonista de su vida y la de un superviviente fortalecido y capaz, capaz de reescribir su historia.

Es común que los relatos del cliente alrededor del trauma se caractericen por percibirse como permanentes e inamovibles, además de generalizables a todas las áreas de su vida. Puede sentir que el trauma fue una condición catastrófica que le dejó una huella imborrable, además de saturarle, de forma rumiadora, con ideas y sensaciones de culpa, vergüenza, enojo o impotencia. En algunos casos pudo ser tan dolorosa la experiencia que, por influencia de su entorno cercano, aprendió a callar y bloquear emociones, distanciándose de vínculos de afecto significativos y sintiéndose incapacitado o inmerecedor para conectar y comprometerse de forma perdurable con los demás.

Estos factores impiden el procesamiento sano de la experiencia adversa. La resiliencia no implica olvidar la desgracia del pasado, sino reelaborarla en el presente con nuevos significados. Por ello será importante identificar los elementos insertados en su historia, a fin de ir trabajando en su deconstrucción, cocreando historias alternas, a través de constructos que le ofrezcan nuevos significados más fortalecedores y esperanzadores.

Enseguida enuncio algunos elementos de donde podemos elaborar intervenciones resignificadoras, ofreciendo como ejemplo, un reencuadre acorde a cada constructo, con inserción de sugestiones metafóricas.

- *Oportunidad ante la Adversidad (vs. Catástrofe).* Toda adversidad tiene diferentes ángulos para entenderla. Si solo se concibe como una catástrofe, despierta sensaciones de impotencia, incapacidad e indefensión lo que lleva a la persona a sufrirla de forma pasiva, dolorosa y resignada. En cambio, si se percibe como una oportunidad o como un reto, abre la visión y la emoción hacia la fortaleza y la capacidad, para asumir el control de algunos de sus elementos.

...Si bien esta situación que viviste ha sido muy difícil y abrumadora, y te ha cobrado una alta cuota de dolor, podría, igualmente, ser una oportunidad con la que podrías ir fortaleciendo el "músculo" de tu capacidad resiliente...

- *Transitoriedad de la Adversidad (vs. Permanencia)*. Cuando las adversidades se entienden como situaciones transitorias, pasajeras y presentes en un determinado momento o etapa de la vida, y no de forma permanente e inmodificable, generan una actitud en la persona que le permite abrirse a la esperanza, con lo que puede visualizar el evento con más posibilidades de ser superado (Seligman, 1999).

  ...Esta situación ha sido tan pesada y dura que te ha hecho creer que permanecerá su sello para siempre en tu vida... Sin embargo, me pregunto si al entenderla como aquella roca que ha bloqueado el flujo del río y ha impedido transitoriamente que este continúe su curso, podrías permitirte ir retirándola para liberar la fuerza vital, la energía que este río lleva en su interior, y pueda así, restablecer su recorrido natural por el camino...

- *Parcialidad de la Adversidad (vs. Generalización)*. Cuando las experiencias negativas se entienden bajo una visión parcializada y reduccionista en la que afectan un aspecto de la vida de la persona (Seligman, 1999), y no de forma generalizada, es posible que el afectado pueda maniobrar mejor con la situación, rescatando elementos fortalecedores de otras áreas de su vida y pueda recuperar la confianza en el mundo que le rodea.

...Esta condición tan difícil que has sufrido, te ha hecho creer que te ha afectado en todas las áreas de tu vida, como si el color sombrío fuese el tono absoluto de la realidad; sin embargo, si bien es una condición dura y dolorosa, te ha permitido, ciertamente, sobrevivir con fortaleza y reconocer que podrás superarla... parece que más que el color del cielo es una nube gris, pasajera, que podrás dispersarla...

- *Responsabilidad Sana (vs. Culpabilidad Desajustada).* Cuando la persona asume un nivel de responsabilidad adecuado acerca de los hechos, asumiendo su parte y evitando caer tanto en culpas internas malsanas, rumiadoras e invasivas, como en una exculpación interna con tendencia a la inculpación indiscriminada hacia los demás y hacia el mundo (Siebert, 2007), la energía personal logra ser canalizada constructivamente hacia el acomodo saludable de la experiencia.

...Cuando entendemos el error de forma adecuada y asumimos solo la parte de responsabilidad que nos corresponde, dejando que los demás asuman la propia, podremos tener la oportunidad para aprender de la situación y ascender en el proceso de crecimiento personal.

...Igualmente, esta es una buena oportunidad para distin-

guir entre la culpa sana, que nos permite aprender de ella y hasta avanzar a un estado de mayor crecimiento a partir del error convertido en aprendizaje; y la culpa malsana, que solo nos replica una y otra vez el fallo de forma rumiadora y ciclada, sin permitirnos dar el paso a la siguiente etapa.

- *Fortaleza (vs. Auto-victimización).* Cuando de la experiencia de sobrevivencia, no necesariamente del episodio mismo, la persona se logra redescubrir con la fortaleza y las cualidades que no tenía conscientes, está frente a la posibilidad de elevar su autoconcepto y percibirse con la capacidad de superar la vivencia difícil. El recuento de lo que hizo bien, de las habilidades que aplicó en el momento del episodio que le permitieron salir con vida de la crisis, serán punto clave para resaltar, elogiar y dirigir su proceso atencional. Esto contrasta con la visión en donde el afectado centra su atención hacia aspectos puntuales del evento del trauma, así como hacia su sensación de vulnerabilidad e impotencia, lo que le refuerza su condición incapacitante y autovictimizada.

...El haber sobrevivido a la experiencia que has enfrentado te ha comprobado la serie de recursos valiosos con los que cuentas para maniobrar con las dificultades. Eso te ha preparado, con mayor habilidad, para que puedas seguir reacomodando la experiencia difícil que has sufrido, y darte la oportunidad, ahora, de reescribir tu historia...

A partir de los constructos explicados, este análisis diferenciador podrá facilitar la deconstrucción de la narrativa emproblemada y pasiva del afectado, y le ayudará a visualizarse como protagonista y actor de su historia, como superviviente capaz de lograr escribir una nueva narrativa de su vida afrontando saludablemente las adversidades.

c) *Construcción del Crecimiento Postraumático.*

Otra variante del proceso de resignificación del evento adverso es abrir al cliente la oportunidad de encontrar elementos valiosos que haya recogido a partir de su propia experiencia ante la dificultad. Este constructo deberá ser aplicado solo hasta después de haber pasado por los momentos más difíciles, dado que implica haber liberado la emoción acorde al episodio, y haber empezado a resiliar la experiencia traumática. Una vez que la emoción empieza a procesarse y asentarse y el cliente logra distanciarse del evento, tanto cronológica como emocionalmente, será posible ayudarle a realizar un mayor esfuerzo cognitivo-espiritual que le permita encontrar un sentido distinto a la situación que ha vivido.

A través de un diálogo terapéutico reflexivo, podremos indagar con el consultante el tipo de aportaciones benéficas que ha logrado identificar en su autoconcepto, su visión de la vida, sus valores y su entorno cercano, como consecuencia de la difícil situación que estuvo afrontando. Para ello, podremos dirigir, de forma directa y/o circular, preguntas reflexivas con sugestiones embebidas y breves reencuadres que sirvan de preámbulo para facilitar la siembra de nuevos constructos que le lleven a concebirse en un estado de mayor crecimiento.

Reencuadres y Preguntas Reflexivas Hacia el Crecimiento Postraumático
Intervención en sesión

- No es deseable desperdiciar una crisis y quedarse en la misma situación previa a haberla experimentado... a partir de todo lo que has vivido, ¿qué nuevas cualidades observas que has desarrollado en tu persona que podrían formar parte de tu "nuevo yo"?

  Si el afectado mostrara dificultad para identificar estos rasgos de su persona, podríamos insertar algunos elogios moderados acordes al discurso que él nos hubiese expresado...

- Me parece que has mostrado mucha paciencia y fortaleza a partir de lo que me has compartido... ¿qué opinas al respecto?

- ¿Qué rasgos positivos han observado en ti otros miembros de tu familia o personas cercanas después de la difícil situación que experimentaste?

- Hay personas que después de haber experimentado este tipo de dificultades, se vuelven más compasivas y comprensivas con quienes han sufrido algo parecido... ¿qué piensas de ello?... ¿cómo percibes esto en tu persona?

- Después de lo que viviste, ¿cómo es que ves ahora la vida?... ¿qué situaciones descubres ahora como valiosas e importantes?

- ¿Qué piensas de ti mismo ahora que te descubres con estos nuevos valores y prioridades en tu vida?

- ¿Qué tipo de decisiones y acciones vas a tomar a partir de estas nuevas situaciones importantes en tu vida?

- *Generalmente cuando alguien pasa por experiencias tan difíciles acaba probándose en su nivel de resistencia y fortaleza... A partir de lo que has ido sobrellevando, ¿cómo supones que sería tu vida si la contrastaras entre tu antes de aquella experiencia adversa y tu ahora?*

- *Tanto dolor que has experimentado no es posible que haya sido en vano... Si convirtieras ese dolor en fecundo dándole un sentido diferente, ¿de qué forma te darías cuenta de que lo puedes utilizar a favor de nuevos frutos en tu vida?... ¿qué aprendizajes incorporas a tu vida ahora?*

- *¿Qué cambios favorables has notado en tu círculo cercano a partir del episodio difícil?*

- *Al momento en que ya hayas superado esta situación adversa, ¿cómo te gustaría sostener estos cambios favorables en tu persona... y en tu entorno?...*

- *Algunas personas consideran las dificultades que van experimentando en la vida como si se tratara de un curso de entrenamiento en resiliencia... en cómo activar la fortaleza interior y la capacidad de recuperarse ante las adversidades... Si te dieras la oportunidad de considerar esta situación difícil de esta manera, ¿cómo describes tu nivel de afrontamiento y fortaleza?*

- *¿Cómo te hace sentir saberte capaz de sobrellevar y superar situaciones difíciles?*

- *Si te permitieras ser consciente de que después de todos estos cambios, has crecido como persona... ¿cómo te hace sentir eso?*

- *¿Qué tipo de acciones quieres ir emprendiendo a partir de esta nueva etapa en tu vida?*

d) Reconexión Afectiva.

"Cuando el 'yo' es frágil, el 'nosotros' sirve de prótesis". - B. Cyrulnik, (2012).

Otro importante recurso que facilita la recuperación resiliente en afectados por situaciones de trauma proviene de su interacción con una red afectivo-social nutridora.

Como sabemos, desde el punto de vista neurofisiológico, las conexiones afectivas promueven la segregación de oxitocina en el cerebro que detona sensaciones de seguridad, confianza, amor y tranquilidad, lo que contrarresta la presencia de las hormonas del estrés, que tienden a activarse como medida de sobrevivencia y alerta ante condiciones de riesgo y soledad prolongada.

Parafraseando al médico español Santiago Ramón y Cajal, padre de la neurociencia, *"todo ser humano puede ser escultor de su propio cerebro".* Por tanto, como terapeutas podremos ser los escultores que ayudaremos al consultante a reorganizar y esculpir su cerebro afectado por el trauma. La interacción social es uno de los medios fundamentales que restauran las condiciones de sanación después de una experiencia traumática, por lo que explorar los vínculos afectivos significativos del afectado y facilitar su reconexión, será una intervención importante que podremos realizar en sesión, para alimentarle la sensación de experimentarse acompañado, aceptado y amado.

Por esta razón, será prioritario invitar a sesión a su sistema cercano y significativo y generar encuentros restauradores del afecto que faciliten el proceso de resiliar la experiencia traumática. Y ante la eventualidad en la que la red afectivo-social fuese muy pobre o no estuviese dispuesta a participar, indagaremos momentos en los que el cliente pudiera recordar experiencias, espacios o momentos especiales, ya fuesen del tiempo presente o pasado, en los que se hubiese sentido escuchado, atendido, cuidado, protegido o amado. Esas situaciones podremos amplificarlas y anclarlas para ayudarle a convertirlas en nichos afectivos de los que pueda disponer para mantenerse sanamente abastecido de amor restaurador.

El siguiente ritual es un ejemplo de intervención que puede ayudar a este propósito y puede aplicarse invitando a participar al cliente y su sistema significativo. Si esto no fuera posible, puede generarse el encuentro de forma imaginaria manejando preguntas circulares.

Ejercicio 23. **"Ritual de Reconexión Afectiva"**
Ejercicio en sesión

✓ Estando presentes los miembros significativos de la red de apoyo del cliente, podremos darles la bienvenida agradeciendo su presencia en la sesión. Se sugiere ubicarse en el espacio de forma en que puedan tener todos contacto visual.

✓ A través de cada una de las siguientes afirmaciones que cubren los aspectos del ritual, dirigiremos su curso de forma alternada a cada parte, dando oportunidad para que tanto el cliente como su sistema cercano (familiares o amigos), puedan expresar su pensar y su sentir mutuamente, en tanto que en su momento puedan mantener una actitud de escucha atenta y respetuosa, generando así un diálogo bilateral constructivo.

✓ Ante personas significativas que no pudieran estar presentes (por fallecimiento o por distanciamiento), podremos dirigir el ejercicio con preguntas circulares sobre cada afirmación, revisando lo que ellas pudieran opinar y expresarle al cliente.

- *Reconozco como bueno, valioso y positivo en tu persona...*
- *Te agradezco por...*
- *En todo este tiempo has demostrado ser... (áreas fuertes).*
- *Reconozco que dentro de mis propias actitudes y/o acciones pude haber cometido errores u omisiones... Por ello, te pido perdón por...*
- *Quiero expresarte cómo me sentí (me afectó) cuando tú...*
- *Entiendo que las acciones fueron equivocadas, pero quiero rescatar las posibles buenas intenciones que tuviste al realizarlas... ante ello, puedo descubrir que...*
- *Por lo que he guardado en mi interior, quiero perdonarte el que... y me dispongo a iniciar ese proceso de perdón...*
- *Las actitudes que ofrezco tener contigo en esta nueva etapa...*
- *Te pido en esta nueva etapa...*
- *Recogiendo lo mejor de este encuentro (entre lo que reconozco, perdono, te ofrezco y me pides), me comprometo ahora a...*
- *Te deseo...*
- *Como signo de cierre a este encuentro, te regalo... (signo de conexión kinestésica: abrazo, beso, contacto de manos).*

- *Quiero recordarte y tenerte presente en mi interior a través de...* (en caso de ausencia, fallecimiento o distanciamiento).

Etapa V. Consolidación del Cambio y Proyección a Futuro

En esta quinta etapa del proceso de reconstrucción, es indispensable trabajar con el cliente la consolidación del avance alcanzado hasta el momento, a fin de ir preparándolo para el manejo fortalecido de posibles adversidades que se llegaran a presentar en el futuro.

Como afirmaba Salvador Minuchin (2002), para que una intervención llegue a ser realmente efectiva y logre modificar pautas de comportamiento que pudieron regir al sistema durante mucho tiempo, es necesario utilizar intervenciones isomórficas que enfaticen, tanto en frecuencia como en intensidad, el mensaje de cambio, y logren instalar así, la nueva pauta de comportamiento de forma más consistente.

a) Consolidación del Nuevo Autoconcepto

A partir de lo anterior, buscaremos que el cliente consolide su nuevo autoconcepto fortalecido, logrando activar de forma sostenida sus recursos y aprendizajes con un estilo de pensamiento más optimista, un mejor manejo emocional y una ruta comportamental y relacional más afín y congruente a esta versión de su yo renovado.

Podremos ofrecer al cliente preguntas que le ayuden a este propósito y le prevengan ante eventuales momentos de recaída. Algunos ejemplos son los siguientes:

Preguntas para la Consolidación de Nuevo Autoconcepto

- *Después de todo este trabajo de reacomodo que has realizado en tu persona, ¿cómo te describes a ti mismo?*
- *¿Qué cualidades ya has incorporado e integrado a tu persona?*
- *¿Cómo te hace sentir saber que eres una nueva versión de ti mismo?*
- *¿Qué tipo de acciones te ves motivado a seguir haciendo, sabiendo que cuentas con este bagaje de capacidades y fortalezas?*
- *Ante eventuales dificultades que afrontaras en tu vida, ¿cómo te ves respondiendo ante ellas?*
- *Sabiendo que todo proceso implica dar pasos hacia adelante y alguno hacia atrás, ¿qué estrategias podrás aplicar para recuperarte ante algún eventual desajuste en tu proceso?*
- *¿Qué tipo de pensamientos podrás seguir alimentando favorablemente?*
- *¿Cuáles herramientas podrás seguir trabajando en tu área emocional que permitan mantenerte fluido en la expresión y en el sano e inteligente manejo de tus emociones?*
- *¿Cómo podrás mantener nutrida tu área afectiva que ayude a seguir alimentando tu sensación de seguridad, confianza, amor y tranquilidad?*

b) Proyección a Futuro

Sabemos que todo proceso de cambio no es perfecto, y al ser plástico, dinámico y adaptativo, requiere atención y cuidado para su mantenimiento. La resiliencia, como una nueva cualidad adquirida, no es estática e inamovible. De hecho, aun y cuando se hubiese fortalecido, es posible que, por distintos factores, pueda registrar variaciones y el consultante pueda experimentar recaídas en el afrontamiento ante nuevas dificultades. Por ello, será importante prepararlo y recomendarle la activación consciente de sus capacidades, para consolidar su fortalecimiento cotidiano ante lo adverso.

Una herramienta adicional que podemos utilizar para este propósito es la consolidación de sus recursos internos, vía hipnoterapia (Ejercicio 24). Esto ayudará en su preparación y blindaje interno ante eventualidades difíciles que llegara a enfrentar en el futuro.

La inducción al trance inicia con mayor conciencia del ritmo respiratorio, provocando estados de relajación y tranquilidad, para luego, utilizar diversas sugestiones que le ayudarán a visualizarse con las capacidades validadoras, creativas y resilientes para manejarse frente a las dificultades. Con la evocación de esta imagen de sí mismo reafirmada, le invitaremos a identificar y eliminar cualquier sensación negativa que hubiese quedado como secuela de la experiencia adversa, para luego conducirlo, con lenguaje metafórico, a experimentarse protegido y seguro, enfrentando las distintas eventualidades que el medio llegara a presentarle. El ejercicio cierra con una sugestión posthipnótica que le permitirá acceder, de nuevo, a ese estado de control y tranquilidad en otros momentos de su vida.

Ejercicio 24. **"Mi Escudo Protector"**
Trance Hipnótico
(Fernández ME, 2013)

INDUCCIÓN AL TRANCE

Date la oportunidad de adoptar una postura cómoda... puedes cerrar tus ojos o ver un punto fijo, como prefieras... y permitir el dejarte guiar por mi voz... No tienes que hacer nada en especial, porque en lo que tu mente consciente esté acomodándose y escuchando mis palabras, tu mente interna puede empezar a hacer algo distinto y sanador para ti... Por ahora date la oportunidad de respirar profunda y completamente, expandiendo tu pecho... y recargándote de ese aire fresco que inhalas... siente cómo entra por tu nariz y recorre tu cuerpo dejando a su paso oxígeno, vitalidad, energía... Cualquier idea que cruce por tu mente, solo déjala pasar como si fueras un espectador que observa atenta y tranquilamente...

CONTROL RESPIRATORIO CON VISUALIZACIÓN DE ESCANER CORPORAL.

Puedes seguir respirando profunda y completamente, y a cada inhalación irás recogiendo aire oxigenado, fuerza y energía, que podrá llegar a cada rincón de tu cuerpo, a cada célula, empapándola de una sensación de vitalidad y bienestar... Y al exhalar, date la oportunidad de expulsar... de desechar... de despedir toda sensación que estorbe y mantenga bloqueada alguna zona de tu cuerpo... inhala tranquilidad, relajación... y exhala tensión, malestar...

Mientras eso ocurre, vas recorriendo cada área de tu cuerpo, empezando por tus pies, dándote la oportunidad de rela-

jarte suavemente bajo este ambiente seguro y tranquilo... permite que esa sensación de bienestar se convierta en una luz brillante, resplandeciente, que vaya dejando a su paso, su poder tranquilizante y sanador...

...Recorre tus piernas... tu pubis... tu abdomen... continúa hacia tus glúteos... y sigue muy despacio haciendo el recorrido ascendente hacia tu pecho... sientes tu espalda relajada... y llegas a tu cuello... a tu nuca... y a los músculos de tu rostro... los invitas a relajarse de forma cómoda y segura...

...Sí... eso es... sigue respirando profunda y completamente... cualquier sonido que escuches a tu alrededor, será una invitación para que tu mente interna, sabia y creativa, vaya profundizando cada vez más en este viaje hacia tu interior...

PROFUNDIZACIÓN (Visualización de recursos personales con sugestión metafórica).

...Y como aquel viajero que prepara su equipaje con todo lo necesario para emprender un largo viaje, te invito a que revises tu mochila interior... puedes revisarla y darte cuenta de todos los elementos valiosos y útiles que has ido recogiendo en cada etapa de tu vida... aprendizajes... fortalezas... logros... éxitos... ideas favorables...

Cuentas con experiencias importantes que has podido procesar y de las que has salido adelante... y especialmente en este tiempo en que has integrado nuevas estrategias saludables para resolver dificultades... te descubres como una persona fuerte, capaz, con la apertura y confianza para ir encontrando nuevas soluciones a los problemas... Te ves seguro de ti mismo, capaz de seguir escribiendo tu historia con una nueva visión... en dominio de tu vida...

Todos estos elementos podrán servirte para hacer más fácil y seguro tu viaje... Encuentras cualidades importantes que te caracterizan y las abrazas... te descubres capaz, tranquilo, seguro...

REFORZAMIENTO EN LA DESACTIVACIÓN DEL SÍNTOMA.

...Si en esta revisión de tu mochila, te toparas con algún recuerdo doloroso, alguna sensación dura o desagradable, quizás con algún exceso de miedo que aún estuviera presente en tu interior y se hubiera entremezclado en tu equipaje personal, ahora puede ser el momento para que revises qué tan necesario es... Quizás esas sensaciones negativas habían ocupado un lugar que ahora podrás liberar y despejar... tienes el poder de convertirlas en aprendizajes útiles y saludables... o si prefieres puedes solo deshacerte de ellas... arrojarlas lejos... o no sé si quieras quemarlas o eliminarlas... quizás tu mente interna prefiera golpearlas hasta desintegrarlas... o tal vez solo desplazarlas dejándolas a un lado del camino... La forma que tu mente, sabia y creativa, elija, está muy bien... lo importante es que sabes que tienes la fuerza para liberar de tu interior todo aquello que te daña... y ahora podrás hacerlo y sentirte más ligero, más seguro, más contento...

AUTOCONCEPTO FORTALECIDO CON SUGESTIONES METAFÓRICAS.

Recuerdo a aquel amigo previsor que viajó a lugares muy fríos y llevaba consigo un acogedor abrigo que le resguardaba de ese gélido ambiente... Con esa adecuada protección pudo enfrentar las bajas temperaturas, sin sentirse afectado por el frío...

...*Igual, viene a mi memoria el compañero aquel que, en medio de una intensa lluvia, salió protegiéndose con un grueso impermeable y un buen paraguas... Ambos se prepararon para afrontar condiciones difíciles... y gracias a su equipo protector, pudieron maniobrar hábilmente con las exigencias del entorno...*

Puedes sentirte confiado y seguro en tu recorrido por la vida... tu traje especial podrá blindarte y mantenerte fortalecido ante los retos que enfrentes... tu escudo protector te mantendrá sereno, descubriendo y creando las mejores soluciones... la lluvia resbala por el exterior... confías en tu fuerza... en tu paz.

En esta nueva versión de ti, te ves reescribiendo tu historia... abierto, tranquilo, seguro, fortalecido...

SUGESTIÓN POSTHIPNÓTICA.

Disfruta de esta imagen de ti, y con solo respirar profundamente... tres... cuatro... hasta cinco veces, podrás acceder nuevamente a este espacio, recargándote de serenidad, seguridad, fortaleza y confianza... podrás hacerlo todas las veces que lo desees y lo necesites...

CIERRE DE TRANCE.

Tómate el tiempo necesario para acomodar esta experiencia... y cuando estés listo, podrás regresar a este lugar y a este momento, sintiéndote muy tranquilo, muy en paz.

Manteniendo la utilización del hemisferio cerebral derecho ya activado con el trance hipnótico, podremos invitar al cliente a que identifique y describa un símbolo representativo de esta versión de sí mismo fortalecido, a fin de conservarlo como anclaje adicional de su "escudo protector" ante las adversidades. Como otra opción, podrá dibujar el símbolo que hubiese elegido, manteniéndolo accesible como recordatorio para seguir consolidándose en su nuevo autoconcepto saludable.

Etapa VI. Aseguramiento y Compromiso Social

Todo proceso de recuperación debe asegurar los cambios alcanzados, de tal forma que puedan ser sostenidos a través del tiempo. En esta última etapa del modelo de intervención, recapitularemos las diferentes estrategias aprendidas para lograr consolidarlas. La serie de intervenciones recomendables para este propósito podremos aplicarlas con el consultante para ayudarle a mantener el aseguramiento y recordatorio de sus capacidades y habilidades resilientes.

a) Carta de Aprendizajes.
Una intervención que ayuda a consolidar el aprendizaje recogido es cuando activamos en la persona el "rol de experto" en su propia vida. Esto promueve una actitud más activa y responsable de su proceso de recuperación, facilitando el flujo saludable hacia estados de mayor crecimiento, bienestar y felicidad.

La ruta es la elaboración de una carta dirigida a alguien significativo en la que, según su propia experiencia, logre expresarle sus aprendizajes de cómo maniobrar favorablemente con las dificultades de la vida, ofreciéndole recomendaciones útiles para ese efecto. Esta estrategia le permite clarificar, asentar y consolidar los aportes valiosos de su propio recorrido hacia la sanación, así como ser soporte para otras personas.

La redacción de la carta puede realizarse en tiempo presente y/o con proyección a futuro, en donde pueda revelar la consolidación del avance y crecimiento personal alcanzado, así como el que se seguirá fortaleciendo en su persona.

b) Activación del Rol de Agente de Cambio Solidario.

Otra intervención importante que he probado con alta efectividad en la cicatrización de heridas emocionales tiene que ver con las acciones solidarias y compasivas ofrecidas a los demás. Esta activación estimula y consolida el proceso de metamorfosear el trauma en actitudes de mayor seguridad, confianza y fortaleza.

Habremos de considerar que el evento traumático tiene un efecto expansivo de afectación que alcanza no solo a quien lo sufre, sino también a su red familiar y social que llega a presentar alteraciones de forma secundaria. Por ello, el trabajo reparador deberá contemplar intervenciones que apoyen el proceso de recuperación del afectado, así como de su sistema cercano. Este beneficio dirigido a la red de influencia podrá ser ofrecido de forma directa, involucrando en el proceso terapéutico a los miembros de la familia, o de manera indirecta, a través de las tareas que el propio cliente realice con ellos.

Justamente, esta última intervención pude probarla en su efectividad dentro del *Modelo Terapéutico Sistémico para el Bienestar Postraumático* (Fernández, 2013) al ir preparando al consultante en la activación de su rol de agente de cambio solidario, mediante la aplicación de tareas que le permitieran compartir con su familia elementos valiosos que fuera recogiendo del proceso. Esta estrategia buscaría, simultáneamente, ayudar a su red de apoyo, así como consolidarle su propio camino de recuperación, al serle asignada una labor más activa de apoyo y ayuda a otros, en el trabajo de resiliar la experiencia difícil.

De este modo, buena parte del proceso recuperador de una persona afectada por una experiencia de trauma tiene que ver con esta actuación solidaria y compasiva dirigida hacia otros. Cuando el individuo centra su atención en alguien más que ha sufrido una experiencia adversa, y logra conectarse empáticamente con ella, su sentimiento de indefensión y descontrol ante el episodio, lo va reemplazando por otro en el que se visualiza con una actitud más fortalecida, gracias al rol proactivo y responsable que va ejerciendo al ser soporte para otros.

Al mismo tiempo, esta intervención rompe con el patrón interaccional patologizado ante la actitud victimal, impotente y aislada del afectado, para en su lugar, fomentar una actitud activa, responsable y fortalecida, que permita demostrar a ese entorno circundante que es innecesario el sobrecuidado protector y dependiente, despertando actitudes de mayor confianza y tranquilidad.

Asimismo, al tratarse de un patrón de intercambio distante y desligado, esta intervención permite la revinculación con los miembros del sistema a través de actitudes y comportamientos más cercanos y saludables, y sin necesidad de la presencia del cuadro sintomático para generar la convivencia apoyadora.

En palabras de Echeburúa (2005) *"el servicio donado a los demás constituye un potente bálsamo que permite reconstruir a la persona, recuperar su identidad moral y facilitar su reintegración social"*. Y según Boris Cyrulnik, cuyos padres murieron en los campos de concentración nazi cuando contaba apenas con 6 años de edad, apoyar a los afectados requiere volverlos activos *"...no es dándoles más como podemos ayudarlos, sino pidiéndoles más, es como se les fortalece"* (1999, p. 48).

c) Ritual de Consolidación del Cambio.

Los rituales son actos simbólicos con significados importantes a nivel cognitivo, emocional y comportamental. Por ello, a manera de ritual de celebración y reconocimiento al esfuerzo, así como de consolidación de la nueva autoimagen, podremos elaborar elogios de los resultados logrados, y al mismo tiempo sugerir utilizar un objeto que sirva como símbolo del aprendizaje recogido en el proceso terapéutico vivenciado.

El consultante personaliza el objeto simbólico elegido, para plasmar su sello original, y lo ancla como recordatorio tangible de la consolidación de su nueva versión fortalecida. Será igualmente recomendable que lo lleve consigo en su cotidianeidad y sea el medio reforzador de sus recursos y fortalezas.

d) *Elogios y Reencuadres de Cierre.*

Como última intervención para cerrar el proceso, podremos ofrecer a la persona elogios por los aportes y los avances que haya alcanzado en su proceso de recuperación hacia su bienestar, y atribuir el mérito a su disposición, esfuerzo y tenacidad. Adicionalmente, podremos aplicar un último constructo sobre la importancia de mantenerse en actitud flexible y adaptable ante posibles cambios y experiencias que pueda ir enfrentando. La apertura para seguir aprendiendo, además del humor y el espíritu juguetón con el que asuma las distintas situaciones de la vida, serán claves que le ayudarán a disfrutar y a seguir maniobrando saludablemente con los nuevos retos que la vida le presente.

CAPÍTULO VIII

Autoestima y conexión social

"...Siento que no puedo separarme de él... ha sido mi mundo por los 19 años que hemos estado juntos... hemos compartido muchas experiencias y creo que me ama porque en ocasiones me lo ha dicho... sin embargo, ha sido difícil. He soportado sus continuas infidelidades, así como sus episodios explosivos en los que grita, me insulta, se descontrola y hasta he terminado, varias veces, en el hospital con algún hueso fracturado... aun así, yo sé que, en el fondo, me quiere"...

Cuando Nora acudió a consulta buscando ayuda terapéutica para rescatarse del último episodio violento que había sufrido con su pareja, resultó obligado indagar y ayudarle a restaurar las deterioradas condiciones en que se encontraba su autoestima. Si bien esa descripción corresponde solo a su versión, no podemos dejar de contemplar que esas pautas de comportamiento forman parte de un proceso circular, en escalada, en el que participan al menos dos personas, y que, para haber llegado a esos niveles de alteración, pareció que ninguna de ellas pudo frenar, preventivamente, el circuito reactivo, de forma que pudieran evitar las tristes consecuencias personales y relacionales.

1. Autoestima

1.1 Baja Autoestima y Estilos Relacionales

Si la autoestima ya estaba deteriorada antes de elegir a la pareja, o si ocurrió en consecuencia a vivir dentro de ese estilo interaccional descalificante y difícil, pareciera no tener mayor relevancia al momento de trabajar en la reparación de las áreas lastimadas de la persona. Sin embargo, a través del trabajo terapéutico, he constatado la frecuencia con la que el cliente que presenta problemas relacionales de pareja reporta también haber tenido fallos históricos en su autoestima, y al no haber trabajado en su sano reacomodo, es común que le conduzca a una toma de decisiones sesgada, en la que tiende a elegir una pareja con su mismo perfil.

En otras palabras, es frecuente que las personas con baja autoestima se sientan atraídas entre sí, buscando las mismas aspiraciones, ya sea para el abastecimiento de su propia validación, a través del reconocimiento y la aprobación del otro; y/o buscando la reducción de los riesgos y amenazas de sentirse aún peor consigo mismas al interactuar con alguien con rasgos semejantes. La constante es que, en el fondo, ambos presentan altos niveles de vulnerabilidad y afectación ante las opiniones del exterior.

Describiendo algunas de las combinaciones más frecuentes que he observado en las relaciones interpersonales marcadas con perfiles de baja autoestima, puedo mencionar las siguientes (Fernández, 2016):

a) Relaciones Transitorias y Superficiales.
Bajo este tipo de encuentro, la persona con bajo autoconcepto, busca aumentar su autovalía al relacionarse con quien muestra algún interés en ella, sin aplicar procesos reflexivos y discriminatorios en la elección. Es una decisión impulsivo-reactiva, en la que, por lo general, el consultante se relaciona con alguien que sufre las mismas carencias internas, lo que le facilita cubrir necesidades placenteras inmediatas y genitalizadas, en el caso de pareja, negándose a establecer estados de compromiso sostenido y maduro. Cuando una de las partes cambia su posición en la relación y desea un encuentro bajo otro nivel de compromiso, comúnmente asume una actitud de sobredemanda, reclamo y exigencia a la contraparte, logrando que esta huya y tienda a distanciarse de la relación.

b) Relaciones Codependientes.
De igual forma que en la característica anterior, el cliente con un pobre autoconcepto inicia el encuentro con otro que también tiene una autovalía deteriorada, pensando que mutuamente podrán compensarse sus propias carencias. A partir de la cobertura de las necesidades que ambos

presentan, acaban enganchados en estados de codependencia simétrica (Watzlawick, Beavin, Jackson, 1993) que pueden llegar a condiciones de desgaste con altos niveles de riesgo y toxicidad. Son comunes, dentro de esta categoría, las parejas en actitud mutuamente demandante y sobrecontroladora, que viven condiciones de celos, violencia y alta dosis de miedos. Y ante la amenaza de una de las partes de abandonar la relación, surge en la contraparte, la advertencia de actuar violentamente contra el que desea distanciarse, de caer en cuadros de depresión o presentar amenazas de suicidio, con lo que el primero desiste del intento y regresa a la relación.

c) Relaciones Superioridad-Inferioridad.
Es una combinación que puede ser dependiente y patologizada, pero a diferencia de la anterior, es una relación complementaria en la que las posiciones son diferentes (Watzlawick, Beavin, Jackson, 1993). Este es el caso mencionado en el caso de Nora, en el que ambas partes de la relación presentaban baja autoestima buscando compensarla a través del intercambio interpersonal. La parte ubicada en la posición de superioridad pretende cubrir su carencia descalificando a la contraparte al imponerse por encima de ella para reducir el nivel de amenaza que esta le representa. Es común que muestre rigidez en su pensar y no asuma sus errores por miedo a exhibirse y quedar en ridículo, percibiéndose así más devaluada.

Por su parte, quien se ubica en la posición inferior, piensa compensar su déficit de autoestima al relacionarse con quien, en apariencia, se muestra superior y dominante, en espera de que le salve, le cuide y le proteja. Asume una posición de bajo perfil victimal, percibiéndose incapaz e inmerecedora de una posición diferente. Se somete, obedientemente, a las decisiones que su contraparte le impone, y se castiga, de forma sacrificada, en beneficio de los demás. Es común que asuma una actitud de chantaje emocional sobredemandando cuidados y atención.

Cualquiera de estos patrones patologizados atrapa a las partes en condiciones de desgaste y deterioro, confirmando los estados de baja autovalía y dependencia sofocante, y solo hasta que una de las partes se agota o se rebela, es cuando acude a pedir ayuda para buscar salidas alternas. Con fines de ayudar a frenar esa espiral de intercambio emproblemado y romper con el circuito retroalimentante negativo, es necesario trabajar no solo en la alteración de los elementos que configuran el patrón relacional, sino también en la recuperación de la autoestima de cada parte, o al menos con la más interesada en el cambio, a fin de que logren ser responsables de nutrir saludablemente su propia valoración y cuidado, para luego empezar a renegociar las reglas de la relación interpersonal bajo estándares más saludables.

1.2 Reparación Terapéutica de la Autoestima

"Contar una historia desde la herida es diferente que hacerlo desde la cicatriz". - Catherine Burns.

Trabajar en la reparación de la autoestima implica que la persona incremente el amor a sí misma de forma saludable.

Con un lenguaje externalizador que le permita diferenciar la condición emproblemada de su propia identidad, le ayudaremos al consultante a identificar el tipo de pensamientos con los que se alimenta en su interior y logre distinguir aquellos con tendencia negativa y autodevaluadora, en los que la crítica exigente y severa, a su ser y quehacer, sean el sello prevaleciente. Una vez que vaya aprendiendo a identificarlos, podrá frenarlos, revisarlos y reemplazarlos por ideas más sanas y favorables, logrando irse nutriendo de constructos cognitivos más positivos y compasivos. Igualmente será valioso que aprenda a negociar entre los extremos caracterizados, por un lado, con la autocrítica descalificante, y por otro, con las ideas relajadas en extremo que rocen en la apatía e indiferencia, a fin de alcanzar estilos más sanamente equilibrados en los que logre armonizarse sin caer en posiciones extremas.

Para otros casos, ayudaremos al cliente a distinguir posibles visiones narcisistas de sí mismo que magnifiquen su autoimagen y sus obras, impidiéndole reconocer sus fallos y alejándole de la realidad. Bajo este perfil, es común que minimice o descalifique a los demás para evitar sentirse amenazado por ellos, y mantenga posturas arrogantes de superioridad impositiva. Ante esta condición, trabajaremos con el desarrollo de actitudes compasivas, comprensivas y tolerantes, que le ayuden a reconocerse con fallos y limitaciones propias, a fin de que sea capaz de reconocer, comprender, tolerar y perdonar los de los demás.

En otras palabras, ante cualquiera de las manifestaciones desajustadas, se trata de que el consultante se convierta en el mejor amigo de sí mismo, lo que implica que mantenga una conexión interna con apertura, honestidad y benevolencia.

Para trabajar en la sanación de la autoestima, inicialmente, lo invitaremos a reconocer sus logros, fortalezas y capacidades para empezar a nutrir el interior de valor. Implica ayudarle a hacer consciencia de ese bagaje acumulado en su vida de experiencias favorables y satisfactorias, que le permitan identificar los recursos, talentos y cualidades que ha activado para lograr construirlas. Igualmente, podremos plantearle preguntas circulares con las que recoja la perspectiva de su familia, amigos, compañeros y grupo social de influencia, acerca de lo que descubren como valioso de su persona.

Realizar este recuento de fortalezas implica que el consultante se haga consciente y responsable de practicarlas de forma constante en los distintos ámbitos de su vida, a fin de que logre acrecentarlas y consolidarlas, integrándolas en la narrativa de su vida, con lo que evitará depender del reconocimiento de los demás para sentirse valioso.

Además de contar con los recursos positivos para construir una autoestima sana, será importante reconocer también las limitaciones y áreas a mejorar, a fin de que esa perspectiva le ayude también a mantenerse ubicado bajo una visión realista y consciente de sí mismo y con la que logre responsabilizarse de sus propios fallos y, por tanto, de su proceso de cambio.

Dos claves significativas para que el consultante asuma la responsabilidad de sanar sus heridas internas y facilite su óptima cicatrización, tienen que ver, primero, con que aprenda a rellenar sus carencias afectivas, a través de la provisión de signos de amor propio y diálogos internos más compasivos, comprensivos y benévolos; y segundo, con convertir las situaciones de fallo en oportunidades de aprendizaje y crecimiento, que le lleven a contemplar visiones más fortalecedoras de los hechos.

Estos elementos pueden promover en la persona, un nuevo entendimiento de su ser que le despierten actitudes de mayor capacidad comprensiva y compasiva, abriéndole el camino hacia el perdón, tanto a sí misma, como a otras, que estuviesen implicadas en su historia. Asimismo, al contar con una mayor conexión interna, podrá ir reestableciendo su validación y autorespeto, lo que le ayudará, a su vez, a marcar límites sanos y claros hacia los demás mediante intercambios relacionales más respetuosos.

En palabras de Barbara Fredrickson, *"cuando las reservas de amor a la propia persona son bajas, apenas logra sostener la mirada a los demás por verse por debajo o por encima de ellos. Esto reduce drásticamente las posibilidades de forjar relaciones auténticas. Sin embargo, una vez que la persona genera depósitos de amor a sí misma, entonces se vuelve rica en reservas emocionales y es más capaz de distinguir fuentes de bondad en los demás, logrando relacionarse saludablemente en cualquier circunstancia"* (2015, p.127).

En resumen, podemos trabajar con el proceso reconstructivo y sanador de la autoestima, a partir de ofrecer al consultante una guía para convertirse en el mejor aliado de sí mismo.

Guía para la Reparación de la Autoestima

(Fernández, ME.)

a) *Hacerse consciente de los recursos personales.* Enlistar las fortalezas, logros, capacidades, habilidades, destrezas... y apropiárselos.

b) *Aceptar, apreciar y valorar la propia persona y sus recursos.* Es difícil respetar y amar lo que no se valora.

c) *Activar los recursos personales.* La práctica constante de las fortalezas las acrecienta y amplifica. Es importante construir con ellas experiencias de éxito.

d) *Reconocer las carencias, los fallos personales.* La perfección no existe, la virtud de la humildad implica contemplar el concepto completo de la persona, tanto las áreas fuertes como las débiles y limitadas.

e) *Hacerse responsable por reparar y sanar las carencias y los fallos.* Se trata de aceptar y asumir la responsabilidad propia en la restauración de las áreas dañadas de sí mismo. Dejar la herida abierta y depender de las acciones de otros para sanarla, revela haberse quedado atrapado en una etapa demandante, infantilizada y victimal.

f) *Transformar los fallos en oportunidades de aprendizaje y crecimiento personal.* Implica procesar el fallo o la herida y aplicar el arte de resiliarla, otorgándole un nuevo significado que aporte crecimiento a la persona.

g) *Promover el proceso de perdón a sí mismo y a otros.* El perdón es el sello sanador que permite cicatrizar la herida y disponer a la persona a reencauzar su energía hacia nuevas etapas de crecimiento. Puede iniciarse con el perdón a sí misma para luego expandirlo hacia otros con quienes hayan quedado pendientes deudas afectivas.

h) *Respetarse y cuidarse a sí mismo.* Respetar y cuidar la corporalidad y el interior, así como el tipo de pensamientos, emociones y acciones es una responsabilidad individual intransferible.

i) *Mantener saludable el nivel de nutrición afectiva.* Ofrecerse diariamente dosis de abastecimiento saludable con signos de amor y autocuidado, es la mejor forma de mantener nutrido el interior.

j) *Disponerse a los encuentros saludables interpersonales.* Después del trabajo personal de sanación interior, puede abrirse y mantenerse el intercambio relacional, cuidando la atención y respeto en la aplicación de límites claros, sanos y flexibles en los encuentros con los demás.

1.3 *Ejercicios para la Reparación de la Autoestima*

Los siguientes ejercicios son estrategias útiles para ayudar a reparar y fortalecer la autoestima:
Capítulo II.

Ejercicio 1. *Inventario de áreas disfrutables.*
Ejercicio 2. *"Puertas Sensoriales".* Trance hipnótico.
Ejercicio 3. *"Búsqueda de Fortalezas".* Trance hipnótico.
Ejercicios 4. *Rituales de agradecimiento.*

Capítulo III.
Ejercicio 5. *"Aceptando y valorando mi cuerpo"*. Interrogatorio reflexivo.
Ejercicio 6. *"Integración de mis áreas personales"*. Reflexión /Meditación.
Ejercicio 7. *"Agradecimiento a mi cuerpo"*. Trance hipnótico.

Capítulo VI.
Ejercicio 19. *"Meditación de la Bondad Amorosa (Metta)"*.

Adicionalmente, el Ejercicio 25 *"Encuentro Sanador con el Niño Interior"* me ha sido particularmente útil para fortalecer la autoestima del consultante y ayudarle a que sane heridas en distintas etapas de su vida. Se trata de una variación del Ejercicio 21 *"La Entrevista con el Yo Afectado"*, solo que ahora buscando una reconciliación cuidadora y amorosa entre el "yo presente" y el "yo en etapas anteriores". Una condición indispensable para la efectividad de este ejercicio es identificar en el cliente logros y avances en áreas de su vida, para de ahí sostener el anclaje de su visión fuerte, capaz, madura, experimentada y sabia en tiempo presente. Una vez logrado esto, ayudaremos a desplazar esa fuerza y recursos sanadores desde esta parte de sí mismo, experimentada y sabia, dirigiéndola a su yo pequeño, asustado, vulnerable, herido o desprotegido. El ejercicio puede manejarse a través del siguiente trance hipnótico.

Ejercicio 25. **"Encuentro Sanador con el Niño Interior"**
Trance hipnótico

INDUCCIÓN AL TRANCE / CONCIENCIA EN LA RESPIRACIÓN.

Date la oportunidad de adoptar una postura cómoda... No tienes que hacer nada en especial, solo respirar profunda y completamente, expandiendo tu pecho, llenándote, en cada respiración, de oxígeno... de salud... de energía... de tranquilidad... Y en cada exhalación puedes aprovechar para liberar estrés, preocupación o cualquier estorbo que te impida estar relajado... Y mientras que tu mente consciente escucha mi voz, tu mente interna podrá empezar a hacer todo lo que considere necesario para reestablecer tu tranquilidad, tu bienestar...

ANCLAJE EN EL YO ADULTO, FUERTE, SABIO, EXPERIMENTADO.

...Y mientras vas sintiéndote cada vez más cómodo, dale la oportunidad a tu mente interna para que te traslade a algún lugar agradable en donde puedas verte a ti mismo muy tranquilo, muy fortalecido, muy seguro... Observa con todo detalle la escena... y gózate viéndote en esta versión adulta de ti mismo, en la que has logrado recoger experiencias valiosas a lo largo de tu vida... Abres tus oídos y permites escuchar tu voz segura y serena, así como los sonidos a tu alrededor que te invitan a profundizar en esta escena en la que te ves, te escuchas y te sientes seguro, tranquilo y relajado...

PROFUNDIZACIÓN. ENCUENTRO SANADOR.

Y ahora como adulto de __ años, te invito a que integres en esta escena a una versión de ti mismo más pequeño, en alguna ocasión en que lo hubieses visto asustado, lastimado o herido. Acomoda a ese pequeño a tu lado, muy cerca de ti... observa qué edad tiene... cómo está vestido... qué expresa su rostro... y ofrécele la confianza para que pueda abrir su interior y logre expresar lo que le preocupa, lo que le inquieta... lo que le asusta... Ábrete a escucharle atenta y comprensivamente... y ofrécele el tiempo que necesite para que logre expresarse... desahogarse...

En respuesta a eso que estás escuchando, tu yo adulto, experimentado y sabio, le ofrece ahora al pequeño todo lo que necesita para hacerle sentir seguro, protegido, aceptado y amado... Regálale las palabras y los gestos amorosos, compasivos, comprensivos que le hicieron falta y le podrán ayudar a recuperar su tranquilidad y confianza... tienes la capacidad para sanar a ese pequeño... para abastecerlo de cariño y cuidado protector... Hazle saber, y sobre todo, hazle sentir que no está solo... ahora tú lo cuidas, lo proteges, lo aceptas y le ofreces ese amor incondicional que alivia y cura cualquier herida... abrázalo y hazle sentir la seguridad, la tranquilidad, la paz sanadora... observa su rostro descansado, contento... siente su abrazo cercano que sigue recogiendo de ti, amor y cuidado protector... Y enlazados en ese vínculo cálido y sensible, integra a ese pequeño a tu corazón sabiendo que cuando lo desees podrás continuar este dialogo sanador...

SUGESTIÓN POSTHIPNÓTICA.

Date permiso de acomodar esta experiencia... tantas y cuantas veces lo desees o lo necesites, podrás acudir a este espacio reconciliador y ofrecerte momentos de paz, de tranquilidad, de amor incondicional... tan solo respirando profunda y completamente hasta tres, cuatro, cinco veces... como ahora lo estás haciendo...

CIERRE DE TRANCE.

Tómate el tiempo necesario para asimilar lo que has descubierto, y cuando estés listo, podrás regresar a este lugar y a este momento, empezando a mover poco a poco tus miembros... despejándote y sintiéndote muy bien, muy en paz.

Adicional a las estrategias de intervención explicadas, otra alternativa que aplico con frecuencia para ayudar a reacomodar y fortalecer la baja autoestima del cliente es la que propongo en el Ejercicio 26. Como sabemos, cuando hay desajustes en la autoestima, es común que el área emocional-afectiva se encuentre sobreactivada, desbordada y altamente vulnerable, lo que lleva a la persona a reaccionar y decidir con base en ella, generando una distorsión en la percepción de los hechos y desplazando al área racional-pensante. En otras palabras, la persona evalúa la situación con base en su sentir, más que en su pensar, lo que puede llevarla a actuar de formas riesgosas.

A través de este ejercicio, podremos ofrecerle una perspectiva cognitiva distinta, en la que, a manera de juego disociativo, invitemos a las áreas internas a sentarse en una mesa, promoviendo el diálogo abierto y reconciliador en el que cada parte tenga la oportunidad de expresar su visión, al mismo tiempo de ser escuchada por las otras. Se busca que el lado pensante sea el que encuentre las formas reconciliadoras entre las partes, a fin de generar un estado de mayor armonización interior en el que todas tengan cabida. El ejercicio fortalece la autoconsciencia, el conocimiento y la aplicación de actitudes comprensivas y compasivas a sí mismo.

Ejercicio 26. **"Mesa de la Armonización Interior"**
Ejercicio en sesión
(Adaptación a la versión de Fernández, ME, 2016)

a) Presentar al cliente un gráfico en el que logre visualizar su persona bajo la influencia de tres grandes fuerzas de las que dispone como ser humano: su área físico-biológica, su área emocional-afectiva y su área racional-pensante-trascendente (Figura 21).

b) A manera de juego metafórico, sugerimos al cliente que invite a la mesa a sus tres áreas, explicándole la importancia de escuchar a cada una acerca de sus necesidades y deseos, a fin de lograr encontrar caminos de reconciliación armonizada que ayuden a conservar estados de balance saludable.

Figura 21. Fuerzas internas de la persona.

c) Consideraremos las funciones importantes y complementarias que cada área requiere:

- *Área físico-biológica.* Busca la atención y el cuidado de las necesidades corporales, la energía vital, la imagen, la salud, la dieta, el sueño, el ejercicio físico y la sexualidad desde la fuerza y la atracción física, con énfasis en la erotización y zona genital.

- *Área emocional-afectiva.* Incluye la identificación, la expresión, la regulación y la liberación de las emociones; además de la fuerza del deseo, la pasión, las manifestaciones de afecto, amor y aceptación a sí mismo y a los demás. Se incluye la sexualidad resaltando la conexión afectiva.

- *Área racional-pensante-trascendente.* Se refiere a la autoconsciencia de todo el sistema y la capacidad de analizar, decidir y conducir la vida hacia propósitos saludables y trascendentes, utilizando la fuerza de las otras áreas para lograrlo, tanto de la fuerza biológica y corporal como de la fuerza emocional y afectiva, que constituye el motor, el deseo y la pasión. Esta área pensante busca escuchar, negociar y armonizar las tres fuerzas, unificando y conduciendo a la persona hacia la congruencia con objetivos valiosos y trascendentes.

d) Las tres áreas son necesarias para el sano equilibrio de la persona.

e) Ante el desajuste de un área en particular, el lado pensante-racional podrá escuchar y comprender sus deseos y necesidades especiales, buscando trabajar "en equipo" para cubrir sus requerimientos y su sano acomodo. Por ejemplo:

- Si el área física manifestara signos de descuido o deterioro (dolor, síntomas, enfermedad, desnutrición, sedentarismo, obesidad, autolesiones o encuentros sexuales de riesgo), pudiera requerir de más atención, cuidado, regulación, cariño y descanso, además de la revisión profesional para su sanación.

- Si el área emocional estuviera desajustada y manifestara episodios recurrentes o cronificados de enojo, irritabilidad, explosividad, frustración, miedo, ansiedad, apatía o tristeza, requerirá de atención, recursos y regulación para aprender a identificar los mensajes que deseara transmitir, además de formas inteligentes para liberar, calibrar y encauzar las emociones.

- Si el área afectiva revelara signos de carencia o sensación de vacío y estuviese buscando atención y abastecimiento desde el exterior, a través de encuentros de riesgo, será la oportunidad para que el lado pensante unifique fuerzas, escuche y provea de amor compasivo y comprensión generosa a "esa parte" del ser, logrando mantenerla nutrida de forma cuidadosa. Esto le restará poder de dominio para evitar caer en decisiones reactivas que puedan enredarle en situaciones y relaciones nocivas.

- Si el área racional-pensante hubiese sido desplazada y descuidada al no ser considerada en las decisiones importantes de la persona, podrá ser la oportunidad para reposicionarla, fortalecerla y prepararla para volver a confiar en su visión, criterio y capacidad. Si, al contrario, el área racional-pensante hubiese sido la única activa y dominante y hubiera nulificado a las otras, significaría que la persona pudo elaborar mucho análisis reflexivo y planeador, pero sin lograr aterrizar en acciones comprometidas, apasionadas y motivadas.

f) Es posible que puedan presentarse coaliciones entre dos áreas de la persona desplazando a la tercera, y serán condiciones complejas que será importante detectar y atender por el tipo de relaciones interpersonales que pueden establecerse. Algunos ejemplos son los siguientes:

- *Fusión entre área física y área afectivo-emocional.* La persona toma decisiones desde sus necesidades físicas (atracción física-genital) y afectivo-emocionales (atracción apasionada) desplazando su lado racional-pensante, y en ese caso puede quedar atrapada en relaciones intensas y apasionadas con baja reflexividad, pudiendo caer en condiciones de dependencia con episodios de celos, chantaje y violencia.

- *Fusión entre área física y área pensante.* La persona decide involucrarse física y sexualmente en relaciones por conveniencia, sin involucrar aspectos afectivo-emocionales.
- *Fusión entre área afectivo-emocional y área racional-pensante.* La persona establece relaciones de amistad, conexión y cercanía afectiva sin involucramiento de la atracción física.

En resumen, cuando el cliente logra tener conciencia de escuchar a sus tres fuerzas internas y aprende a dialogar y a negociar con ellas buscando integrarlas armónica y equilibradamente, podrá superar sus manifestaciones desajustadas o sintomáticas, y recuperar su congruencia y estados de crecimiento personal que le permitan gozar de condiciones de mayor plenitud, satisfacción y felicidad.

Una vez que ayudemos al cliente en la sanación de su autoestima y logre mantener sus elementos internos en estándares saludables, será capaz de conectarse con lo que piensa, siente, dice y hace, de forma fiel, congruente y respetuosa a su interior, logrando generar mayor armonización y satisfacción.

Igualmente, al relacionarse con los demás, podrá hacerlo a partir de elecciones libres basadas en sus recursos y valores, y no solo motivado por la búsqueda, desesperada y reactiva, a que otras personas cubran sus carencias y alivien sus heridas. Con la autoestima saneada también resulta favorecida su conexión empática, tanto consigo mismo, como con los demás. Solo requerirá mantenerla de forma consciente e higiénica, sin caer en excesos riesgosos en donde el consultante pueda perder de vista sus propios límites y acabe en un estado de sobreinvolucramiento insano.

En el siguiente apartado describo estilos de comportamiento que he podido observar en el trabajo terapéutico, y con los que comúnmente el cliente tiende a reaccionar ante diferentes estímulos, retos, deseos y dificultades, creando patrones de interrelación en sus círculos cercanos. Esto nos permite entender mejor su situación, aprovechar la parte más saludable y valiosa de su perfil de expresión y comportamiento, entender sus limitaciones y, con ello, proponer los ajustes y cambios necesarios para que reconstruya sus patrones relacionales potenciando así su bienestar.

2. Patrones Relacionales Intra e Intersistémicos

Si bien hay diversas clasificaciones comportamentales, presento algunos de los perfiles que he observado con más frecuencia en la consulta terapéutica, ofreciendo una breve descripción de cada uno, tanto desde la perspectiva de algunos elementos de su intrasistema (cognición, emoción, conducta), como del tipo de patrones interaccionales que se tienden a construir a partir de él.

Es importante aclarar que, en ningún momento, se trata de descripciones absolutas o puristas que pretendan etiquetar o encasillar a la persona bajo un perfil comportamental, dado que es posible se presenten combinaciones de estilos. Más bien buscaremos evaluar tendencias o sesgos predominantes que nos ayuden a entender su visión, su lenguaje, y con ello, a diseñar y aplicar las mejores estrategias de ayuda terapéutica.

Cada perfil de comportamiento describe las fortalezas y áreas fuertes que encierra, y luego revisa algunas de sus limitaciones más comunes. En la última parte de la explicación de cada perfil ofrezco una visión sistémica del mismo, identificando los patrones interpersonales más comunes con los que la persona tiende a relacionarse de forma retroalimentante, los cuales pueden llegar a ser, tanto complementarios o simétricos, según sea el tipo de funciones, apoyo, jerarquía y poder que las partes concentren o distribuyan entre sí, así como funcionales (saludables) o disfuncionales (viciados).

Con base en estos elementos encauzaremos la labor terapéutica, revisando, al inicio, la forma comportamental con la que el cliente se identifica con más predominancia, para luego, buscar enaltecer los beneficios que esta le ha brindado. Eso le ayudará a generar una sensación de satisfacción a partir de observar lo que sí ha logrado construir, hasta ahora, en su vida. Después de ello, identificaremos las posibles limitaciones que el propio perfil de comportamiento le haya presentado en el camino y logre visualizarlas como obstáculos que, en algún momento, han contrarrestado su mejor desempeño. Podremos elaborar reencuadres que permitan ayudarle a ajustar y/o calibrar, tanto la frecuencia, como la intensidad de algunos de esos rasgos específicos, a fin de facilitar su mejor y mayor aprovechamiento, para generar cambios saludables en su vida.

Finalmente, ante la descripción de los posibles patrones interaccionales que derivan de cada perfil, podremos ofrecer, con reencuadres y gráficos, las formas en que el consultante pudiera estarse relacionando de forma circular y retroalimentante, identificando las posibles pautas disfuncionales que lo hayan atrapado, para que pueda empezar a modificarlas, proponiéndole la construcción de nuevos circuitos más satisfactorios. Presento, a continuación, la descripción de cuatro perfiles de comportamiento:

- Perfil reflexivo / introspectivo.
- Perfil intuitivo / reactivo.
- Perfil defensivo / reactivo.
- Perfil asertivo / empático.

2.1 Perfil Reflexivo/Introspectivo

Áreas fuertes del perfil. Bajo este perfil es común que la persona se caracterice por ser pensativa, reflexiva, dócil, adaptable, tolerante, prudente y generosa. Tiende a procesar, introspectivamente, las situaciones que enfrenta, favoreciendo un amplio proceso de análisis, aunque restringiendo su nivel de expresión y de acción. Presenta un alto nivel en su capacidad de observación y escucha a los demás. El diálogo interno es intenso, y es común que evalúe la situación bajo distintas perspectivas, lo que le permite tener contemplados diversos escenarios que podría afrontar. Es común que, favoreciendo los tonos reconciliadores y evitativos a la creación de problemas, ceda ante la diferencia de criterios y actúe con estilos altamente adaptativos, prudentes y cautelosos ante los demás. Su empatía y generosidad son parte de sus fortalezas, lo que le lleva a ser altamente complaciente con otros y a comprometerse en causas nobles, entregándose a satisfacer las necesidades de los demás. La emocionalidad, en particular el miedo, está presente de forma importante, lo que le lleva a ser altamente precavida y prudente en su actuar, evitando exponerse a riesgos innecesarios.

Limitaciones de este perfil. A partir de las características de este perfil comportamental, la persona puede experimentar una dosis intensa de miedo que le rebasa e inhabilita en su actuar. En estos casos, la pasividad, la evitación y la permisividad son constantes. Ante su indisposición a tomar decisiones, es común que otros asuman la dirección de su ser y quehacer, volviéndose muy vulnerable ante la opinión y la crítica externas. La inexpresión y la inacción pudieran ser un freno que se autoimpone manejando un bajo perfil, y evitando así, llamar la atención, además de no tener que enfrentar el riesgo a equivocarse. Y por el perfil generoso y complaciente hacia el exterior, pudiera llegar a extremos en los que no marque límites sanos hacia los demás, descuidando su autovaloración, y presentando condiciones de alto desgaste y deterioro en sus condiciones psicobiológicas (alimentación, sueño, salud). De igual modo, el riesgo de caer en una empatía infecciosa es muy alta, con tendencia al manejo de límites ambiguos con sobreinvolucramiento en la realidad que presentan los demás.

Patrón interpersonal. Según los patrones recursivos con los que se van configurando las conductas bajo una serie de secuencias interaccionales, observamos que la persona con este perfil reflexivo-introspectivo, a quien denominaré persona A (Figura 22), es común que genere intercambios de forma complementaria con la persona B, cuya actitud central es que tienda a ser más determinante, activa y extrovertida. La persona B, frecuentemente, decide por la persona A, ya sea movida por actitudes benevolentes, buscando protegerle y evitarle riesgos de forma compasiva, lo que ubica al patrón en una fórmula funcional, cómoda y adaptativa; o bien, de forma disfuncional, bajo estilos descalificantes, en los que la persona B reclama a la persona A su incapacidad e inacción, lo que, a su vez, consolida en esta su autopercepción pasiva, limitada e indefensa, perpetuando su actuar retraído y apocado de forma sucesiva.

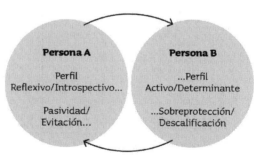

Figura 22. *Patrón interpersonal con estilo comportamental reflexivo-introspectivo / activo-determinante.*

La clave para que este patrón pueda mantenerse de forma funcional, es que ambas partes se sostengan en su apoyo complementario, mostrando respeto mutuo y satisfacción en el ejercicio de su rol respectivo y en la distribución del poder. Sin embargo, ante el caso en que una de las partes presentara inconformidad por la fórmula de intercambio, será importante renegociar los roles y encontrar un estilo más flexible para combinar las funciones entre ambos, tendiendo a ser más simétricos en su conexión. Para ello, la persona A habrá de entrenarse en cómo ejercer un rol más activo y propositivo, aumentando su autoestima, en tanto que la persona B podrá aprender a ceder algunas funciones a la persona A, mostrándose más abierta a establecer acuerdos más igualitarios o dejándose conducir eventualmente por su pareja.

2.2 Perfil Intuitivo-Reactivo

Áreas fuertes del perfil. Bajo este perfil la persona tiende a realizar acciones más sentidas que pensadas. Es apasionada, sensible, creativa, ocurrente, divertida y espontánea. Se deja llevar más por su intuición y su emocionalidad, que por su razón al responder a las situaciones. Evita procesos de análisis, reflexividad y alto compromiso en su actuar. Su estilo de pensamiento es ágil, flexible y novedoso, con lo que acentúa la experimentación de las emociones en su vida, de forma que, según la que predomine en el momento, será la guía que le mueva a tomar las decisiones de su ser y su quehacer.

Limitaciones de este perfil. Ante las condiciones altamente emocionales características de este perfil, es común que la persona evalúe los hechos que le ocurren con distorsiones en su percepción, dado que los valora a partir de las emociones que experimenta, y sin detenerse a reflexionar. Generalmente, se siente impulsada a actuar tomando decisiones de las que luego puede arrepentirse. Presenta desajustes en la regulación emocional experimentando enojo, tristeza, miedo o alegría con alta dosis de intensidad, disponiéndose al vaivén del flujo emocional del momento, con lo que la volatilidad e inconstancia están presentes en su vida. Cuando la persona obedece más al impulso que a la razón, muestra actitudes dispersas, superficiales y con bajo nivel de reflexividad sobre las posibles consecuencias en su actuar, lo que probablemente le lleve a reaccionar con imprudencia y desorden, negándose a asumir compromisos a largo plazo que requieran mayor profundización.

Patrón interpersonal. Es común que la persona con estilo intuitivo-reactivo (persona A) se relacione en patrones interaccionales recursivos que refuerzan su comportamiento. Generalmente se da bajo dos modalidades: complementaria y simétrica. En la forma complementaria (Figura 23), la persona A con perfil intuitivo-reactivo se relaciona con la persona B cuya actitud central es ser permisiva y tolerante, lo cual termina por estimular la conducta reactiva de la persona A.

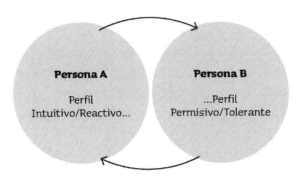

Figura 23. Patrón interpersonal complementario con estilo comportamental intuitivo-reactivo / permisivo-tolerante.

La funcionalidad óptima de este patrón se presenta en la medida en que ambas partes se conocen, se respetan y se acomodan al aporte del otro de forma flexible. Es común que la persona A pueda tener mayor jerarquía y poder en la relación, en tanto que la persona B se alinea con docilidad y paciencia. Sin embargo, cuando el patrón cae en estados disfuncionales, es cuando una de las partes busca un cambio de posición y la otra parte se mantiene rigidizada. Generalmente la persona B agota su nivel de tolerancia ante las reacciones impulsivas de la persona A, mostrando agotamiento o fastidio, con lo que busca marcar límites más claros a esta última reclamando mayor jerarquía, respeto y consideración en los acuerdos. Ante ello, pueden darse tres posibles escenarios:

a) La persona A recapacita y modifica sus actitudes impulsivas, empezando a regularlas y renegociarlas, a fin de empezar a complacer a la persona B. Esto puede dar pie a reacomodar las posiciones entre las partes y modificar el estilo complementario antagónico y rigidizado, a otro más flexible y respetuoso en donde la jerarquía y el poder se redistribuye bajo nuevos acuerdos.

b) La persona A expresa actitudes de enojo y reclamo defendiendo el perfil de conjugación anterior en el que habían estado interactuando, con lo que la persona B se siente impotente y desiste al intento de cambio. De esta forma regresan a la homeostasis disfuncional del sistema, pero con mayor acumulación de resentimientos.

c) La persona A expresa las actitudes de enojo y reclamo defendiendo el perfil de conjugación anterior en el que habían estado interactuando, y al mismo tiempo la persona B sostiene su inconformidad mostrando mayor determinación al cambio, lo que mantiene al sistema en conflicto. Esta condición de crisis se puede mantener por un tiempo variable, dependiendo del nivel de tolerancia de las partes, o hasta que aparezca otro signo sintomático en el sistema y las partes bajen la guardia en su problema de intercambio para dirigir su atención a esa tercera parte afectada, como la aparición de una enfermedad, síntomas o signos de afectación, en uno de ellos, en un hijo o en otro miembro de la familia; o cuando se desactiva el conflicto, ya sea porque una de las partes rompe con el sistema relacional iniciando vías de separación, distancia o divorcio, o porque ambos están dispuestos a llegar a un nuevo acuerdo sincronizado.

En cuanto a la segunda modalidad de intercambio de este perfil, ahora bajo un patrón igualitario y simétrico, la persona A con conducta intuitiva-reactiva se relaciona con otra persona con el mismo perfil (Figura 24). En este caso la pasión e intensidad emocional en ambas partes es muy alta, y cuando se mantienen sintonizados en armonía, su actuar energizado tiende a ser muy fogoso, apasionado e impetuoso.

Las claves para que este tipo de patrón relacional se sostenga de forma funcional consisten en lograr mantener actitudes respetuosas entre las partes, sostener la alerta a no engancharse y desarrollar la capacidad de detenerse oportunamente ante la aparición de signos de descontrol de cualquiera de ellas. Sin embargo, ante la volatilidad emocional en la que viven, estas condiciones son difíciles de sostener, y es frecuente que puedan caer en estados de disfuncionalidad al enfrentar momentos de discrepancia. En estos casos, es común que se enreden en intercambios desgastantes, donde la competitividad desmedida sea el eje central de la discusión, y hasta pierdan de vista el punto de partida que la originó. En este patrón es frecuente que la reactividad vaya escalando de forma simétrica, llevando a las partes a estados de alto riesgo, descontrol y violencia.

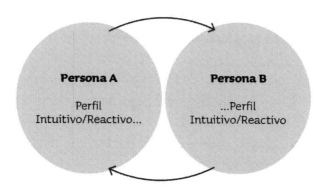

Figura 24. *Patrón interpersonal simétrico con estilo comportamental intuitivo-reactivo / intuitivo-reactivo.*

2.3 Perfil Defensivo / Reactivo

Áreas fuertes del perfil. Una variante derivada del estilo de comportamiento anterior (intuitivo-reactivo) es cuando la persona sostiene conductas reactivas caracterizadas por actitudes determinadas, valientes, intrépidas y arriesgadas, mostrando un lenguaje abierto, franco y extrovertido en su conexión con los demás, pero alimentando internamente una visión de suspicacia, amenaza y riesgo del entorno, con lo que actúa indiscriminadamente de forma reactiva y autodefensiva. Es común que asuma actitudes de afrontamiento directo mostrando seguridad y autoconfianza en sus decisiones, sin detenerse a reflexionar sobre su actuar. Se justifica afirmando que *así siempre ha sido,* con lo que marca un sello con el que se identifica ante sí mismo y ante los demás.

Limitaciones de este Perfil. Es común encontrar en consulta que el perfil de este comportamiento obedezca a experiencias adversas previas que la persona pudo haber sufrido con alta dosis de afectación y dolor, y en respuesta a ellas, fabricó una coraza protectora de apariencia ruda para protegerse, buscando reducir así sus niveles de sensibilidad y afectación. Y por el uso repetitivo de ese perfil frio y acorazado, la persona lo adhirió a su identidad, desplazando su origen sensible, y bloqueando con ello, rasgos que podrían mostrar el lado vulnerable y frágil de su interior.

El tipo de pensamiento que la persona ha instalado como medio explicativo de la vida le lleva a interpretaciones subjetivas de amenaza generalizada, por lo que le resulta necesario defenderse y autoprotegerse como medio de afrontamiento, justificando su actuar impulsivo de modo rudo o agresivo. Es poco frecuente que se detenga a pensar y evaluar sobre las consecuencias de sus actos, dado que la generalización negativa instalada en su lente de percepción interno, le asegura que esa forma es la que tiene que adoptar, de manera indistinta, ante la vida y frente a los demás, para lograr ser respetado y temido. Por esta razón es común que su estilo de expresión en contenido, tono y forma, lleguen a adoptar rasgos ofensivos, hostiles o descalificantes hacia el exterior, reduciendo al mínimo sus habilidades de conexión empática y, por tanto, aumentando la dosis de sus conflictos interpersonales.

Patrón interpersonal. Con frecuencia, la relación interactiva de personas con este perfil defensivo/reactivo es muy parecida a la descrita en el perfil intuitivo/reactivo. Generalmente, se da en patrones complementarios, en donde la persona A con perfil defensivo/reactivo se relaciona con la persona B de perfil permisivo/tolerante que obedece y permite la sumisión frente a la primera, configurando el sostenimiento de la secuencia repetitiva comportamental (Figura 25). En ocasiones, esta combinación es funcional mientras que las partes sostengan sus respectivas posiciones. Sin embargo, puede ocurrir que la parte en posición inferior (persona B), al expresar su deseo de cambiar y contar con mayor jerarquía y poder en la relación (lo que implica que manejen una relación más simétrica), detone el surgimiento de conflictos abiertos ante la indisposición de la persona A para ceder poder.

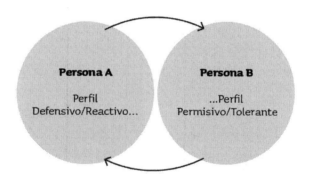

Figura 25. Patrón interpersonal complementario con estilo comportamental defensivo-reactivo / permisivo-tolerante.

Cuando observamos este estilo de comportamiento defensivo/reactivo en patrones de tipo simétrico, es decir, en intercambios con personas caracterizadas por el mismo perfil (Figura 26), la difícil sincronía se mantiene funcional, mientras no haya provocación de cualquiera de las partes y mantengan posiciones respetuosas y cordiales entre sí. Sin embargo, por el perfil predisponente de ambos a sostenerse en actitud de alerta defensiva, la complejidad de cuidar estados armoniosos es escasamente alcanzable, con tendencia a generar una normalización del conflicto y de situaciones de alteración y violencia, que pueden llegar a episodios dramáticos y fatales.

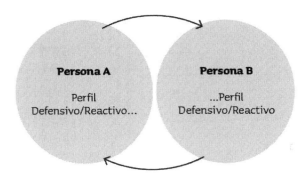

Figura 26. *Patrón interpersonal simétrico con estilo comportamental defensivo-reactivo / defensivo-reactivo.*

2.4 *Perfil Asertivo-Empático*

Áreas fuertes del perfil. Es característico de este estilo de comportamiento que la persona se muestre abierta, confiada y segura de sí misma. Generalmente cuenta con una autoestima sana y logra expresar sus necesidades, sentimientos e ideas, cuidando tanto el contenido de lo que expresa, como el tono, la forma y la oportunidad al comunicarse. Se muestra abierta a escuchar y conectar con los demás de forma empática, logrando buenos puntos de negociación. Es congruente entre su pensar, sentir, decir y hacer, y no le representa amenaza alguna reconocer errores o ceder en ocasiones, mostrando actitudes prudentes y condescendientes, en tanto que, en otros momentos, puede permanecer firme y determinada en sus convicciones. Generalmente, expresa sus criterios y juicios en forma equilibrada, integrando sus áreas racional-pensante y sensible-emocional de forma regulada.

Limitaciones de este perfil. Por lo general este perfil requiere de un buen nivel de conciencia, entrenamiento y madurez para ser ejercido de la mejor forma. No presenta limitaciones, a menos que sean ajustadas a partir del patrón interaccional con quien la persona mantenga conexión.

Patrón interpersonal. Es común que la persona A con perfil asertivo-empático se pueda relacionar, en forma complementaria, con una persona B con cualquiera de los otros tres perfiles (reflexivo-introspectivo, intuitivo-reactivo o defensivo-reactivo), o en forma simétrica con una persona B con su mismo perfil (asertivo-empático).

Ante la primera combinación en la que la persona A se relaciona, de manera complementaria, con alguno de los otros tres perfiles, el común denominador para que la relación sea funcional, es que la persona A exprese a la persona B sus puntos de vista con el cuidado empático de las formas, el tono y la oportunidad. En caso de que la persona A se relacione con una persona B con perfil reflexivo-introspectivo (Figura 27), la persona A habrá de cuidar su lenguaje que incluya la valoración y el reconocimiento de la persona B, además de ofrecerle a esta la oportunidad de que asuma responsabilidades, tareas y actividades por sí misma, evitando absorber (desde la persona A) todo el peso de las decisiones de la relación.

El riesgo disfuncional de este patrón es cuando la persona A se sobreresponsabiliza de la persona B en una complementariedad rigidizada y vertical, y se agote de asumir el rol de cuidador y animador de la persona B. Bajo este escenario emproblemado, pudiera ser que el contenido y el tono comunicacional empiece a darse en forma de reclamo áspero e impaciente de la persona A hacia la B, con lo que este último acentuaría su estilo pasivo y retraído, intensificándose así el patrón comportamental de forma circular y secuenciada.

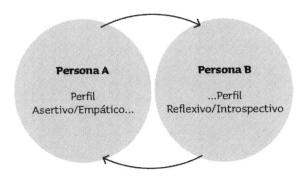

Figura 27. Patrón interpersonal complementario con estilo comportamental asertivo-empático / reflexivo-introspectivo.

Para el caso en que la persona A con perfil asertivo-empático se relacione con una persona B de perfil intuitivo-reactivo o defensivo-reactivo (Figura 28), en términos funcionales, la relación tendería a caracterizarse por el cuidado en el estilo de comunicación que la persona A mantenga en sus intercambios, evitando una provocación impulsiva en la persona B, además de la actitud a permanecer ecuánime ante eventuales episodios reactivos de su pareja. En estos encuentros es frecuente que la persona A se convierta en un neutralizador racional de los rasgos emocionales sobreactivados de la persona B, así como también, moderador de sus decisiones, con lo que termina asumiendo roles con tintes parentales hacia su pareja.

En cuanto a la disfuncionalidad de estos patrones relacionales, aparece cuando la persona A se agota de ser el regulador de la persona B y busca renunciar a su rol de cuidador y moderador. En otros momentos puede tender a quedarse enganchado en los arrebatos impulsivos de la persona B, generándose episodios conflictivos sostenidos o intermitentes.

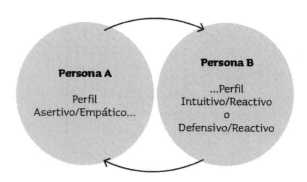

Figura 28. Patrón interpersonal complementario con estilo comportamental asertivo-empático / intuitivo-reactivo o asertivo-empático / defensivo-reactivo.

La última combinación de este perfil asertivo-empático es cuando se relaciona, de forma simétrica, con la persona B con el mismo tipo de comportamiento (Figura 29). En este caso, ambas partes pueden ser suficientemente claras, empáticas y cuidadosas para mantener funcional su estilo de intercambio y comunicación. Es determinante la fórmula flexible y adaptativa de ambas partes para congeniar, manteniendo un tono armónico y fluido. Sin embargo, eso no significa que no presenten diferencias. De hecho, esa condición no es realista, ya que en todos los intercambios relacionales es esperado que puedan ocurrir discrepancias. La particularidad, en estos casos, es que ambas partes tienen la suficiente capacidad para afrontarlas de buena forma, resolver sus conflictos y reconocer, cada uno, su parte del fallo, asumiendo su responsabilidad y llegando a negociaciones satisfactorias.

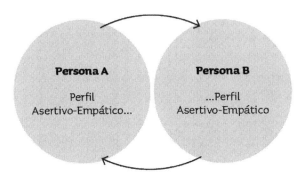

Figura 29. Patrón interpersonal simétrico con estilo comportamental asertivo-empático / asertivo-empático.

Cuando llegan a aparecer disfuncionalidades bajo este patrón de intercambio asertivo-empático/asertivo-empático, es cuando alguna de las partes abandona, de forma sostenida, sus caracteres empáticos, y no tiene la autoconsciencia activada para identificar la condición de fallo. Ante el caso en que la otra parte llegara a confrontarle, y aun así no hubiese corrección de la conducta disfuncional, podría entonces desembocar en un conflicto de mayores dimensiones.

3. Estrategias Terapéuticas para el Cambio Relacional Saludable

Para promover cambios relacionales es importante considerar la premisa que rige la teoría de sistemas en la que consideramos que, un cambio en una de las partes, podrá desencadenar alteraciones en el resto de los elementos interconectados. A partir de ello, promoveremos el cambio en ambos miembros del sistema, o al menos en uno de ellos, utilizando vías cognitivas que permitan considerar la realidad desde diferentes perspectivas, lo cual llevará a la persona a sentir y actuar de manera diferente; o bien, por las vías comportamentales que busquen emprender distintas fórmulas de conducta, y con ello detonen cambios a nivel emocional y cognitivo.

De este modo, dentro de los abordajes cognitivos, consideraremos la construcción gráfica de patrones circulares, la aplicación de preguntas reflexivas y estratégicas y la elaboración de reencuadres, para facilitar la toma de conciencia de ambos miembros del sistema, o al menos uno de ellos, para así, provocar cambios consecuentes en su conducta relacional. De igual forma, si empezáramos el cambio por la vía conductual mediante tareas en las que una de las partes, o ambas, empezaran a implementar ajustes en sus pautas de comportamiento, estaremos promoviendo el rompimiento de los intercambios relacionales viciados y la construcción de nuevos circuitos retroalimentantes más armónicos y saludables.

3.1 *Construcción Gráfica de Patrones Interpersonales*

• **Patrones interpersonales viciados**

Esta estrategia terapéutica ofrece una perspectiva a meta-nivel sobre la situación interpersonal que está viviendo el consultante en su estilo relacional disfuncional. Consiste en identificar las pautas de conducta negativa que cada parte del sistema ofrece en respuesta reactiva al comportamiento de su contraparte. Ante esta perspectiva circular, la combinación secuenciada y retroalimentante de ambas conductas son causa-efecto de forma simultánea, de manera que terminan atrapadas en un patrón viciado que sostiene el problema y, además, lo intensifica. Cuando el cliente logra entender su situación bajo esta visión amplificada, le permite estar en mayor disposición a implementar cambios que le ayudarán a romper con el circuito patologizado, insertando nuevas acciones más funcionales y satisfactorias.

• Patrones interpersonales saludables

De la misma forma en que graficamos la situación emproblemada, elaboraremos la ruta de solución que implica empezar a generar y alimentar otro patrón de comportamiento más favorable, a partir de la iniciativa del miembro del sistema que estuviera más interesado en el cambio. Una vez que uno de ellos inicie y sostenga las nuevas conductas funcionales que puedan surgir a partir de la exploración de las excepciones al problema, esperaremos que la otra parte responda de manera diferente, con lo que será importante puntualizar y prescribir esas nuevas aportaciones conductuales de forma circular, a fin de asegurar la configuración y el sostenimiento del nuevo patrón retroalimentante satisfactorio.

3.2 *Preguntas Reflexivas para el Cambio Relacional*

Dentro de las preguntas que pudieran dirigirse al consultante para promover cambios en sus encuentros relacionales, son las siguientes:

- *¿Qué ventajas ha tenido para ti esta forma de comportarte en tu vida?*
- *¿Qué consecuencias has observado que tiene este tipo de comportamiento en tu persona, en tu salud?*
- *Cuando te comportas de esto modo, ¿qué respuestas has observado en tus relaciones cercanas?*
- *Si lograras identificar la buena razón por la que te has comportado de esta forma, ¿cómo la describirías?*

- *Si te dieras la oportunidad de rescatar la buena función que ha cumplido para ti tu comportamiento, y ahora la cubrieras de otras formas más saludables, ¿qué podrías estar haciendo?*
- *¿Cómo imaginas que estarán reaccionando tu pareja o las personas cercanas a ti, si te permitieras empezar a mostrar este nuevo comportamiento más saludable?*
- *Si te dieras a la tarea de identificar en qué momentos en tu vida ya has actuado diferente de forma más saludable, ¿cuáles podrías compartirme?... ¿qué pensaste o hiciste que te ayudó a actuar de esa forma más adecuada?*
- *Si desearas empezar a emprender un pequeño cambio que sea diferente al estilo de comportamiento anterior, ¿cuál sería?*
- *¿Qué vas a pensar de ti mismo al permitirte empezar a modificar tu comportamiento?*

Una vez que la persona empiece a actuar diferente, aunque sea de forma inicial y con eventuales fallos que pueden normalizarse, elogiaremos su punto de partida, resaltando los momentos de excepción al comportamiento emproblemado, y después, podremos generar las preguntas que faciliten la cobertura de los efectos que esté experimentando en sus áreas cognitiva (nueva autopercepción y autoimagen), emocional y relacional. Algunas preguntas son las siguientes:

- *Ahora que empiezas a probarte en esta nueva forma de comportarte, ¿cómo te has sentido?*
- *¿Qué tipo de cualidades estás demostrando tener al momento en que logras empezar a hacer cambios favorables en tu actuar?*

- *Al demostrarte tu capacidad para reaprender, ¿cómo podrías ahora describirte en esta nueva versión de ti mismo?*
- *Si aquel comportamiento anterior tenía que ver con los aprendizajes familiares, ¿de qué otra forma más saludable te gustaría demostrar tu filiación familiar?*
- *¿Qué respuestas has observado en tu entorno cercano al momento de sostener este nuevo estilo de comportamiento?*
- *¿Qué aprendizajes descubres al haberte probado con este nuevo estilo de comportamiento?*

3.3 Reencuadres Resignificadores para el Cambio Relacional

Algunos ejemplos de reencuadres resignificadores que podemos aplicar con el cliente son:

- *Si bien este estilo de comportamiento te pudo ser útil desde pequeño, no sé si quisieras revisar el qué tan necesario resulta mantenerlo de esta forma...*
  - ➤ *...y desearas que estuviera presente un tiempo más en tu vida...* (prescripción paradójica).
  - ➤ *...o podría ser el tiempo de empezar a desprogramarlo insertando ahora nuevas formas de comportamiento...*
  - ➤ *...O podrías dejarlo a un lado en tu estilo de comportamiento cotidiano, dejándolo disponible solo para cuando llegara a ser necesario...*
- *Si bien este estilo de comportamiento pudiste aprenderlo, quizás a partir de los modelos que tuviste alrededor tuyo,*

ahora podrías demostrarte la capacidad con la que cuentas para reaprender otras formas más saludables...

- *Parece que ahora que tomes la decisión de cambiar, podrás demostrarle a tu pareja (a tus hijos, a tu jefe, a tus amigos) que eres capaz de modificar tu comportamiento y, por tanto, favorecer las formas del intercambio relacional...*

Con relación a promover cambios que ayuden al consultante a emprender nuevas formas comportamentales, aun y cuando no contara con un nivel de consciencia o convencimiento para realizarlas, podemos utilizar el manejo de tareas, con su respectivo reencuadre, para que pueda realizarlas venciendo alguna posible indisposición, y una vez que se haya iniciado en su práctica, pueda generar, de forma posterior, la consciencia del cambio con nuevos constructos cognitivos saludables. Algunos ejemplos de tareas con inclusión de reencuadre son:

- *Solo para que puedas servir como modelo para tus hijos (o* personas significativas de influencia), *te propongo te pruebes siendo (o fingiendo ser) un poco más...* (conducta deseada).
- *Observa y registra por escrito todos los momentos en que te sorprendas a ti mismo siendo* (conducta deseada), *y revisa la forma en que tu entorno responde a ello.*
- *Identifica, escribe y reconoce al cierre del día, todos los esfuerzos que realizaste para ser un poco más ...* (conducta deseada).

- *Date permiso de empezar a recuperar esos rasgos de ti que pudieron haber quedado desplazados en el olvido, o encapsulados tras esa coraza protectora... y que forman parte de tu esencia más cálida, más sensible.*

- *Para que te demuestres que tienes la capacidad de jugar diferentes roles, date la oportunidad, de aquí a la siguiente vez que nos veamos, de jugar a ser más...* (conducta deseada) *y observa cómo te sientes... Luego identifica cómo responden las personas cercanas a ti...*

- *Te propongo que los días pares mantengas tu habitual estilo de acción, y los impares te pruebes a ser...* (conducta deseada).

- *Esta difícil situación que estás viviendo podría ser la señal, el parteaguas, para que empieces a practicar este nuevo estilo de actuar...*

- *"La práctica hace al maestro"... por lo que ahora podría ser la ocasión para que empieces a practicar, de forma consistente, esta nueva manera de actuar...*

Es importante resaltar en el diálogo terapéutico, que solo con la práctica sostenida en el tiempo en la que el consultante ejerza el nuevo patrón comportamental y relacional, será posible que genere en sí mismo, los cambios neurobiológicos, cognitivos y emocionales necesarios para que queden instalados los hábitos saludables acordes a su versión mejorada, así como también, aquellos producidos a través de sus encuentros interpersonales en los que pueda gozar de intercambios más funcionales y satisfactorios.

CAPÍTULO IX

Sentido de vida y espiritualidad

"Me siento muy mal. He intentado tres veces suicidarme y no logro ver hacia adelante... El dolor, la culpa y el vacío que siento, son enormes. Cuando he pensado en morir es porque no encuentro el motivo para seguir, para salir adelante, ni tampoco recupero el perdón por mis fallos... Me he escapado en el juego de apuestas y he llegado a perder muchísimo dinero, me he fugado en algún encuentro extramatrimonial, y aunque en su momento, me siento libre, viva y llena de adrenalina, luego regreso a mi realidad y la sensación de culpa, de vacío, de dolor, es insoportable"...

Esta situación descrita por Alejandra, de 55 años, que acudió a consulta una semana después del último intento fallido de suicidio, revela una condición sintomática compleja que, si bien, puede evaluarse desde diversas perspectivas para diseñar el abordaje terapéutico adecuado, evidencia una búsqueda infructuosa de un propósito y un sentido, que le permita apreciar la vida y mantenerse activa en la lucha.

La construcción de un sentido de esperanza y de contar con un propósito vital, ha resultado clave en esta época en la que las visiones nihilistas y sin sentido, así como las hedónicas e inmediatistas, han estado ganando terreno en nuestra sociedad.

Así como el caso de Alejandra, me ha resultado frecuente atender en consulta, a personas con alta dosis de apatía, aburrimiento o confusión, donde no hay aspiraciones ni sueños que motiven el diario vivir; y también aquellas con cuadros de depresión y ansiedad que experimentan sensaciones de vacío y falta de propósito en la vida. En ocasiones estas sensaciones buscan ser rellenadas con fórmulas hedónicas compensatorias que ayudan a recoger emociones placenteras transitorias, pero se diluyen con rapidez dejando una huella más profunda de dolor, culpa, vergüenza e insatisfacción.

Con frecuencia, los estados de desesperanza se configuran a partir de la combinación de dos variables centrales estudiadas por Víctor Frankl (1996): las adversidades y la ausencia de un propósito significativo en la vida por el que valga el esfuerzo de afrontarlas. Cuando la persona se experimenta en este escenario, entra en una espiral insatisfactoria que desemboca en estados de desesperanza. Su visión se nubla, no encuentra soluciones a su realidad, se percibe incapaz de salir adelante y desencadena sentimientos de impotencia, miedo, vulnerabilidad y tristeza. Esto le lleva a percibirse rebasada por la situación y a perder el control de su ser, manteniendo su actuar paralizado, pasivo o desajustado, con conductas impulsivo-reactivas que le pueden orillar a condiciones de alto riesgo, e incluso, al suicidio.

Una clave importante para ayudar al cliente a salir de ese circuito desgastante es descubrir un buen propósito de vida que le ofrezca la fortaleza interna para sobrellevar la adversidad, y con ello, le sea posible construir un escenario suficientemente valioso para abrirle a una visión esperanzadora. Esto impulsará su esfuerzo y su motivación para resiliar la experiencia adversa que estuviese enfrentando, y le ayude a fluir hacia estadios de crecimiento en su vida presente y futura.

1. Propósito, Sentido y Significado de Vida

El propósito de vida se constituye como un constructo cognitivo que estimula el área trascendente de la persona y le permite recuperar sus anhelos, deseos y sueños esenciales. El propósito activa la emocionalidad positiva y la motivación, fortalece la autoestima y mejora las relaciones interpersonales. Martin Seligman (2014) lo define como *"pertenecer y servir a algo superior a sí mismo"*.

Las investigaciones realizadas por Dan Buettner (2016) en las poblaciones más longevas y felices del planeta (zonas azules), comprobaron que la presencia de un fuerte propósito de vida aumenta hasta siete años la esperanza de vida, además de ser un protector contra el estrés, reduciendo las probabilidades de sufrir Alzheimer, artritis y derrames cerebrales.

El propósito de vida es un soporte importante para mantener el bienestar y la salud, tanto física como mental. Es un aliciente que alimenta la vida con motivación, energía y emociones positivas; además de ser un remedio que permite facilitar la restauración de cuadros emocionales y mentales gravosos. Las palabras de Nietzsche *"cuando existe un porqué, todos los cómo se vuelven posibles"*, cobran fuerza cuando buscamos una razón para que el cliente active su energía y sus fortalezas, a fin de recuperar su bienestar, desarrollando su capacidad resiliente.

Algunos autores distinguen entre los conceptos de propósito y de significado (Tarragona, 2014). El *propósito* lo explican como aquellos objetivos importantes en la vida, junto a las acciones consecuentes que permiten alcanzarlos; en tanto que, el *significado* lo asocian con el sentido o la interpretación que la persona le otorga a su vida, a la luz de valores importantes y trascendentes por los que desee encauzar sus decisiones y sus acciones.

El descubrimiento del propósito y del significado de vida implica explorar la fuerza motivadora, el entusiasmo y la energía con la que la persona cuenta, para ayudarle a canalizar y dirigir sus acciones hacia esa misión.

1.1 Estrategias Terapéuticas para Descubrir el Propósito de Vida

Un camino que me ha resultado muy efectivo para ayudar al cliente a descubrir su propósito de vida es adaptando el proceso propuesto por David Cooperrider (2013) mediante "*La Indagación Apreciativa*", una metodología de cambio positivo, basada en resaltar los recursos y las experiencias más valiosas y exitosas de una organización, sin necesidad de mencionar sus problemas o dificultades, y de esta forma, facilitar las rutas de crecimiento y cambio saludable.

Con la réplica de este proceso adaptado a la persona, en combinación con la evocación de sus "*experiencias cumbre*" (Maslow, 2008) y la exploración de los momentos en los que se hubiese percibido en "*estado de flujo*" (Csikszentmihalyi, 2008), podemos revisar las experiencias significativas y gratificantes de su vida en las que se hubiese sentido inmerso en una sensación de plenitud, felicidad y armonía, tanto consigo mismo, como con su entorno. A partir de estos momentos, el cliente podrá descubrir ese propósito que constituye la fuerza vital que le abastece de motivación y pasión a su vida. Este proceso implica, por tanto, combinar, por un lado, factores valiosos y significativos de su vida, junto a sus valores y motivadores profundos y, por otro, sus talentos y la identificación de sus anhelos y metas. La estrategia terapéutica que podemos aplicar para trabajar con este objetivo, la concreto en el siguiente ejercicio 27.

Ejercicio 27. **"Descubriendo el Propósito de Vida I"**
Ejercicio en sesión
(Fernández, ME)

a) Evocar las experiencias más valiosas del pasado-presente del cliente que representen logros significativos en su vida con los que se haya sentido con una sensación de plenitud, satisfacción, felicidad y armonía, tanto consigo mismo como con su entorno.
  - *Date permiso de explorar en tu presente, en tu pasado, experiencias importantes en las que te hayas sentido con una sensación de plenitud, de satisfacción, de felicidad y/o de armonía completa...*
  - *¿Cuáles identificas?... ¿qué te ves haciendo?*
  - *¿Qué actitudes, talentos y/o capacidades estás activando?*
  - *¿Cómo te sientes?*

b) Identificar los significados inmersos en esas experiencias importantes.
  - *¿Qué significan para ti esas experiencias?*
  - *¿Qué valores importantes para ti están envueltos en esas experiencias?*
  - *Si con esas experiencias vas descubriendo un llamado interno, una vocación que, siguiéndola, te ayudara a sentirte más satisfecho, más feliz, ¿qué vas descubriendo en ti?*
  - *¿De qué te das cuenta?*

c) Descubrir sus anhelos, sueños y metas a futuro que logre visualizar con motivación y pasión.

- *¿Qué tipo de sueños y anhelos has deseado alcanzar en tu vida?*
- *Lo que descubres de tus experiencias pasadas ¿se relacionan con esos sueños, anhelos y deseos?*
- *Si te proyectaras a unos años más de vida... ¿qué te ves haciendo que te haga sentir feliz, pleno?*
- *Si te imaginaras con la edad de un adulto mayor, ¿de qué te sientes satisfecho en tu vida?... ¿qué te permitiste realizar de joven que te ayudó a sentirte feliz y satisfecho?*
- *Si imaginando fueras un adulto mayor le pudieses recomendar a tu yo más joven qué hacer para que fuese más feliz, ¿qué le dirías?*
- *¿Habría algún modelo a seguir que te sirva de inspiración?*

d) Identificar el trayecto para recorrer en el presente a fin de alcanzar esos anhelos y metas, estableciendo compromisos concretos para lograrlos.

- *¿Qué tipo de acciones te gustaría ir insertando a tu vida para conducirte hacia el alcance de tus anhelos y metas?*
- *¿Cuáles acciones que has ido practicando podrían distanciarte de esos anhelos y metas?*
- *¿Cuándo te gustaría empezar a trabajar en ello?*

e) Realizar las acciones consecuentes visualizadas hacia las metas.

- *¿Cuál sería un primer paso para empezar a trabajar hacia el cumplimiento de tus anhelos y metas?*
- *¿Cómo te sientes de empezar a trabajar contigo mismo en este proyecto de vida?*

Cuando logramos combinar estos factores: experiencias significativas, valores, recursos, anhelos, trayectorias y acciones comprometidas, facilitaremos en el consultante la motivación encauzada hacia un buen propósito, sentido y significado de vida, que le ayude a aumentar su sensación de plenitud y satisfacción.

Igualmente, será importante que, dentro del proceso terapéutico, logremos reconocer sus pequeños pasos que empiece a emprender en esa dirección, a fin de que logre integrar esa práctica a su proceso personal, estimulando así, el sostenimiento de su esfuerzo a largo plazo que lo prepare hacia su autonomía. Adicionalmente, le sugeriremos que realice revisiones periódicas que le permitan evaluar la ruta, premiarse por los avances alcanzados, corregir posibles desviaciones y visualizarse en el siguiente paso hacia adelante.

Otra estrategia para trabajar el propósito de vida que podremos aplicar con el consultante que presentara una visión confusa o nublada, y en la que no percibiera experiencias valiosas de su vida pasada y presente, es la de revisar el tipo de valores que, en algún momento, haya considerado significativos en su vida. Igualmente, podremos explorar los valores de su familia como caminos opcionales, para que evalúe su nivel de adhesión con ellos. Estos elementos podrán colaborar al objetivo y los desarrollo en el siguiente Ejercicio 28.

Ejercicio 28. **"Descubriendo el Propósito de Vida II"**
Ejercicio en sesión
(Fernández, ME)

a) Explorar con el cliente el grado de importancia jerárquica que quisiera asignarle a los siguientes valores (puede asignarles un puntaje del 1 al 9 en donde el 1 fuera el más importante y el 9 el menos importante):

✓ Experiencias que le representen logro, éxito, productividad y motivación.

✓ Encuentros interpersonales profundos y gratificantes.

✓ Experiencias de fe y espiritualidad.

✓ Apreciación del arte y la estética.

✓ Cuidado y respeto por la naturaleza.

✓ Servicios y acciones altruistas hacia otros.

✓ Ser influencia y modelo para otros.

✓ Contar con satisfactores materiales y económicos.

✓ Experiencias de disfrute recreativo y placentero.

b) Ante las respuestas del cliente a esta revisión exploratoria de sus valores, podremos ayudarle a identificar aquellos que haya considerado como los más importantes o trascendentes en su vida, rastreando las emociones que experimenta al visualizarse, dedicando su energía, su tiempo, sus talentos y su esfuerzo en acciones acordes a ellos.

c) Cuando el cliente reportara sentirse pleno, contento, motivado y realizado al enfocarse en trabajar en alguno de esos valores, verificaremos si desea considerarlo como un propósito por el que quisiera comprometer su energía, su vida y su acción para alcanzarlo. Si fuera así, podremos preguntarle acerca de las rutas de acción concretas con las que deseara empezar a activarse en su consecución.

d) Del mismo modo que facilitemos su activación congruente hacia ese propósito, indagaremos sobre aquellas situaciones o prácticas que pudieran distanciarlo del camino. Será importante que esté consciente de la importancia de delinear su sintonía interna, manteniendo su congruencia entre su pensar, su sentir, su hacer y su decir, y esté alerta ante posibles riesgos y desviaciones.

2. Importancia de la Espiritualidad en el Bienestar

Otra clave que ofrece sentido y significado a la vida tiene que ver con el cultivo de la espiritualidad. Al igual que el propósito, esta hace referencia al área trascendente de la persona logrando conectarle con una sensación de plenitud y satisfacción con la vida.

La espiritualidad significa estimular en la persona el desarrollo de su neuroempatía, esa cualidad de conectar en el mundo mental y emocional del otro. Bill O´Hanlon (2008) propuso el cultivo de la espiritualidad y su inclusión en el proceso terapéutico, a través de la aplicación a la vida de *"Las Tres C": Conexión, Compasión y Contribución*. Estas tres vertientes favorecen la construcción de significados y creencias, ofrecen certidumbre y confianza, aumentan la sensación de experimentarse perteneciente, vinculado y apoyado por otras personas, así como también facilitan la configuración de comportamientos acordes a un propósito más elevado.

La investigación ha probado cómo la espiritualidad aumenta el bienestar y la felicidad de las personas, además de ser un soporte significativo para trabajar en procesos resilientes y reparadores frente a cuadros de enfermedad física y emocional, tales como la ansiedad y la depresión (Cyrulnik, 2017).

La espiritualidad puede ser laica, fruto de la pertenencia que una persona tenga a una comunidad que otorgue sentido a sus objetivos, o una espiritualidad religiosa, en la que encuentre su conexión con un Ser Supremo. Si bien habremos de indagar y respetar la postura del consultante al mostrar una preferencia espiritual, será importante utilizarla, dentro del trabajo terapéutico, como signo de soporte y fortaleza que le ayude a afrontar los desafíos y le permita recuperar sus condiciones de bienestar.

En el caso en que el cliente no mostrara en su lenguaje y en sus creencias la activación del área religiosa, respetaremos su visión abriendo la consideración a la activación de prácticas espirituales laicas, con las que pueda desarrollar actitudes empáticas de *Conexión, Compasión y Contribución* (O'Hanlon, 2008). Esto le permitirá probarse en el desarrollo de esta fuerza enriquecedora de su ser y, con ello, en la experimentación de los grandes beneficios y bondades que estas actitudes trascendentes aportan a su estado de bienestar.

2.1 *Estrategias Terapéuticas para el Desarrollo de la Conexión*

La conexión significa que el cliente desarrolle habilidades que le vinculen socialmente con los demás. De hecho, es un rasgo intrínseco del ser humano configurado en nuestro cerebro, que nos determina la sobrevivencia y la evolución. A partir de ella, vamos configurando y definiendo nuestro ser y quehacer, y una vez que adquirimos consciencia, habremos de ir clarificando el fruto de lo que somos y hemos ido recogiendo en el camino. Por ello, el crecer implicará, primeramente, establecer una conexión consigo mismo.

Cuando el consultante presenta diversos cuadros sintomáticos, sufre, por lo general, un estado de desconexión con su interior y con su esencia, que le lleva a sentirse aislado y desvinculado de los demás, aun y cuando viva en medio de ellos, lo que agrava su condición dolorosa. Por ello, para trabajar con esta fase reconectora, será importante realizar esfuerzos en ayudarle a generar ese encuentro con su interior, que le permita luego abrirse a conexiones saludables hacia su entorno. Los ejercicios propuestos en los primeros capítulos son guías que nos ayudarán a este propósito. En un segundo momento podremos promover estrategias que faciliten la conexión interpersonal, así como la transpersonal.

a) Conexión Intrapersonal

Implica la observación, la escucha, la atención y el cuidado en la salud y la corporalidad; la alimentación sana, el ejercicio físico y el baño relajante, así como la aceptación de la imagen física y el autoconcepto. Incluye también las prácticas de meditación, oración, reflexión e introspección, así como la lectura y escritura personal. Algunos ejercicios o tareas de apoyo específico a este fin son los descritos en la Figura 30.

✓ Alimentación sana		
✓ Sueño reparador		
✓ Baño relajante		
✓ Oración		
✓ Reflexión, introspección		
✓ Meditación		
✓ Escritura, lectura		
✓ Ejercicio 1.	Inventario de áreas disfrutables	Capítulo II
✓ Ejercicio 2.	"Puertas Sensoriales". Trance hipnótico	
✓ Ejercicio 3.	"Búsqueda de Fortalezas". Trance hipnótico	
✓ Ejercicios 4.	Rituales de agradecimiento:	
	• Observación agradecida	
	• Diario de agradecimiento	
✓ Aplicación de la Pausa Regenerativa Ultradiana en el día		Capítulo III
✓ Ejercicio 5.	"Aceptando y valorando mi cuerpo". Interrogatorio reflexivo	
✓ Ejercicio 6.	"Integración de mis áreas personales".	
	Reflexión /Meditación	
✓ Ejercicio 7.	"Agradecimiento a mi cuerpo". Trance hipnótico	
✓ Ejercicio 8.	"Sanando mi cuerpo". Ritual en sesión	
✓ Autoregalo diario		Capítulo V
✓ Activación física		
✓ Ejercicio 18.	"Reexperimentación Positiva". Trance hipnótico	Capítulo VI
✓ Recordatorio de anécdotas divertidas		
✓ Visualización de escenarios futuros satisfactorios		
✓ Ejercicio 19.	"Meditación de la Bondad Amorosa (Metta)"	

Figura 30. Tabla de ejercicios que promueven la conexión intrapersonal.

b) *Conexión Interpersonal*

Implica que el cliente genere encuentros de diálogo y convivencia respetuosa con personas cercanas, con su familia y amigos; además de la interacción con personas fuera del círculo íntimo, en grupos y reuniones comunitarias, así como en la conexión y el disfrute con animales y mascotas. Algunos ejercicios o tareas de apoyo específico a este fin se presentan en la Figura 31.

✓ Diálogo con un amigo ✓ Convivencia y recreación familiar ✓ Comida compartida ✓ Juegos compartidos ✓ Atención, cuidado y paseo de mascotas ✓ Asistencia a algún evento grupal y/o comunitario	

✓ Ejercicios 4. Rituales de agradecimiento:
  · Carta de gratitud
  · Visita de gratitud
  · Mensaje/llamada de agradecimiento
  · Encuentros de agradecimiento
	Capítulo II

✓ Ejercicio 23. "Reconexión afectiva"	Capítulo VII

Figura 31. Tabla de ejercicios que promueven la conexión interpersonal.

c) *Conexión Transpersonal*

Se refiere a la conexión que el consultante realiza al tener contacto con la naturaleza, con el arte o con un propósito o significado más elevado a sí mismo. Implica la conexión con un Ser Supremo, con Dios o con el cosmos. Incluye la práctica de la contemplación, la meditación y la oración personal y colectiva, así como la asistencia a actividades y rituales grupales con objetivos trascendentes. Pueden sugerirse las siguientes tareas o ejercicios propuestos en la Figura 32.

✔ Prácticas de contemplación
✔ Paseo en áreas verdes
✔ Siembra, cultivo y cuidado de plantas
✔ Creación y/o contemplación de obras artísticas
✔ Oración personal y colectiva
✔ Asistencia a rituales espirituales/religiosos
✔ Participación en grupos con causas sociales, culturales, asistenciales

✔ Ejercicio 19. "Meditación de la Bondad Amorosa (Metta)"	Capítulo VI

Figura 32. Tabla de ejercicios que promueven la conexión transpersonal.

2.2 Estrategias Terapéuticas para el Desarrollo de la Compasión.

La compasión significa sentir con el otro, conectar de forma empática, con pasión y actitud comprensiva. Igual que en el caso del desarrollo de la conexión, es importante que el consultante aprenda primero, a ser buen escuchante de sí mismo, abierto, amable y compasivo internamente, para después desdoblar y expandir su actitud cercana y benevolente hacia otras personas. En ocasiones el cultivo de la compasión se da de forma simultánea con los procesos de perdón, tanto a sí mismo, como a otras personas, de tal forma que, a mayor compasión, aumentará la capacidad de perdonar, así como también, al perdonar se fortalecerá la capacidad compasiva de la persona.

Dentro del proceso terapéutico, podremos despertar la actitud compasiva del consultante al ayudarle a evocar experiencias al respecto que haya tenido en su vida. Algunas preguntas útiles pueden ser:

- *¿Qué tipo de prácticas compasivas recuerdas haber realizado?*
- *¿Qué tipo de ideas te ayudaron a realizarlas?*
- *¿Cómo te sentiste al realizarlas?*
- *¿Cuáles cualidades descubres tener a partir de esas prácticas compasivas?*
- *¿De qué manera te gustaría seguir ofreciendo este tipo de obras benévolas a otros?*

Aunque el cliente ya haya tenido la experiencia compasiva hacia otros, aseguraremos, primero, el tipo de trato que se ofrece a sí mismo, el tipo de diálogos internos y las acciones acordes a su cuidado, a fin de que sea consciente de instalar una fórmula amable, compasiva y comprensiva en su propia persona, para luego expandirla hacia los demás.

a) Compasión a sí mismo.

Implica el trato amable, benévolo, compasivo y comprensivo que la persona se ofrezca a sí misma, tanto en su diálogo interno, como en el que dirija hacia su cuerpo, su ser, su pensar, su sentir y su hacer. Promueve el proceso de auto-perdón y sanación de experiencias adversas, además de actitudes y gestos agradecidos y amorosos ofrecidos a su ser. Algunos de los ejercicios en la Figura 33 son opciones para fortalecer la compasión a sí mismo.

✓ Ejercicio 1. Inventario de áreas disfrutables ✓ Ejercicios 4. Rituales de agradecimiento: 　　　　・Observación agradecida 　　　　・Diario de agradecimiento		Capítulo II
✓ Aplicación de la Pausa Regenerativa Ultradiana en el día ✓ Ejercicio 5. "Aceptando y valorando mi cuerpo". Interrogatorio reflexivo ✓ Ejercicio 6. "Integración de mis áreas personales", Reflexión 　　　　/Meditación ✓ Ejercicio 7. "Agradecimiento a mi cuerpo", Trance hipnótico ✓ Ejercicio 8. "Sanando mi cuerpo", Ritual en sesión		Capítulo III
✓ Autoregalo diario ✓ Activación física		Capítulo V
✓ Ejercicio 19. "Meditación de la Bondad Amorosa (Metta)"		Capítulo VI
✓ Ejercicio 20. "El Refugio". Trance hipnótico ✓ Ejercicio 21. "Entrevista con el yo afectado" ✓ Ejercicio 22. "Entrevista con el síntoma" ✓ Ejercicio 24. "Mi Escudo Protector", Trance hipnótico		Capítulo VII
✓ Ejercicio 25. "Encuentro sanador con el niño interior" ✓ Ejercicio 26. "Armonización interior"		Capítulo VIII
✓ Carta de perdón a sí mismo ✓ Carta de aprendizajes de experiencias adversas ✓ Desarrollo del buen humor		

Figura 33. Tabla de ejercicios que promueven la compasión a sí mismo.

b) Compasión a los demás

Contempla el trato benévolo, compasivo y comprensivo hacia los demás. Promueve el proceso de liberación y perdón, además del cultivo de actitudes agradecidas, serviciales y amables. Busca la práctica de actos de benevolencia y cuidado dirigidos a otras personas, animales y seres vivos en general.

Podemos utilizar también la compasión a los demás como herramienta terapéutica ante la aparición de un síntoma, en casos en los que el problema haya generado afectaciones a otras personas (por ejemplo, actos irrespetuosos, agresivos o irresponsables). A manera de reparación del daño ocasionado, podemos prescribir al cliente distintas tareas que impliquen la aplicación de prácticas de servicio amable, benévolo, generoso y compasivo, dirigidas al afectado o a otras personas, con fines de promover y amplificar su desarrollo empático, al mismo tiempo que le ayudemos a reducir la aparición del síntoma. Algunos de los siguientes ejercicios en la Figura 34 son opciones para desarrollar la compasión hacia los demás.

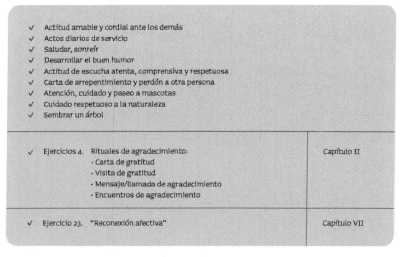

✓ Actitud amable y cordial ante los demás	
✓ Actos diarios de servicio	
✓ Saludar, sonreír	
✓ Desarrollar el buen humor	
✓ Actitud de escucha atenta, comprensiva y respetuosa	
✓ Carta de arrepentimiento y perdón a otra persona	
✓ Atención, cuidado y paseo a mascotas	
✓ Cuidado respetuoso a la naturaleza	
✓ Sembrar un árbol	
✓ Ejercicios 4. Rituales de agradecimiento: • Carta de gratitud • Visita de gratitud • Mensaje/llamada de agradecimiento • Encuentros de agradecimiento	Capítulo II
✓ Ejercicio 23. "Reconexión afectiva"	Capítulo VII

Figura 34. Tabla de ejercicios que promueven la compasión a los demás.

2.3 Estrategias Terapéuticas para el Desarrollo de la Contribución

La contribución abre a la persona a la generosidad, a la donación de su ser, de sus talentos, su servicio y sus bienes en favor de los demás. Implica ayudar al consultante a identificar sus cualidades y pasiones distintivas para ofrecerle rutas para compartirlas con otras personas. Entre más la persona logre activar esos recursos, más logrará expandirlos y consolidarlos en su ser y su quehacer.

Los beneficios terapéuticos que este proceso genera son muy amplios, dado que, además de desarrollar el área espiritual y trascendente de la persona, reforzando su empatía, propósito y sentido de vida, incrementa su autoestima al descubrirse como alguien capaz de compartir sus dones y habilidades en beneficio de otros, lo que aumenta su autovalidación, su seguridad y su actitud optimista, fortaleciendo así su bienestar y satisfacción con la vida.

Como beneficios alternos, las acciones contributivas y altruistas resultan ser caminos con los que logran expandirse condiciones de bienestar sistémico a favor de grupos y poblaciones más amplias. Algunas tareas para desarrollar actitudes generosas y contributivas son las propuestas en la Figura 35.

✓ Acto diario de amabilidad a otros ✓ Acto diario de servicio a los demás ✓ Participación y ayuda en algún grupo o asociación con causas sociales, asistenciales, artísticas, espirituales y/o religiosas. ✓ Saludar, sonreír ✓ Donar algún bien material a los demás ✓ Ofrecer apoyo económico a alguna persona ✓ Compartir el alimento con alguien más ✓ Actitud de escucha atenta y comprensiva ✓ Atención, cuidado y paseo a mascotas ✓ Cuidado respetuoso a la naturaleza ✓ Sembrar un árbol	
✓ Ejercicios 4. Rituales de agradecimiento: · Carta de gratitud · Visita de gratitud · Mensaje/llamada de agradecimiento · Encuentros de agradecimiento	Capítulo II

Figura 35. Tabla de ejercicios que promueven la contribución.

"La victoria pertenece al más perseverante."

Napoleón Bonaparte

CAPÍTULO X

Bienestar sostenible y autocuidado del terapeuta

"…De verdad que iba muy bien después de lo que habíamos estado trabajando en terapia… Me sostuve motivado y cuidadoso según lo que habíamos acordado, pero no sé… gradualmente fui dejándome envolver en el alto estrés de mi trabajo, descuidé mis descansos y se me complicaron las cosas… Para cuando caí en cuenta, ya traía de nuevo dolores de cabeza y regresé a sentirme alterado, frustrado e irritable"…

Este es el testimonio de Daniel, de 31 años, que regresó a consulta después de una pausa en el proceso terapéutico, forzada por un viaje de trabajo. Aunque no parecía el momento indicado para cerrar el proceso de apoyo, las circunstancias laborales le obligaron a ausentarse por varios meses y probarse con las herramientas que hasta ese momento había incorporado a su persona. Las situaciones que libró, esta vez, no fueron tan gravosas como

las que había presentado cuando solicitó inicialmente la
ayuda terapéutica, pero por su narrativa, pareció dejarse
absorber por las condiciones estresantes que le llevaron a
experimentar una recaída.

1. Estrategias para el Bienestar Sostenible

El sostenimiento de los cambios logrados constituye uno
de los retos complejos con los que nos enfrentamos, con
frecuencia, en nuestra práctica clínica. Es posible que el
consultante haya reportado cambios valiosos en su persona
que habrá de incorporar como parte natural de su vida, sin
embargo, será necesario ayudarle a consolidarlos.

En espacios anteriores mencioné la importancia de la
instalación de rituales (Ejercicio 14) que permitan la práctica sostenida de las nuevas conductas y formas de pensamiento, las cuales serán un excelente recurso para facilitar la
generación de cambios, a nivel neurobiológico, con los que
la persona se logre sostener en su nueva versión de forma
perdurable.

En la última fase del proceso terapéutico, una vez que
hayamos trabajado con los elementos tanto del intrasistema
del consultante, como de sus relaciones interpersonales que
le hayan permitido recuperar las condiciones de bienestar,
aseguraremos los avances alcanzados, además de prepararle
y prevenirle ante eventuales recaídas. Estas podemos considerarlas como situaciones naturales y hasta esperadas en
todo proceso de cambio. De hecho, podremos reencuadrarlas

como formas en las que la persona está asentándose en su nueva versión... o ...son los movimientos necesarios que requerimos para lograr aprender más de nosotros mismos y de cómo volver a recuperar el camino...

La clave en esta etapa será preparar al consultante en el manejo de sus mejores estrategias, para que logre abordar esos momentos, de la manera más saludable posible, y a partir de ahí, se permita retomar el camino.

A manera de recapitulación de los cambios logrados, habremos de consolidar la fórmula personal (Ejercicio 12) que fue esculpiéndose a lo largo del proceso, para configurar el trayecto y los medios de ayuda dirigidos hacia la nueva versión de sí mismo.

En un segundo momento le ayudaremos a identificar posibles indicadores que le permitan alertarse ante eventuales riesgos, desajustes o recaídas que pudieran presentarse en su recorrido por la vida, para después trabajar en la exploración de soluciones y abordajes específicos que pueda implementar para retomar la ruta saludable.

Algunas preguntas que aplican para prepararle ante recaídas son las siguientes:

1.1 *Preguntas de Preparación Ante Recaídas*

- *¿Qué estarías observando en tu salud física (alimentación, sueño, ejercicio físico, cuidado de la salud) que te indicara algún descuido en tus parámetros de bienestar?*

- *¿Qué notarías en el terreno emocional que fuesen indicadores de deterioro?*
- *¿Qué verías en el actuar de tu día a día que hablara de condiciones de descuido en tu persona?*
- *¿Qué tipo de pensamientos te distanciarían de tu bien-estar?*
- *¿Qué estarías haciendo que te distanciara de tu propósito de vida?*
- *¿Cómo detectarías estar viviendo estados de incongruencia interior?*
- *¿Qué signos estarías identificando que hablaran de un deterioro en tu espiritualidad?*
- *¿Qué observarías en tu forma de relacionarte y comunicarte con los demás que pudieran ser signos de deterioro en tus relaciones interpersonales?*

Ante las respuestas a estos planteamientos, será importante que ayudemos a indagar el tipo de alternativas que podrá implementar para reencauzarse hacia su recuperación, así como identificar otros posibles factores de riesgo, a fin de diseñar el mejor abordaje para enfrentarlos. Algunos ejemplos de este tipo de preguntas son las siguientes:

1.2 Preguntas de Recuperación Ante Recaídas

- *¿Cuál sería una buena razón que te motivaría para retomar el camino?*
- *¿Qué aprendes de ti mismo a partir de este desajuste que estás librando?*

- ¿Qué capacidades y recursos que sabes que tienes podrías activar ahora para recuperarte?
- ¿Qué nuevas cualidades te demuestras tener al permitirte salir de nuevo de estas condiciones difíciles de desajuste?
- ¿Qué tipo de ejemplo estarías compartiéndole a tus seres queridos al invertir un nuevo esfuerzo en tu recuperación?
- Al permitirte salir de nuevo de esta recaída y recuperarte, ¿qué enseñanzas estás compartiéndole a tus hijos/ seres queridos?
- ¿De qué forma te ayudarías a dar el primer paso para volver a recuperar tu camino?
- ¿Qué pequeña acción te parecería accesible de empezar a practicar para recuperarte?
- ¿Qué podrías pensar que te ayudaría a reestablecerte?
- ¿Cómo te vas a sentir al demostrarte que puedes recuperarte?

Junto a estos elementos explorados, podremos construir, dentro del diálogo terapéutico, otra estrategia evaluativa (Ejercicio 29) que le permita al cliente concentrar, de forma clara y visual, las herramientas de ayuda para su bienestar sostenido.

Utilizando la imagen de un semáforo, el cliente podrá describir indicadores, en los círculos de color verde, amarillo y rojo. En el círculo de color verde registrará la serie de elementos útiles que le han estado ayudando a mantenerse de forma óptima en su meta hacia el bienestar y que seguirá sosteniendo de forma constante en su cotidianeidad. Estos indicadores pueden equivaler a los registrados en su fórmula de solución (Ejercicio 12) que se fue configurando a lo largo del proceso.

El círculo en amarillo corresponderá a la fase precautoria en la que el consultante, con ayuda del terapeuta, podrá identificar y registrar las señales que marcarían el eventual inicio de posibles desajustes en su autocuidado. Esto le permitirá detectar oportunamente los desvíos antes de que se conviertan en condiciones más complejas, a fin de aplicar los correctivos pertinentes que le faciliten recuperar el camino con menos dificultad.

Y, por último, en el círculo en rojo el cliente podrá detectar la alerta roja. Aquí podrá mostrar posibles indicadores que le anuncien condiciones de deterioro más severo, y aunque esto reflejara que las señales en la fase amarilla no fueron atendidas, y por ello, llegaron a estándares más gravosos, de cualquier forma, podrá aplicar los correctivos correspondientes, confiando en que rescatará sus avances, aun y cuando le implicaran una mayor inversión de esfuerzo y tiempo en su recuperación. El Ejercicio 29 es el ejemplo de una intervención evaluativa que condensa esta información y permite consolidar el cambio, así como la preparación ante la detección de alguna eventual recaída.

Como nota importante, es recomendable mantener, como premisa básica que rija la visión del terapeuta, consultor o *coach*, el que apueste siempre a confiar en los recursos personales del consultante y de su sistema para emprender de nuevo el esfuerzo a la recuperación de alguna recaída. Mantener viva esa actitud esperanzada y optimista, será clave que permita infundir en ellos esa misma confianza para salir adelante.

Ejercicio 29. **"Semáforo de Autocuidado Del Bienestar"**
Ejercicio en sesión
(Fernández, ME)

- A través de preguntas dirigidas al consultante, podrá irse rellenando el espacio de cada color del semáforo, según corresponda, a fin de que, de forma gráfica y condensada, pueda contar con una estrategia de alerta y autocuidado saludable que le permitan preservar sus condiciones de bienestar de forma perdurable.
- Los indicadores en el círculo verde significan la actitud de MANTENERSE practicando en su nueva versión. Corresponden a la fórmula de avance y de sostenimiento de los parámetros de bienestar identificados y aprendidos durante el proceso terapéutico.
- Los indicadores en el circulo amarillo significan ALERTA / PRECAUCIÓN. Ofrecen alertas ante los primeros signos de deterioro en las condiciones de bienestar. Al generar respuestas correctivas en este momento, el consultante podrá retomar con mayor facilidad el proceso de recuperación y regresar a condiciones óptimas.
- Los indicadores en el círculo rojo significan ALTO. Responden a situaciones que reflejan mayor deterioro y un descuido más pronunciado en las condiciones de autocuidado. Aunque requiere un mayor esfuerzo para recuperar el camino, el cliente podrá emprender el proceso de recuperación paso a paso, aprendiendo de sí mismo para volver a gozar de mejores condiciones de bienestar.

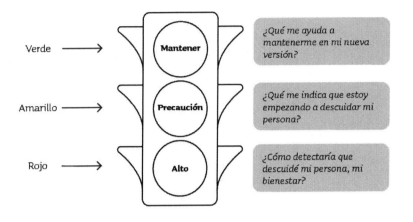

Verde ⟶ Mantener — ¿Qué me ayuda a mantenerme en mi nueva versión?

Amarillo ⟶ Precaución — ¿Qué me indica que estoy empezando a descuidar mi persona?

Rojo ⟶ Alto — ¿Cómo detectaría que descuidé mi persona, mi bienestar?

Figura 36. Semáforo de Autocuidado del Bienestar.

2. El Bienestar del Terapeuta / *Coach.*

*"Cuando posees el conocimiento, empleas
una antorcha para mostrar el camino,*

*...Cuando posees la iluminación, te
conviertes tú mismo en antorcha..."*

Anthony de Mello

Estoy consciente de que abordar el tema del bienestar dirigido al propio terapeuta, consultor, *coach*, acompañante u orientador, requiere, tanto de un espacio de reflexión exclusivo, que por ahora excede los límites de esta obra, como también obliga a adoptar un enfoque distinto en el que pueda hablar ya no solo del cómo ayudar al consultante a restablecer su bienestar, sino de cómo asegurar que el promotor de la salud practique su propia vivencia del bienestar, a fin de que, a su vez, pueda influir saludablemente en sus clientes. Para este fin recomiendo, en particular, la lectura de un artículo que publiqué, como parte de una compilación realizada por el Dr. Jaime Montalvo, terapeuta, profesor e investigador de la Universidad Nacional Autónoma de México (UNAM) en la obra titulada *Supervisión y Terapia Sistémica, Modelos Propuestas y Guías Prácticas* (Montalvo, 2011), en la que tuve la oportunidad de contribuir con un capítulo proponiendo un *Modelo Psicoeducativo para el Optimismo en prevención del Burnout, Fatiga por Compasión y Trauma Vicario,* dirigido al cuidado del terapeuta (Fernández, 2011).

Aun y con estas limitaciones, decidí insertar este último apartado y ofrecer breves recomendaciones que permitan al terapeuta, consultor o *coach* abrir la cobertura sistémica del bienestar, a su propia experiencia personal. Aplicar en su vida y en su entorno los aportes del modelo de bienestar y de estabilidad física, mental, emocional, comportamental, espiritual y relacional, podrán llevarle a experimentarse más feliz y satisfecho, y al mismo tiempo, estos beneficios podrán repercutir favorablemente en su desempeño profesional, al fluir, en compañía del consultante, bajo la combinación armoniosa de su expertiz y su formación técnica, junto a su intuición, su creatividad y su visión empática y optimista.

Este resultado puede obtenerse gracias a la aplicación de estrategias de autocuidado diario que el propio profesional logre sostener en su vida cotidiana, así como a las prácticas de reparación e higienización interna que implemente, antes, durante y después del cierre de su jornada laboral, a fin de mantenerse en su mejor sintonía y equilibrio interior.

A partir de mi experiencia, tanto clínica, como docente, en la que he apoyado y supervisado a terapeutas en formación y a líderes y *coaches* que ofrecen soporte y ayuda a otras personas, menciono los factores de riesgo más comunes que he observado en este trabajo de acompañamiento, y con los que pude elaborar una guía de obstáculos que, con frecuencia, interfieren con su bienestar. Esto aplica, tanto para el propio profesional de la salud, terapeuta, consultor o *coach*, como para el líder, acompañante, sacerdote, pastor, orientador o promotor voluntario, cuyo trabajo se relacione con ofrecer ayuda a otras personas. En el último apartado, ofrezco rutas concretas que pueden servir de guía de autocuidado saludable para el mantenimiento de las mejores condiciones para sostenerse en condiciones de bienestar y felicidad.

2.1 *Factores de Riesgo al Bienestar del Terapeuta / Coach*

Será importante que, para cada uno de los siguientes factores de riesgo y sus indicadores específicos que pudieran obstaculizar el bienestar, el profesional identifique aquellos que considera más acordes a su realidad particular, a fin de que logre diseñar sus propias estrategias de autoayuda preventiva o correctiva, que le permitan cuidar y mantener sus parámetros de bienestar de forma óptima.

a) *Estrés excesivo crónico.*
- Aversión para detenerse y reflexionar. Activismo, impaciencia y sobrecarga de trabajo y actividad.
- Dificultad para decir "no" de forma asertiva.
- Sensación de pánico o culpa ante la inactividad.
- Aversión a "perder el tiempo" consigo mismo.
- Descuido del área biocorporal: deterioro de la salud física, alimentación en desbalance, alteraciones del sueño, sedentarismo.
- Incapacidad de definir planes y objetivos.
- Incapacidad de concentrar la atención en un solo punto. Realización de dos o tres actividades a la vez.

b) *Agotamiento excesivo crónico.*
- *Fatiga por Compasión.* Término adoptado en 1995 por Charles Figley, psicoterapeuta y profesor de la Universidad de Florida, para referirse al nivel de agotamiento general que puede sufrir cualquier persona dedicada a ofrecer servicios de ayuda (Rothschild, 2006). Por la acumulación de estrés y un manejo inadecuado de la empatía, los síntomas que presenta son impotencia, confusión, aislamiento social y alta vulnerabilidad, además de impacto emocional y espiritual (Fernández, 2011).

- *Burnout o Síndrome de estar quemado*. Se refiere a las conductas de agotamiento emocional, irritabilidad, ansiedad y desmotivación en respuesta a la exposición al estrés excesivo por el ejercicio de la profesión. Fue identificado por primera vez en 1974 por Herbert Freudenberg, psiquiatra de Nueva York, y en 1981, fue tipificado y medido por Christina Maslach y Susan Jackson, de la Universidad de Berkeley, identificándolo como la afectación más severa que sufre el profesional por la exposición a su oficio (Fernández, 2011). Específicamente, el cuadro sintomático se identifica, a nivel psicosomático, como agotamiento y fatiga crónicas, trastornos del sueño, úlceras y desórdenes gástricos, además de tensión muscular. A nivel conductual, se presenta como ausentismo laboral y tendencia a adherirse a adicciones como vías de escape. En cuanto a los síntomas emocionales, se manifiesta en irritabilidad, incapacidad de concentración y distanciamiento afectivo. Y en relación con el desempeño laboral, el profesional reporta menor capacidad y rendimiento de trabajo, además de cierta predisposición al conflicto y manejo inadecuado de las relaciones interpersonales (Ciancaglini, 2006).
- *Trauma Vicario o Traumatización Secundaria*. Es otro de los trastornos que puede sufrir el profesional ante la exposición a ayudar a personas con experiencias de trauma. El término fue acuñado por McCann y Pearlman en 1990, y se trata de una afec-

tación generada en el terapeuta que al escuchar la experiencia difícil del cliente la vivencia de forma indirecta, como si le hubiese ocurrido a él mismo. Equivale también a un trauma de estrés postraumático vivido de forma secundaria por el terapeuta que está mediando entre el cliente y su experiencia traumática (Fernández, 2011).

c) *Manejo inadecuado de la empatía.*

La empatía es la herramienta central con la que realizamos nuestro trabajo terapéutico, pero cuando no se maneja cuidadosa y conscientemente, puede rebasar los límites sanos y generar altas afectaciones:

- *Contagio emocional negativo.* Empatía inconsciente que sale del control del profesional al presentar sobreinvolucramiento y límites ambiguos en la conexión con las personas a quienes ayuda. Puede afectarse mental, emocional y somáticamente con la experiencia del otro.

- *Infección emocional.* El profesional absorbe el malestar del consultante, sintiendo similitud en los síntomas que presenta a nivel emocional y somático, a partir de un manejo inadecuado de la empatía en donde perdió de vista la instalación de límites claros y sanos hacia el exterior.

d) *Autoestima deteriorada.*

- Autoconcepto negativo e incapacitante que repercute, de forma retroalimentante, en el aumento de emociones de miedo e inseguridad y en resultados comportamentales con bajo rendimiento.

e) *Descuido en áreas emocionales.*
- *Bloqueo emocional.* Incapacidad de sentir, de conectar emocionalmente con los demás, tendiendo de forma predominante a la intelectualización.
- *Somatizaciones.* Manifestaciones y síntomas físicos cuyo origen no corresponde a causas orgánicas. Se asocia a una gestión inadecuada de las emociones con tendencia a la represión.
- *Descontrol emocional.* Incapacidad para identificar, regular, liberar y gestionar las emociones adecuadamente, pudiendo caer en episodios de irritabilidad y explosividad reactiva y desajustada.

f) *Descuido de áreas afectivas.*
- *Desconexión afectiva.* Incapacidad de crear vínculos significativos con otras personas de forma cercana y profunda involucrando afectos. Tendencia a establecer relaciones superficiales o por conveniencia.
- *Aislamiento, soledad.*
- *Fugas compensatorias.* Fórmulas hedónicas riesgosas que aparecen en compensación al bloqueo, la insatisfacción y la presencia de carencias afectivas en la persona, que buscan abastecerse mediante el consumo de alcohol y/o sustancias, la ingesta compulsiva de comida, el sexo de riesgo, el juego y otros.

g) *Actitud dependiente.*
Patrón de hábitos hedónicos repetitivos con sensación de incapacidad e impotencia para su regulación y auto-

control. La actitud dependiente puede desarrollarse hacia los siguientes elementos:

- Consumo de sustancias: alcohol, tabaco, drogas.
- Personas con actitudes nocivas.
- Trabajo.
- Ingesta de comida.
- Redes sociales, internet.
- Sexo.
- Juego, apuestas.
- Otras opciones nocivas.

h) *Perfeccionismo.*
- Rigidez en ideas y formas conductuales (orden, limpieza, organización).
- Alto nivel de expectativas con cargas sobreexigentes sostenidas en el desempeño.
- Crítica permanente y juicio severo, tanto a nivel interno como hacia los demás.
- Constante sensación de insatisfacción ante los resultados obtenidos.
- Sensación de infalibilidad e indisposición a aceptar errores propios.
- Reserva en la expresión emocional.
- Indecisión e inacción, como fórmula para evitar la ocurrencia de errores.

i) *Patrón interno pesimista.*
- Insistencia y rumia ciclada de pensamientos, sentimientos y conductas negativas y catastróficas.

j) *Inacción y limitaciones autoimpuestas.*
- Miedo al riesgo, a la novedad, rutinización.

- Trampa de mantenerse en la "zona de comodidad", aplanamiento en los retos y sensación de aburrimiento.

k) *Nivel de responsabilidad distorsionado.*

- Victimización. Culpar a otros de lo que depende de sí mismo.

- Autoculpabilización. Asumir en lo personal responsabilidades que corresponden a otras personas.

l) *Desconexión con el propósito de vida.*

- Pérdida del sentido de vida
- Perdida del propósito de vida.
- Espiritualidad deteriorada.
- Deterioro en la actitud esperanzada.
- Aislamiento y desconexión.
- Pasividad, inacción.

m) *Mal manejo de situaciones de riesgo personales y del entorno.*

- Reducción del nivel de autoconciencia.
- Abordaje inadecuado de situaciones de riesgo.

2.2 *Estrategias de Autocuidado del Bienestar para el Terapeuta / Coach*

Una vez que el profesional logre identificar los riesgos a los que particularmente se sienta vulnerable, será importante que diseñe los abordajes necesarios y útiles que le ayuden a contrarrestar su influencia negativa, así como también, logre adoptar nuevas estrategias de autocuidado que le permitan sostenerse saludablemente en estándares funcio-

nales y óptimos. Las siguientes propuestas que he probado
en su efectividad, recomiendo aplicarlas de forma constante
para el sano ejercicio de la profesión:

a) *Conciencia Corporal.* Mantener un estado de alerta cuida-
dosa en las condiciones físicas que reflejen estados salu-
dables de bienestar. Los siguientes indicadores pueden
ser una guía útil para ese fin:
- Atender la salud física.
- Mantener la alimentación balanceada.
- Cuidar la calidad del sueño.
- Practicar la activación física: ejercicio, caminata,
  baile.
- Cuidar el balance sano entre trabajo y descanso.
- Respetar los ritmos naturales circadianos.
- Practicar la pausa regenerativa ultradiana durante
  el día (Rossi, Nimmons,1993).
- Cuidar la postura corporal.
- Observar las áreas relajadas o tensas del cuerpo
  antes, durante y después de la sesión terapéutica
  o de acompañamiento (Rothschild, 2006):
  ⊚ Observar la expresión facial.
  ⊚ Evaluar el ritmo de la respiración.
  ⊚ Sentir el ritmo cardíaco.
  ⊚ Detectar la temperatura y humedad de la piel
    (manos, pies).
  ⊚ Revisar la posición corporal.
  ⊚ Evaluar el estado emocional.
  ⊚ Identificar el tono de voz.

- Autovalorar el nivel de activación del sistema nervioso. Ante los distintos niveles de activación el terapeuta, habrá de evaluar con cuál de ellos se siente más cómodo y resulta ser más efectivo, ya sea en el nivel relajado, o con cierta dosis controlable de activación. Generalmente, los niveles severos/ peligrosos tienden a ser disfuncionales, y habrán de ser detectados para que logre neutralizarlos. La siguiente escala ayuda a establecer la clasificación (Rothschild, 2006):
  - ◎ *Sistema relajado:* respiración fácil y profunda, ritmo cardíaco lento, piel caliente y seca.
  - ◎ *Activación leve:* cierta aceleración del ritmo cardiaco y respiratorio. Cierto nivel de excitación e incomodidad controlable.
  - ◎ *Activación moderada:* palpitaciones y respiración rápida. Cierta dificultad y ansiedad para lograr el control, piel fría, humedad.
  - ◎ *Activación severa:* ritmo cardiaco y respiratorio acelerados, piel pálida, sudor frío.
  - ◎ *Activación peligrosa:* alto riesgo al pánico, disociación o congelación.

b) *Conciencia Mental.* El terapeuta habrá de mantener un estado de alerta cuidadosa a su diálogo interno y al tipo de fórmula explicativa con la que entiende la realidad. Será importante que construya una visión optimista ante la vida y sus retos de trabajo, que le ayuden a aumentar sus niveles de eficiencia frente al consultante, al gozar de mayores niveles de concentración y capacidad creativa. Esto, igualmente, le permitirá disfrutar de mejores condiciones de bienestar y felicidad. Los siguientes indicadores podrán ayudarle a mantener saludable esta área de su vida:

- Revisar el tipo de pensamientos predominantes.
- Aprender a pensar positivamente.
- Aprender a resiliar sus propias experiencias adversas.
- Visualizar escenarios favorables y exitosos.
- Contar con un buen modelo a seguir y aprender de él.

c) *Conciencia Emocional y Afectiva.* El consultor habrá de estar alerta en su propio manejo emocional que le permita ser buen modelo de regulación para el consultante. Igualmente, habrá de sostener su capacidad afectiva consciente y nutrida, de tal forma que pueda fluir con seguridad, confianza y respeto, en su relación profesional. Algunos indicadores útiles son:

- Realizar actividades disfrutables que despierten emociones positivas.
- Identificar las emociones predominantes.
- Experimentar, liberar y regular las emociones saludablemente.
- Instalar hábitos emocionales saludables.
- Cuidar y mantener la autoestima sana. Amor saludable a sí mismo.
- Alimentar y cuidar los afectos.
- Mantener relaciones significativas nutridoras.

d) *Conciencia Social.* Será importante que el terapeuta o *coach* active su conexión social y su sentimiento de pertenencia que le alimente el sentirse aceptado, acompañado y amado. Como sabemos, son factores indispensables que aumentan el bienestar y la felicidad. Algunas opciones que ayudan a este fin son:

- Mantener encuentros interpersonales cercanos y profundos.
- Promover encuentros comunitarios saludables.
- Aprender a comunicarse asertivamente, cuidando el contenido del mensaje, el tono de voz y la oportunidad al expresar.
- Practicar la empatía sana y consciente hacia sí mismo y hacia los demás.

e) *Conciencia espiritual.* El sentido de trascendencia, en una misión como la que realiza un terapeuta o acompañante, es indispensable para otorgar un significado profundo y elevado a su quehacer. Es la clave para mantener viva la pasión y la motivación en el día a día, por lo que el profesional habrá de cultivarla a través del cuidado de los siguientes indicadores:

- Mantener presente el propósito y sentido de vida.
- Proponerse metas significativas.
- Mantener la actitud esperanzada.
- Practicar la meditación y la actitud contemplativa.
- Mantener activa la conexión consigo mismo y con los demás.
- Cultivar la compasión.
- Agradecer, perdonar y ser amable.

- Promover la actitud generosa y altruista.
- Fortalecer la fe y la espiritualidad.
- Contemplar la idea de que la felicidad no es un destino, sino una actitud que puede alimentarse durante el proceso de la vida... Preguntarse, *¿qué puedo hacer hoy para ser un poco más feliz que ayer?*

f) Practicar rituales terapéuticos de autocuidado. Estas prácticas ritualísticas ofrecen una integración valiosa de elementos simbólicos a nivel cognitivo, emocional y comportamental, y permiten que el profesional mantenga el blindaje emocional saludable y cuidadoso, al ejercer su labor de acompañamiento:

- Vaciar en papel y/o archivar la experiencia del cliente.
- Escribir, leer en voz alta y eliminar las ideas o recuerdos negativos.
- Dibujar, de forma externalizadora, ideas, sensaciones de estrés e ideas negativas.
- Expresar catárticamente y eliminar ideas y sensaciones negativas.
- Utilizar las prácticas profilácticas, como el baño diario, el lavado de manos y el uso de gel antibacterial (antitrauma), como rituales liberadores de la historia dolorosa del consultante.
- Sacudir el problema vía activación física catártica al final del día, después de cada consulta o cuando sea necesario.
- Orar, entregar, ofrendar la experiencia del día.
- Llorar cuando sea necesario.

- Encerrar el problema como ritual, al cerrar la puerta del consultorio y terminar la consulta del día.
- Visualizar planes agradables y relajantes al terminar la jornada de trabajo.

g) *Inserción de nichos de reparación en la actividad cotidiana.* El terapeuta habrá de contar con espacios personales nutridores que ayuden a que se repare y regenere su energía desgastada física, mental y emocional. Podrá insertar en el día momentos de meditación, relajación, introspección, distracción recreativa, diversión y reparación, que le permitan liberar la tensión y el estrés recogido en el día, para lograr reestablecer sus niveles de disfrute, vitalidad y equilibrio saludable. Es importante que asigne tiempos para disfrutar espacios vacacionales en los que logre despejarse y divertirse.

h) *Acceso y disponibilidad a los recursos internos.* A través de un objeto o figura significativa disponible (foto, imagen, objeto, mensaje), el consultor podrá recordar sus capacidades, talentos, propósito y recursos valiosos que le reconecten con una actitud de seguridad, confianza, motivación y balance interior que le ayuden a ejercer su labor de forma más eficiente.

i) *Inspirarse en modelos a seguir.* El acompañante podrá contar con buenos modelos que le sirvan de guía e inspiración en su trabajo terapéutico y le permitan evocar sus enseñanzas al estar frente al consultante y su realidad.

Con estos recursos que el terapeuta, consultor, *coach*, acompañante o líder pueda mantener de forma constante en su autocuidado personal y profesional, podrá fortalecer, tanto su nivel de congruencia al aplicar en su propia persona las mismas estrategias terapéuticas dirigidas a sus clientes, como favorecer, en sí mismo, mejores condiciones que le ofrezcan la oportunidad de vivir los retos de la vida con mayores niveles de satisfacción, bienestar y felicidad. Con ello, podrá seguir construyendo la mejor versión de sí mismo manteniéndose en una actitud abierta, flexible y adaptable a las circunstancias que el medio y su ejercicio profesional le requieran.

"No tienes que ser grande para comenzar, pero tienes que comenzar para ser grande". -Zig Ziglar

Agradecimientos

El resultado de esta obra no hubiese sido posible sin considerar la inspiración, motivación y preparación aportada por distintas personas a lo largo de mi formación, así como de contribuciones más directas para su realización. A todas ellas quiero expresar mi más sincero, profundo y afectuoso agradecimiento.

- ♥ Gracias a toda mi familia, en especial a Fernando, Elena y Luis Fernando por ser mi motor y mi pasión.
- ♥ Gracias a mis maestros que han sido luz e inspiración a lo largo de mi capacitación profesional, en especial al Dr. Ruperto Charles, con quien he aprendido y compartido la misión de servir a la comunidad y colaborar como docente en la formación de terapeutas y consultores sistémicos en el Centro de Crecimiento Personal y Familiar, S.C., Instituto Milton H. Erickson de Monterrey.
- ♥ Gracias al *Wholebeing Institute* / Instituto de Bienestar Integral por los valiosos aprendizajes adquiridos en la Certificación en Psicología Positiva para Latinoamérica conducido por el Dr. Tal Ben Shahar; a la Maestra Arlen Solodkin y a la Dra. Margarita Tarragona, de quienes también he recogido importantes conocimientos y rutas en el cómo sostener el bienestar y la felicidad en la vida.

- ♥ Gracias al Dr. Alejandro Tapia por sus atinadas y puntuales orientaciones y sugerencias al inicio y al cierre de este proyecto, así como a Maria Elena Vargas, por el trabajo tenaz en la revisión de esta obra.
- ♥ Gracias al Pbro. Rodolfo Mora, director del Centro de Integración Emaús, por otorgarme su confianza y permitirme colaborar en la reconstrucción del bienestar de los sacerdotes.
- ♥ Gracias al equipo de colegas y amigos del Centro de Crecimiento Personal y Familiar en sus distintas sedes, por su apoyo y acompañamiento.
- ♥ Gracias a mis amigos que con su apoyo cariñoso han sido fuerza impulsora y motivadora en el proceso.
- ♥ Gracias al entusiasta grupo de la Certificación en Psicología Positiva para Latinoamérica, y en particular, a las *Aventureras del Camino* por su cercanía, a pesar de la distancia.
- ♥ Y un especial agradecimiento a todos mis alumnos y a mis consultantes por su apertura y su confianza, y con quienes he podido tener el gusto y el privilegio de aprender, compartir y transitar los caminos hacia el bienestar... ¡Gracias!

Ma. Elena Fernández Martínez
Monterrey, N.L. México.
Junio del 2021.

Índice de estrategias terapéuticas

CAPÍTULO V.

Hábitos de comportamiento saludable

Estrategias Terapéuticas para el Cambio Comportamental:

CAPÍTULO VI.

Emocionalidad inteligente y saludable

Estrategias Terapéuticas para el Sano Manejo Emocional:

Estrategias Terapéuticas de Transformación Emocional.

CAPÍTULO VII.

Metamorfosis del problema: Resiliencia y bienestar postraumático 241

Estrategias Terapéuticas para Intervención en el Problema y en el Trauma.

CAPÍTULO IX.

Sentido de vida y espiritualidad 375

Referencias

Prefacio.

Seligman, M. (1999) *Niños Optimistas*. Barcelona: Grijalbo.

Introducción.

Charles, R. (2018) *Pasos para una Terapia Breve Efectiva*. Monterrey, México: Cree-Ser.

Charles, R. (2005) *Terapia Breve Sistémica en Soluciones para Parejas y Padres*. México: Cree-Ser.

Fernández, M.E. (2013). *Modelo Terapéutico Sistémico para el Bienestar Postraumático*. Tesis doctoral. Centro de Crecimiento Personal y Familiar/Instituto Milton H. Erickson de Monterrey, A.C. México.

Fernández, M.E. (2006) *Efectos de la Aplicación del Modelo Terapéutico Educativo Sistémico en Niños con Actitud Pesimista de 7 a 12 años de edad*. Tesis de maestría. Centro de Crecimiento Personal y Familiar / Instituto Milton H. Erickson de Monterrey, S.C., Monterrey, N.L., México.

Rothschild, B. (2006) *Ayuda para el Profesional de la Ayuda, Psicofisiología de la Fatiga por Compasión y del Trauma Vicario*. España: Desclée De Brouwer.

Capítulo I.

Burnett, D. (2018) *El Cerebro Feliz*. México: Planeta.

Charles, R. (2018) *Pasos para una Terapia Breve Efectiva*. Monterrey, México: Cree-Ser.

Charles, R. (2005) *Terapia Breve Sistémica en Soluciones para Parejas y Padres*. México: Cree-Ser.

Csikszentmihalyi, M. (2008) *Fluir (Flow) Una Psicología de la Felicidad*. Barcelona: Kairós.

De Shazer, S. (1992) *Claves en Psicoterapia Breve*. España: Gedisa.

Derrida, J. (1984) *De la Gramatología*. México: Siglo XXI.

Derrida, J. (1989) *La Escritura y la Diferencia*. San Cugat del Vallés: Anthropos.

Doidge, N. (2008) *El Cerebro se Cambia a sí Mismo*. Versión digital. Aguilar Ediciones.

Erickson, M. H. y Rossi, E.L. (1976) *Realidades Hipnóticas*. New York: Irvington.

Erickson, M.H. (2005) *Seminarios de Introducción a la Hipnosis, California, 1958*. México: Alom Editores.

Fredrickson, B. (2009) *Positivity: Groundbreaking Research Reveals How to Embrace the Hidden Strength of Positive Emociones, Overcome Negativity and Thrive*, Nueva York, Crown.

Hoffman, L. (1988) *Fundamentos de la Terapia Familiar*. México: Fondo de Cultura Económica.

Hoffman, L. (1992) *Una Postura Reflexiva para la Terapia Familiar*. En McName, S.; Gergen, G. K. y (1996) La Terapia como Construcción Social. España: Paidós.

Lax, W.D. (1996) *Pensamiento Posmoderno en una Práctica Clínica*. Capítulo V. En McName, S.; Gerger, G. K. y (1996) La Terapia como Construcción Social. España: Paidós.

Limón, A.G. (2005) *Terapias Posmodernas*. México: Pax.

McName, S.; Gergen, G. K. y (1996) *La Terapia como Construcción Social*. España: Paidós.

Nardone G., Watzlawick, P. (1992) *El Arte del Cambio*. Barcelona, España: Herder.

Neimeyer, R. A. (1998) *Constructivismo en Psicoterapia*. México: Paidós.

O´Hanlon, W. y Weiner-Davis, M. (1990) *En Busca de Soluciones*. España: Paidós.

Rosen, S. (2002) *Mi Voz Irá Contigo*. España: Paidós.

Seligman, M. (2003) *La Auténtica Felicidad*. Barcelona: Vergara.

Seligman, M. (2011) *Florecer*. España: Océano.

Shahar, T. (2017-2018) Certificación en Psicología Positiva para América Latina, impartido por *Wholebeing Institute* / Instituto del Bienestar Integral.

Steinglass, P. (1982) *La Conceptualización del Matrimonio desde un Enfoque Sistémico. Artículo tomado de Marriage and Marital Therapy*. Compilador McCready Paolino. Nueva York: Bruner-Mazel.

Sterlin, H. y Weber, G. (1994) *Qué Hay Detrás de la Puerta de la Familia*. España: Gedisa.

Tarragona, M. (2014) *Tu Mejor Tú*. España: Alianza.

Téllez, A. (2003) *Hipnosis Clínica*. México: Facultad de Psicología UANL.

Watzlawick, P. (1991) *La Realidad Inventada*. España: Gedisa.

White, M. (2004) *Guías para una Terapia Familiar Sistémica*. España: Gedisa.

Capítulo II.

Burnett, D. (2018) *El Cerebro Feliz*. México: Planeta.

Burns, G. y Street, H. (2006) *La Felicidad no es un Secreto*. España: Paidós.

De Shazer, S. (1985) *Claves en Psicoterapia Breve*. España: Gedisa.

Emmons, R. (2008) *Gracias*. España: Ediciones B.

Fredrickson, B. (2009) *Positivity: Groundbreaking Research Reveals How to Embrace the Hidden Strength of Positive Emociones, Overcome Negativity and Thrive*, Nueva York, Crown.

Fredrickson, B. (2015) *Amor 2.0*. España: Océano.

Gottman, J., Silver, N. (1999). *The Seven Principles for Making Marriage Work: A Practical Guide from the Country´s Foremost Relationship Expert*. Nueva York: Three Rivers Press.

Kaplan, S.; Berman, M.; Jonides, J. (2008) *The Cognitive Benefits of Interacting With Nature*. Psychological Science. Disponible en *https://journals.sagepub.com/doi/10.1111/j.1467-9280.2008.02225.x*

Marujo, H.A., Neto, L.M., Perlorio, M.F. (2003) *Pedagogía del Optimismo*. España: Narcea.

Peterson, C., Seligman, M. (2004) *Character strengths and virtues: A handbook and classification*. New York: Oxford University Press and Washington, DC: American Psychological Association. *https://psycnet.apa.org/record/2004-13277-000*

Seligman, M. (2003) *La Auténtica Felicidad*. Barcelona: Vergara.

Shahar, T. (2017-2018) Certificación en Psicología Positiva para América Latina, impartido por *Wholebeing Institute* / Instituto del Bienestar Integral.

Capítulo III.

Buettner, D. (2016) *El Secreto de las Zonas Azules*. México: Grijalbo.

Burnett, D. (2018) *El Cerebro Feliz*. México: Planeta.

Charles, R. (1997) *La Pausa Regenerativa Ultradiana como Herramienta para el Desarrollo de RH*. Tesis Maestría en Psicología Laboral, U.A.N.L.

Doidge, N. (2008) *El Cerebro se Cambia a sí Mismo*. Versión digital. Aguilar Ediciones.

Instituto Nacional de Enfermedades Neurológicas y Accidentes Cerebrovasculares, (2007). *How much sleep do we need? In Brain Basics: Understanding sleep*. Obtenido el 29 de mayo de 2012 de *https://www.ninds.nih.gov/Disorders/Patient-Caregiver-Education/Understanding-Sleep)*.

Rossi, E.L. y Nimmons, D. (1993) *Los 20 Minutos de Pausa*. España: Plus Vitae.

Capítulo IV.

Amaya J., Prado E. (2003), *Padres Obedientes, Hijos Tiranos*. México: Trillas.

Anderson, H. (2012). *Conversación, Lenguaje and Posibilidades: Un Enfoque Posmoderno en la Terapia*. España: Amorrortu.

Bruner, J. (1987). *Life as Narrative*. Social Research, (1) pp. Vol. 54.

Charles, R. (2005) *Terapia Breve Sistémica en Soluciones para Parejas y Padres*. México: Cree-Ser.

Doidge, N. (2008) *El Cerebro se Cambia a sí Mismo*. Versión digital. Aguilar Ediciones.

Domínguez, J. (2008) *TDAH, La Terapia Breve Sistémica en el Tratamiento del Trastorno por Déficit de Atención con o sin Hiperactividad*. México: Cree-Ser.

Fernández, M.E. (2006) *Efectos de la Aplicación del Modelo Terapéutico Educativo Sistémico en Niños con Actitud Pesimista de 7 a 12 años de edad*. Tesis de maestría. Centro de Crecimiento Personal y Familiar / Instituto Milton H. Erickson de Monterrey, S.C., Monterrey, N.L., México.

Fisch, R., Weakland, J. Segal, L. (1994) *La Táctica del Cambio.* España: Herder.

Imber-Black, E. Roberts, J., Whiting, R. (2006) *Rituales Terapéuticos y Ritos en la Familia.* España: Gedisa.

Langer, E. (2009) *Counter Clockwise: Mindful Health and the Power of Possibility.* New York: Ballantine Books.

Lyubomirsky, S. (2008) *La Ciencia de la Felicidad.* Mexico: Urano.

McName, S.; Gerger, G. K. y (1996) *La Terapia como Construcción Social.* España: Paidós.

Satir, V. (1995) *Terapia Familiar Paso a Paso.* Colombia: Pax Mexico.

Seligman, M. (1999) *Niños Optimistas.* España: Grijalbo.

Tarragona, M. (2014) *Tu Mejor Tú.* España: Alianza Editorial.

Watzlawick, P. (1992) *El Arte de Amargarse la Vida.* España: Herder.

Watzlawick, P. (1991) *La Realidad Inventada.* España: Gedisa.

Watzlawick, P., Weakland, J., Fisch, R. (1992) *Cambio.* España: Herder.

White, M. (2004) *Guías para una Terapia Familiar Sistémica.* España: Gedisa.

Capítulo V.

Burns, G. y Street, H. (2006) *La Felicidad no es un Secreto.* España: Paidós.

Emmons, R. (2008) *Gracias.* España: Ediciones B.

Fisch, R., Weakland, J., Segal, L. (1994) *La Táctica del Cambio.* España: Herder.

Loehr, J. y Schwartz, T. (2009) *El Poder Del Pleno Compromiso.* España: Algara

Seligman, M. (2003) *La Auténtica Felicidad.* Barcelona: Vergara.

Shahar, T. (Octubre, 2014) *II Foro Ciencias de la Felicidad,* México.

Capítulo VI.

Burnett, D. (2018) *El Cerebro Feliz*. México: Planeta.

Burns, G. y Street, H. (2006) *La Felicidad no es un Secreto*. España: Paidós.

Charles, R. (2005) *Terapia Breve Sistémica en Soluciones para Parejas y Padres*. México: Cree-Ser.

Fredrickson, B. (2015) *Amor 2.0*. Mexico: Océano.

Kabat-Zinn, J. (2019) *El Poder Sanador del Mindfulness*. España: Kairós.

Kabat-Zinn, J. (2019) *Despertar*. España: Kairós.

Shahar, T. (2013) *La Búsqueda de la Felicidad*. México: Alienta.

White, M. (2004) *Guías para una Terapia Familiar Sistémica*. España: Gedisa.

Capítulo VII.

Araoz, D. (1995) *The New Hypnosis*. EUA: Jason Aronson Inc.

Breslau, N., Davis, G., Andreski, P., y Peterson, E. (1991) *Traumatic Events and posttraumatic stress disorder en an urban population of Young adults*. Archives of General Psychiatry, 48, 216-222. Citado por Foa E., Keane T. Friedman M. (2003) Tratamiento del Estrés Postraumático. España: Ariel.

Brooks, R. y Goldstein, S. (2004) *El Poder de la Resiliencia*. España: Paidós.

Calhoun, L.G. y Tedeschi, R.G. (1995) *Trauma and Transformation: Growing in the aftermath of suffering*. USA: Publications Inc.

Calhoun, L.G. y Tedeschi, R.G. (1999) *Facilitating Posttraumatic Growth: A Clinician's Guide*. Mahwah, N.J.: Lawrence Erlbaum Associates Publishers.

Calhoun, L.G. y Tedeschi, R.G. (2001) *Posttraumatic Growth: The positive lesson of loss*. Neimeyer, R.A. Meaning construction and the experience of loss, Washington, D.C. APA.

Charles, R. (2005) *Terapia Breve Sistémica en Soluciones para Padres y Parejas*. Monterrey, México: Cree-Ser.

Charney, D. y Morgan, A. (2010) *La Receta de la Resistencia*. Entrevista. Citado por Sherwood, B. (2010) *El Club de los Sobrevivientes*. España: Paidós.

Comité Permanente entre Organismos (Inter-Agency Standing Committee (IASC) (2007). *Guía del IASC sobre Salud Mental y Apoyo Psicosocial en Emergencias Humanitarias y Catástrofes*. Ginebra: IASC.

Curran, E. (2002) *Visualizaciones Interactivas para Curar a los Niños*. Barcelona, España: Oniro.

Cyrulnik , B. (2020) *Me Acuerdo... El Exilio de la Infancia*. España: Gedisa.

Cyrulnik, B. (1999). *Un Merveilleux Malheur*. Paris: Odile Jacob. Citado por Poletti y Dobbs, (2008) La Resiliencia. Argentina: Lumen Mexico.

Cyrulnik, B. (2010) *Los Patitos Feos*. España: Gedisa.

Cyrulnik, B. (2012) *Sálvate, la Vida te Espera*. España: Debate.

De Shazer, S. (1992) *Claves en Psicoterapia Breve*. España: Gedisa.

Doidge, N. (2008) *El Cerebro se Cambia a sí Mismo*. Versión digital. Aguilar Ediciones.

Echeburúa, E. (2009) *Superar un Trauma*. España: Ediciones Pirámide.

Fernández, M.E. (2013). *Modelo Terapéutico Sistémico para el Bienestar Postraumático*. Tesis doctoral. Centro de Crecimiento Personal y Familiar/Instituto Milton H. Erickson de Monterrey, A.C. México.

Fernández, M.E. (2016), *Temores, Fobias y Estrés Postraumático.* Capítulo X, en Terapia Breve Aplicada, Charles, R., Coordinador. Monterrey, N.L.: Cree-Ser.

Friesen, J.D., Grigg, D.N. y Newman, J.A. (1991). *Experiencial Systemic Therapy: An Overview. Manuscrito inédito.* Citado por Selekman, M. (1996) *Abrir Caminos para el Cambio.* España: Gedisa.

Goleman, D. (2011) *La Inteligencia Emocional.* México: Vergara.

Grotberg, E. (2003) *La Resiliencia en el Mundo de Hoy. Cómo Superar las Adversidades.* Barcelona: Gedisa.

Imber-Black, E. Roberts, J., Whiting, R. (2006) *Rituales Terapéuticos y Ritos en la Familia.* España: Gedisa.

James, R.K., Gilliland, B.E., (2005) *"Crisis Intervention Strategies".* Belmont, CA: Thomson. Disponible en: http://www.sagepub. com/upm-data/14229_Chapter5.pdf. A Practical Approach to Trauma. 05-Dass-Brailsford.qxd 1/12/2007.

Kershaw, C. (febrero, 2007) *Curso Hipnoterapia Ericksoniana para los Casos más Frecuentes.* Monterrey, N.L., México: Instituto Milton H. Erickson de Monterrey, A.C.

Kobasa, S. C., Maddi, S.R. y Kahn, S. (1982) *Hardiness and Health: Aprospective Study.* Journal of Personality and Social Psychology, 42(1):168-177. Disponible en: http://www.psicologia-positiva.com/resiliencia.htm

Lankton, C. (noviembre, 2005) *Curso Hipnosis Clínica y Hábitos saludables.* Monterrey, N.L. México: Instituto Milton H. Erickson de Monterrey, A.C.

Leach, J. (1994) *Survival Psychology.* Columbia, MD: Great-BookPrices.

Minuchin, S., Fishman, H. Ch. (2002) *Técnicas de Terapia Familiar.* México: Paidós.

Navarro Góngora, J. (2010) *Curso-Taller Crisis y Trauma.* Facultad de Psicología de Salamanca, España. Curso impartido en Monterrey, N.L.

O´Connor, J. y Seymour, J. (2002) *Introducción a la PNL.* España: Urano.

Puig, G. y Rubio, J. (2011) *Manual de Resiliencia Aplicada.* España: Gedisa.

Richardson, G.E., Neiger, B., Jensen, S. y Kumpfer, K. (1990) *The Resiliency Model.* Health Education, No. 21, pp.33-39. Citado por Puig, G. y Rubio, J.L. (2011) *Manual de Resiliencia Aplicada.* España: Gedisa.

Ruzek, J., et. al. (2006) *Manual de Primeros Auxilios Psicológicos (Psychological First Aid).* National Child Traumatic Stress Network and National Center for PTSD.

Segal, J. (1986) *Winning Life`s Toughest Battles. Roots of Human Resilience.* Nueva York: Mc Graw Hill. Citado por Poletti R., Dobbs B. (2008) *La Resiliencia.* Argentina: Lumen México.

Seligman, M. (1999) *Niños Optimistas.* España: Grijalbo.

Sherwood, B. (2010) *El Club de los Sobrevivientes.* España: Paidós.

Siebert A. (2007) *La Resiliencia... Construir en la Adversidad.* España: Alienta Editorial.

Vanistendael, S. y Lecompte, J. (2000) *Le Bonheur est Toujours Possible.* Francia: Bayard. Citado por Poletti, R., Dobbs, B. (2008) *La Resiliencia.* Argentina: Lumen México.

Watzlawick, P., Weakland, J., Fisch, R. (1992) *Cambio.* Barcelona, España: Herder.

White, M. (2004) *Guías para una Terapia Familiar Sistémica*. España: Gedisa.

Wolin, S. y Wolin, S. (1993) *The Resilient Self*. Nueva York: Villard. Citado por Poletti R., Dobbs B. (2008) *La Resiliencia*. Argentina: Lumen México.

Yehuda, R. (2010) Entrevista. Citado por Sherwood, B. (2010) *El Club de los Sobrevivientes*. España: Paidós.

Capítulo VIII.

Fernández, M.E. (2016) *Baja Autoestima y Pérdida de Sentido*. Capítulo VII, en *Terapia Breve Aplicada*, Charles, R., Coordinador. México: Cree-Ser.

Fredrickson, B. (2015) *Amor 2.0*, España: Océano.

Watzlawick, P., Beavin, J. Jackson, D. (1993) *Teoría de la Comunicación Humana*. Barcelona: Herder.

Capítulo IX.

Buettner, D. (2016) *El Secreto de las Zonas Azules*. México: Grijalbo.

Csikszentmihalyi, M. (2008) *Fluir (Flow) Una Psicología de la Felicidad*. Barcelona: Kairós.

Cyrulnik, B. (2017) *Psicoterapia de Dios, la Fe como Resiliencia*. España: Gedisa.

Frankl, V. (1996) *El Hombre en Busca de Sentido*. Barcelona: Herder.

Maslow, A. (2008). *La Personalidad Creadora*. Barcelona: Kairós.

O´Hanlon, B. (2008) *The Geography of Possibilities*. www.brieftherapy.com Santa Fe, NM. USA.

Seligman, M. (2014). *Florecer*. México: Océano.

Subirana, M.; Cooperrider, D. (2013) *Indagación Apreciativa. Un enfoque Innovador para la Transformación Personal y de las Organizaciones.* Barcelona: Kairós.

Tarragona, M. (2014). *Tu Mejor Tú.* España: Alianza Editorial.

Capítulo X.

Ciancaglini, Z, Gina K., (2006) *Síndrome del Burnout.* Disponible en: www.monografias.com/trabajos38/sindrome-burnout/sindrome-burnout.shtml, Bolivia.

Fernández, M.E. (2011) *Optimismo y Bienestar del Terapeuta, Estrategias de Terapia Breve Sistémica en la Prevención del Burnout, Fatiga por Compasión y Trauma Vicario.* Cap. 9. En Montalvo, J. y Espinosa, MR. (2011) *Supervisión y Terapia Sistémica: Modelos, Propuestas y Guías Prácticas.* México: Cree-Ser.

Montalvo, J. y Espinosa, MR. (2011) *Supervisión y Terapia Sistémica: Modelos, Propuestas y Guías Prácticas.* México: Cree-Ser.

Rossi, E.L. y Nimmons, D. (1993) *Los 20 Minutos de Pausa.* España: Plus Vitae.

Rothschild, B. (2006) *Ayuda para el Profesional de la Ayuda, Psicofisiología de la Fatiga por Compasión y del Trauma Vicario.* España: Desclée De Brouwer.

Made in the USA
Columbia, SC
04 October 2022